Schelechow-
golf
a
Magadan
Kamtschatka
D
OCHOTSKISCHES
MEER
N
S
Ajan
Amur
Sachalin
Roliny-Osipenko
Komsomolsk
(BAM)
bodny
Amur
Chabarowsk
owestschenk
Hokkaido

SIBIRISCHES TAGEBUCH

GERD RUGE

Sibirisches Tagebuch

BERLIN VERLAG

4. Auflage 1999

Umschlaggestaltung:
Nina Rothfos und Patrick Gabler, Hamburg
Gesetzt aus der Stempel Garamond durch
psb – presse service berlin
Vorsatz: Karte von Ditta Ahmadi und Peter Palm
Druck & Bindung:
Franz Spiegel Buch GmbH, Ulm
Printed in Germany 1999
ISBN 3-8270-0300-8

Gedruckt auf chlor- und säurefreiem Papier

INHALT

Vorwort 7

Der Ferne Osten 9
Eisenbahn, Südjakutien 31
Schamanen, Bodenschätze 53
Kohle 83
Gold und Edelstein 107
Nach Norden 127
Jakutsk und Fjodorow 153
Auf der Lena, Freilichtmuseum 185
Über den Polarkreis 209
Mirny, Tschernyschewsk 239
Arktis, Tiksi 257

Nachbemerkungen 283

VORWORT

Was aus Rußland wird, einem riesigen und potentiell reichen Land, das wie ein Kontinent von Europa bis Alaska reicht, geht uns direkt und fast existentiell an, denn es wird die Zukunft Europas und der Welt mitbestimmen. In den wenigen Jahren seit dem Zerfall der Sowjetunion, einem Ereignis von ebenso großer Bedeutung wie die welterschütternde Revolution von 1917, hat sich in Rußland ein Prozeß des Umbruchs vollzogen, der bisher ohne blutige Erschütterungen, Aufruhr oder Aufstände verlief, obwohl doch unvorhersehbare und schmerzhafte Veränderungen tief in das Leben der Menschen eingriffen.

Weit entfernt von der Boomtown Moskau mit ihren Erfolgen und Auswüchsen des neuen Kapitalismus, wollte ich im Sommer 1997 erfahren, wie die Menschen jenseits der großen Städte in einer scheinbar völlig veränderten Welt überleben, deren Gesetze niemand in der Hauptstadt Moskau im Ausland zu verstehen scheint, deren Wirklichkeit aber Millionen Menschen an den Rand nackter Armut und vor ungewisse Zukunftsaussichten führt. Ich wählte eine Reiseroute im fernen Sibirien, durch ein Gebiet, das ich seit vierzig Jahren mit Flugzeugen, Autobussen und im Kanu mehrere Male durchreist hatte, um bei einfachen Leuten zu erfahren, was dieses Land auch in seiner tiefen Krise zusammenhält. Kilometer um Kilometer begann ich besser zu verstehen, was in Rußland so anders ist als wir zu wissen glauben, was das Land zusammenhält oder zu spalten droht. Der Bericht einer Reise von der Grenze Chinas zum Eismeer ist für mich mehr als die Erinnerung an ein Land, dessen Menschen, Flüsse, Wälder und Tundren ich liebe, sondern Rechenschaft über das, was man im Umgang mit fremden Menschen über ihr Land lernen kann, wenn man von Begegnung zu Begegnung für neues Verständnis offenbleibt. Dies ist das Tagebuch einer Reise, deren Verlauf ich nicht vorhersehen konnte und deren Erfahrungen sich mir ebenso langsam Schritt um Schritt erschlossen, wie ich sie dem Leser dieser Notizen wiedergebe – Eindrücke, gesammelt mit kühlem Blick, aber nicht ohne Liebe.

DER FERNE OSTEN

Die Reise fing ja gut an. Wir wollten Sibirien von Süden nach Norden durchqueren, von der chinesischen Grenze bis zum Eismeer, auf einer Strecke, die es eigentlich nicht gibt: keine durchgehenden Straßen oder Bahnverbindungen, und in Moskau war wenig darüber zu erfahren, wie man unterwegs Boote, Frachtschiffe, Geländewagen auftreiben würde. Das Gebiet, durch das wir reisen wollten, hauptsächlich die Republik Sacha-Jakutien, ist zehnmal so groß wie Deutschland.

Nun waren wir schon über Sibirien hinweggeflogen, in jenes Rußland, das man den Fernen Osten nennt, und saßen in Blagowestschensk fest, einer Grenzstadt am Amur, und aus dem Fenster des Hotelzimmers konnten wir die Lichter der Neubauten am chinesischen Ufer sehen. Das Hotel war ebenfalls ein Neubau, einigermaßen modern, aber kalt und dunkel. Wahrscheinlich hatten seine Besitzer mit chinesischen Händlern und ausländischen Touristen gerechnet, aber wir waren die einzigen Gäste, und, nach dem Staub auf den Sesseln in der großen Halle zu urteilen, wohl die ersten seit längerer Zeit.

Wir hatten uns den Beginn der Reise anders vorgestellt. Nach acht Stunden Flug von Moskau aus hätte uns ein Hubschrauber der russischen Weltraumstreitkräfte am Flughafen Blagowestschensk erwarten und nach schnellem Umladen unserer Ausrüstung zum Kosmodrom Swobodny bringen sollen. Das ist der neue Weltraumbahnhof, der den Raketenstartplatz Baikonur in Kasachstan ersetzen soll, von dem aus die Missionen ins All starteten, als Kasachstan und Rußland noch in der Sowjetunion vereint waren. Die Offiziere des Kosmodrom Swobodny schienen sich auf unseren Besuch zu freuen. Sie hatten vorgeschlagen, uns mit dem Hubschrauber abzuholen und unterzubringen, bis wir weiterreisen würden, aber dann hatte das Verteidigungsministerium in Moskau uns hängenlassen. Mal war der zuständige Presseoffizier auf Urlaub, dann wieder telefonisch nicht zu erreichen, und zwischendurch kamen leicht verwirrende Mitteilungen: Es würde schon klappen mit der Genehmigung, morgen oder übermorgen seien die zuständigen Leute da. Zwei Tage vor unserem Abflug hörten wir dann, mit der Genehmigung werde es nichts mehr werden, aber da hatten wir unseren Flug schon gebucht, und so saßen wir nun in Blagowestschensk. Bis zu dem kleinen Grenzposten am mittleren Amur, unserem nächsten Ziel, waren es zwölf Stunden Eisenbahnfahrt. Zwölf Stunden Fahrt ist eine weite Strecke, besonders wenn man keine Fahrkarten hat und die Kassiererin in der leeren Hotelhalle meint, die wenigen Züge seien ohnehin ausgebucht. Wir sollten mal mit der Chefin des Bahnhofs sprechen, doch es war Samstagabend, und vor Montag sei sie nicht zu erreichen.

Aber wir hatten noch einen Kontakt, wenn die Weltraumverbindung schon nicht klappen sollte: Im Hauptquartier der Grenztruppen in Moskau hatte uns ein kooperativer Presseoffizier sehr schnell die Genehmigung zu einem Besuch des kleinen Grenzpostens Dschalinda besorgt, in der Annahme, die Offiziere der Weltraumstreitkräfte würden uns vom Kosmodrom dahin befördern. Er hatte uns Namen und Telefonnummer seines Kollegen gegeben, der für das weite Gebiet zwischen Pazifik und Sibirien zuständig war, und den riefen wir an. Nur, der saß nicht in Blagowestschensk, sondern in Chabarowsk, eine Tagesreise entfernt, ein freundlicher Oberstleutnant, hilfsbereit und mit einer Stimme, die ziemlich gemütlich klang. Er faßte den schnellen Entschluß, sich in den Zug zu setzen, um uns in Blagowestschensk zu treffen und mit nach Dschalinda zu reisen. Schon Montag würde er dasein, inzwischen könnten wir ja Blagowestschensk besichtigen. Wir – das waren meine Frau Irma, der Kameramann Dieter Perschke und der Kameraassistent Christian Neher.

An einem verregneten Sonntag ist Blagowestschensk eine ziemlich tote Stadt, aber uninteressant ist sie nicht. Wir hatten schon einmal hier gedreht, am Anfang einer Reise, die uns über China und Japan bis zur Beringstraße und nach Alaska geführt hatte. Das war 1993, zwei Jahre nach der Öffnung des Grenzübergangs zu China, der drei Jahrzehnte lang gesperrt gewesen war. Solange war Blagowestschensk eine gesperrte Stadt gewesen, auch für Sowjetbürger nur mit besonderer Genehmigung zu betreten, eine Stadt sozusagen am Rande des Nichts, die nur als Grenzgarnison eine Funktion hatte.

Wir spazierten am Ufer des Amur entlang. Da hatte

sich in vier Jahren doch etwas verändert: Wo vorher Posten mit der Kalaschnikow in Wachhäuschen standen, Warnschilder und Stacheldraht die Uferböschung absperrten, war der Zugang zum Ufer frei. Ein Mann ließ seinen Hund Stöckchen apportieren. Zwischen Regenböen trauten sich kleine Jungs im Fluß zu schwimmen. Hier am Grenzfluß war alles normaler geworden – wie es der Bürgermeister damals vorhergesagt hatte. Aber andere Hoffnungen hatten sich nicht erfüllt, das konnte man in den Straßen im Stadtzentrum sehen. Der große Aufschwung zum Handelszentrum war offenbar nicht gekommen. 1993 hatten Verwaltungsangestellte, Kindergärtnerinnen, Bauingenieurinnen auf der ersten privaten Handelsschule Buchhaltung und Chinesisch gebüffelt, in der Hoffnung auf neue Chancen in der Zusammenarbeit mit chinesischen Firmen. Das erste private Kaufhaus, das 1993 eröffnet hatte, gab es noch, aber es war so klein wie damals geblieben und nicht zum großen Versandhaus für Sibirien und den Fernen Osten geworden, wie es die polnische Besitzerin geplant hatte. Von der neuen Brücke über den Amur, die eine Aktiengesellschaft errichten wollte, war nichts zu sehen. Kleine Motorschiffe kamen über den Fluß, chinesische Händler und kleine Geschäftsleute schleppten Koffer und Säcke mit Waren die Ufertreppen hinauf in die neugebaute Zollstation. Drinnen hatten Reisebüros ihre Stände aufgemacht und schickten russische Touristengruppen mit Sammelvisa über den Fluß nach China, auch sie mit Koffern und Taschen voll Waren. Aber das hatte es 1993 schon gegeben. Auf der chinesischen Seite nannte man das »Volkshandel«; die Russen nannten ihre Reisenden verschönernd Touristen. Bei diesem kleinen Grenzverkehr war es denn auch geblieben. Die Hafenanlagen lagen immer noch still. Eher schien es, als sei der Handel zurückgegangen, vielleicht weil auf der russischen Seite das Geld noch knapper geworden war und die Leute, die schicke Kleidung kaufen konnten, bei chinesischen Billigwaren die Nase rümpften.

Blagowestschensk steckte wieder in der Sackgasse, die Traditionen einer alten Handelsstadt, die in ihrer Blütezeit um die Jahrhundertwende ebenso kapitalistisch wie europäisch gewesen war, ließen sich nicht wieder beleben. Der neugotische Gebäudekomplex eines ehemals polnischen Handelshauses lag in der Nähe des Flusses, immer noch ein Kindergarten, und der Putz bröckelte. Das schönste Haus der Stadt, Moskauer »Barock« vom Ende des 19. Jahrhunderts, war weiterhin ein verstaubtes Bezirksmuseum. Gebaut hatte es eine Firma aus Hamburg: Kunst & Albers waren vor der Revolution eines der großen Handelshäuser in Rußlands Fernem Osten und im Nordosten Chinas gewesen, Ein- und Verkäufer von Konsum- und Industriegütern, Bank- und Versicherungsagenten. In den sechs Jahren seit dem Ende des kommunistischen Systems hatten sich weder ausländische noch russische Geschäftsleute gefunden, die in dem Wagnis des Handels eine Chance sahen. Die Stadt war nicht wieder aufgeblüht, staatliche Industriebetriebe hatten geschlossen. Nur die Bierfabrik arbeitet noch einigermaßen profitabel, meinten die Spaziergänger am Fluß. Und der neugegründeten Bank geht es offensichtlich gut: Sie hat das eindrucksvolle Palais einer alten Privatbank herausgeputzt.

Die Handelshäuser der Jahrhundertwende hatten mich immer fasziniert. Auf der anderen Seite des Flusses war die Stadt Heihe vor einem Jahrzehnt noch ein ganz asiatischer, nordchinesischer Ort gewesen, mit meist einstöckigen Lehm- und Holzhäusern. Wer von dort kam und beim Überqueren des Flusses die alten Handelshäuser auf der russischen Seite sah, fühlte sich am fernsten Ende des eurasischen Kontinents wie in Europa angekommen. Nun sah man jenseits des Flusses auf der chinesischen Seite weiße, verglaste Hochhaustürme, als stünde da ein Stück Amerika. In Blagowestschensk dagegen: zwischen den grauen Plattenbauten und windschiefen Holzhäusern die übliche Tristesse russischer Provinzstädte von heute. Da konnten wir genausogut im ungeheizten Hotelzimmer bleiben und durchs Fenster in den grauen Tag blicken.

Am Montagmorgen steht dann unser Oberstleutnant in der Hotellobby, begleitet von einem Hauptmann. Beide in ihrer Grenzschutzuniform, die von der langen Nachtfahrt zerknittert ist. Es sind hilfsbereite Leute, aber einfach ist es auch für sie nicht, Fahrkarten für die Transsibirische Eisenbahn zu besorgen, die Ost-West-Verbindung zwischen Moskau und Wladiwostok am Pazifischen Ozean. Die täglichen Fernzüge sind längst ausgebucht. Es gibt nur Schlafwagen mit reservierten Plätzen, und als sie mit uns zum Bahnhof fahren, einem roten Backsteinbau mit Türmchen, aus der Zeit kurz vor der Jahrhundertwende, als die Transsib gebaut wurde, stehen lange Schlangen in der Schalterhalle. Zu Sowjetzeiten wäre ein Grenzschutzoberst flott nach vorne marschiert. Jetzt mauern und meckern die Leute, die schon lange warten, und Oberstleutnant Hamid Hakimowitsch Gabdulin ist es eher peinlich, sich vorzudrängen. Also versuchen wir es bei der Bahnhofsvorsteherin, und auch da müssen wir im Vorzimmer warten: Sie verhandelt mit einer offenbar neureichen russischen Familie, und das dauert seine Zeit. Dann allerdings läßt sie sich von dem Oberstleutnant unsere schwierige Lage schildern, gibt uns einen kleinen Zettel mit Anweisungen und schickt uns in die Schalterhalle zurück. Da stehen wir ordentlich an, eine Dreiviertelstunde, ohne daß es vorwärts geht, bis der Oberstleutnant die Geduld verliert und doch durch die wartende Menge pflügt. Wir kriegen die Schlafwagenkarten: ein Zweibettabteil für meine Frau und mich und die Ausrüstung, zwei Betten in einem Viererabteil zwei Wagen weiter vorn für das Kamerateam. Ideal ist das nicht gerade, zumal wir zuviel gehört haben von nächtlichen Diebstählen und Überfällen. Dieter Perschke hat sich sogar eine Latte mitgebracht, mit der man die Abteiltür verrammeln kann, und die Grenzschutzleute nicken anerkennend zu soviel vorausschauendem Mißtrauen. Sie selber haben ihr Zweibettabteil schon mit ihren Dienstreisebillets von Chabarowsk aus gebucht, aber weil sie wirklich nette Leute sind, überlassen sie es dem Kamerateam und ziehen zu den anderen russischen Reisenden ins Vierbettabteil.

Ein klappriger Kleinbus der Grenzschutz-Kaserne soll uns vom Bahnhof zum Hotel bringen, damit wir unser Gepäck abholen können. Aber schon kurz nach dem Bahnhofsvorplatz gibt der Motor den Geist auf, und der Fahrer bringt ihn auch mit Hammer und

Schraubenzieher nicht wieder zum Leben. Der Hauptmann geht telefonieren und Ersatz herbeirufen, wir besehen die Stände und Buden, die auf dem Bahnhofsvorplatz stehen: Damenunterwäsche, Kaugummi, Tonbandkassetten mit russischen und ausländischen Schlagern, Strickwolle, Zeitschriften und natürlich zu essen und zu trinken. Wir kaufen ein bißchen Wodka, ein paar Dosen deutsches Bier ohne Verfallsdatum, armdicke Fleischwürste, Tomaten. Sogar Bananen verkauft eine Frau direkt aus der Kiste – hier in Blagowestschensk, noch hinter Sibirien. Dann kommt ein großer, ebenfalls alter Bus, und der schafft es bis zum Hotel. Wir laden Gepäck und Ausrüstung ein, immerhin sechzehn Stücke mit zusammen gut 250 Kilo, und die beiden Offiziere schleppen mit. Sie kennen ein Gittertor direkt neben dem Bahnhof. Für 30 000 Rubel, ungefähr zehn Mark, schließt es ein Eisenbahner auf, und unser Bus darf bis auf den Bahnsteig rollen.

Eine Schaffnerin kommt mit der Bettwäsche und wischt die Stiefelspuren der Passagiere im Gang auf. Am Ende des Waggons liegt die Kohle unter dem Kessel, in dem Tag und Nacht das Teewasser kocht. Um sechs Uhr fahren wir ab; um halb sieben treffen wir uns im Abteil der Kameraleute. Wir haben die beiden Grenzschutzoffiziere aus ihrer Viererkabine abgeholt. Sie bringen Wurst und Bier und Wodka mit, wir haben Wurst und Bier und Wodka mitgebracht. Wir schneiden dicke Scheiben vom Schwarzbrot ab und sind zufrieden, daß wir nun unterwegs sind. Irgendwann packt Hamid Gabdulin ein Schächtelchen mit Abzeichen aus, und wir bekommen jeder die Medaille für gute Grenzschutzsoldaten verliehen – für den Mut, kreuz und quer durch Sibirien reisen zu wollen. Die Offiziere haben die Jacken ausgezogen, sitzen in Hemdsärmeln da wie wir. Zehn Jahre zuvor, in der alten Sowjetunion, wäre ein Grenzschutzoberst nicht so hilfsbereit und gemütlich gewesen.

Nach zwei Stunden der erste Halt: Belogorsk, wo die Stichbahn von Blagowestschensk die Transsibirische Eisenbahnstrecke trifft. Es ist noch hell. Wir vertreten uns auf dem kleinen Bahnhof die Füße und schauen die Leute an. Kleine Jungen bieten Limonadeflaschen an, ein Mann hat Plockwurstringe über den Arm gestreift, eine alte Frau mit grauem Kopftuch zeigt kleine verhutzelte Äpfelchen in ihrem Korb. Sie sind Gelegenheitshändler, arme Leute; aber wir sehen auch andere, die wohlhabend wirken, meist Frauen und Männer so um die dreißig, gut angezogen und lebhaft miteinander redend. Die Eindrücke auf dem Bahnsteig lassen sich nicht auf einen Nenner bringen, aber wir wollen ja eben erkunden, wie sich die Menschen im fernen Sibirien in der neuen Gesellschaft Rußlands durchs Leben schlagen. In Moskau hatten wir beunruhigende Nachrichten aus Sibirien gehört, und im Fernsehen zeigte man, wie eine Eisenbahnstrecke durch Streikende, die ihre Löhne forderten, gesperrt wurde, wie unzufriedene Kraftwerksarbeiter die Stromversorgung lahmlegten, Frauen schimpfend und schubsend demonstrierten. Auch unsere Grenzschutzoffiziere kannten den Fall, aber das war in Wladiwostok gewesen, noch weiter weg am Pazifischen Ozean. Genau wußte niemand, wo in Sibirien noch mit Streiks oder Protesten zu rechnen sei, aber auf den ersten fünfhundert oder tausend Kilometern, so schien es, war derartiges wohl nicht zu erwarten.

Eine rundliche Blondine bringt ihre Schwiegertochter mit einem kleinen Kind auf dem Arm ins Nebenabteil. Als sie sich auf dem Bahnsteig voneinander verabschieden, kommen wir ein bißchen ins Gespräch. Ob sie noch andere Enkel habe, frage ich die ältere Frau, und wie es denen so gehe. Die Großmutter ist zufrieden. »Swetlana ist zehn, sie kriegt auf der Schule mehr mit, als ihre Mutter damals gelernt hat. Die war ja auf einer öffentlichen Schule, und Swetlana haben wir in eine Privatschule gebracht. Sie lernt jetzt schon Englisch, das kann sie später im Leben brauchen. Jetzt sind die Schulen viel besser als früher, als es bloß die kommunistische Ausbildung gab. Mehr oder weniger wird langsam alles besser.« Ein alter Mann im hellblauen Anorak mit einer Baseballkappe auf dem Kopf mischt sich ein. Das sei doch alles nicht wahr. Er habe sein Leben lang ehrlich gearbeitet und nun seit sechs Monaten keine Kopeke Rente bekommen. Dem stimmt die Großmutter nun auch wieder zu. »Rußland hinkt heute auf einem Bein«, sagt sie. »Ich schäme mich dafür.« Die junge Mutter meint: »Ich habe Mitleid mit den Rentnern, denen es so schlecht geht. Wir selber stehen ja doch auf eigenen Beinen, können etwas unternehmen – aber was sollen sie machen?« – »Na ja«, meint ihre Schwiegermutter, »Rußland ist groß. Es dauert, aber alles wird gut.« Das ist das Verwirrende an solchen Zufallsbegegnungen: Daß dieselben Leute kurz nacheinander sagen können, das Leben sei ganz gut – und es sei ganz schlecht.

Der Zug rollt durch die kurze Sommernacht, den Seja-Fluß mit seinem breiten Tal entlang, wo alles sehr grün und fruchtbar aussieht. Nach ein paar Stunden müssen wir im Dunkeln an dem Ort Swobodny vorbeigekommen sein. Wir sehen nichts von ihm und dem neuen Kosmodrom, und so verbindet sich der Name für mich nur mit einem Gedicht von Anna Achmatowa, das fast nur aus Ortsnamen besteht – den Namen der Lager Stalins, in denen ihre Freunde verschwanden und umkamen. Swobodny, was soviel wie »frei« heißt, ist auch darunter. Damals, vor einem halben Jahrhundert, war es das Zentrum der Gulags im Fernen Osten der Sowjetunion. Warum es heute für uns gesperrt ist, können wir nur vermuten. In Jakutien, über dessen Gebiet die Raketen von Swobodny in der ersten Phase nach dem Start fliegen, gibt es Proteste wegen der Treibstoffrückstände, die vom Himmel fallen und Wälder, Tiere und Menschen vergiften. Vielleicht haben die ständigen Probleme der Weltraumkapsel »Mir« das Verteidigungsministerium in Moskau bewogen, ausländische Schaulustige auch von dem neuen Kosmodrom fernzuhalten.

Irgendwann kommen wir, immer Richtung Westen fahrend, aus einem Teil Rußlands in den anderen, aus dem Fernen Osten hinüber nach Sibirien, aber das merken wir nicht. Wir haben sicherheitshalber eine der metallenen Filmkisten vor die Tür geschoben. Schließlich haben meine Frau und ich außer der teuren Ausrüstung auch noch das ganze Reisegeld in Schulterhalftern dabei – jeder rund fünfundzwanzigtausend Dollar in bar, in dicken Bündeln von nicht zu großen Scheinen. Wir wußten ja nicht, was das Reisen kosten würde. In Sibirien sei alles teurer, allein schon wegen der weiten Transportwege für Lebensmittel und Treibstoff, hatten unsere Bekannten in Moskau gesagt, und wir wußten, wir würden Kleinbusse und Hubschrauber mieten, Bootsfahrten und Flüge bezahlen müssen, vielleicht auch Gebühren für Drehgenehmigungen. Die Kosten waren schwer vorherzuberechnen, und bei den Banken in Moskau hatte man nur den Kopf geschüttelt, als ich fragte, ob ich nicht einen Teil des Geldes im voraus an Banken in den drei oder vier kleinen Städten oder wenigstens in der Republikhauptstadt Jakutsk überweisen könnte. So etwas, meinten die Angestellten an den Moskauer Bankschaltern, sei völlig unmöglich. Daß es auch in Sibirien Banken gibt, wissen sie wohl, aber daß man mit denen Transaktionen durchführen könnte, glaubten sie nicht. Wie viele in Moskau meinten sie, wir führen in eine Gegend, in der man eher Wölfe und Eisbären auf der Straße trifft als Bankiers.

Morgens um halb sieben kommen wir in Skoworodino an. Der Nebel hängt tief, der Bahnhof ist kaum zu erkennen, aber zwei Kleinbusse stehen da jenseits der Gleise auf der anderen Seite des Bahnsteigs: der eine geschickt von den Grenzschutztruppen, und den anderen hat mein Freund und Kollege Alexander Tschischenok, Sascha genannt, für uns organisiert. Er ist uns ein Stück entgegengereist und hat erkundet, wie wir in den nächsten drei oder vier Tagen weiterkommen. Denn mit der Hilfe unseres Oberstleutnants können wir nicht mehr rechnen, wenn wir von dem Grenzposten zurückkehren und Richtung Norden aufbrechen.

Sascha hat eine Fernsehproduktionsfirma oben an der

Ostsee, in St. Petersburg. Wir haben schon früher Filme zusammen gemacht, in Tschernobyl und im Ural. Vor dem Abflug hatten wir in Moskau mit alten Freunden zusammengesessen, die früher in diesem Teil Sibiriens gelebt hatten und nun Listen zusammenstellten von Leuten, die sie als praktisch und hilfsbereit kannten. Dann war Sascha in die Hauptstadt der Republik Sacha-Jakutien geflogen, hatte sich bei Bekannten und Behörden umgehört, war uns ein Stück entgegengeflogen und hatte in einem Industriestädtchen einen Mann mit seinem Kleinbus angeheuert. Glücklicherweise hatte ihn die Nachricht erreicht, die ich im Gästehaus einer Kohlengrube – der einzig möglichen Unterkunft für Durchreisende – hinterlassen hatte. Und nun waren die beiden zwei Tage gefahren, bis sie uns in Skoworodino trafen.

Auf der Schotterstraße zur chinesischen Grenze hat Sascha eine Stunde Zeit, mir von seinen Erfahrungen zu erzählen. Es scheint, für die nächsten elfhundert Kilometer hat er alles im Griff – mehr oder weniger. Nur der Kleinbus, mit dem wir fahren werden, klappert, macht seltsame Geräusche, und durch Tür- und Fensterspalten kommt der Staub herein. Aber Sergej, der Fahrer und Besitzer, kann alles reparieren, sagt er, und manchmal sei das wohl notwendig. Denn den Kleinbus hat die Armee aus ihren Beständen abgestoßen, wie viele Kilometer er draufhat, weiß keiner. Aber er hat Vierradantrieb und ist so hochbeinig, wie wir das auf den Straßen nach Norden brauchen werden.

Eine Landschaft mit sandigen Hügeln und lockeren Kiefernwäldchen. Noch ist die Grenze am Amur nicht zu sehen, da fahren wir durch ein Gittertor auf einen kleinen Kasernenhof. Unser Oberstleutnant sucht den Chef des Postens, einen Hauptmann, der mit rund dreißig Soldaten achtundzwanzig Kilometer Grenze zu bewachen hat. Wir schauen indessen zu, wie zwei Schäferhunde auf Mann dressiert werden, und zwei kleine Jungen auf Fahrrädern zeigen uns die Koben, wo die Soldaten ihre Schweine halten. Dahinter Gemüsebeete mit Zwiebeln und Chinakohl: Der Posten kann sich wenigstens teilweise selbst versorgen.

Die Soldaten brauchen noch etwas Zeit, hören wir. Deshalb gehen wir durch einen überwachsenen Kräutergarten erst mal in das zweistöckige Haus, in dem die Offiziere mit Familien wohnen, und klopfen gleich bei der ersten Wohnung rechts. Eine weißhaarige Frau, siebzig Jahre alt wird sie sein, macht die Tür auf, ist ein bißchen verwundert, aber Oberstleutnant Gabdulin kann ihr alles erklären. Da fängt sie gleich in der Küche zu erzählen an, während sie Milch aus einer Kanne in Flaschen füllt. Nein, eine eigene Kuh hätten sie nicht, privates Vieh dürfe man auf einem Grenzposten nicht halten, und richtige Landwirtschaft sei auch nicht erlaubt. Aber die Milch kann sie von ihrer Rente bezahlen, und Gemüse und Kräuter zieht sie in ihrem Garten. »Ich mache hier mit meiner Schwiegertochter die Wirtschaft. Man braucht doch einen alten Menschen im Haus, der sich um alles kümmert«, sagt sie. Das Leben auf einem Militärposten ist sie gewohnt. Ihr Mann war auch in der Armee, Major, und als er vor fünf Jahren starb, ist sie aus Usbekistan, von einem Grenzposten in Zentralasien, zu ihrem Sohn gezogen. Der ist nun auch schon Major. Das Leben hier sei eben normal, erzählt sie, und sie erzählt gern.

Ihre rothaarige Schwiegertochter ist etwas schüchterner, steht ein bißchen steif im Wohnzimmer vor dem dunklen, polierten Vitrinenschrank mit Nippes und Andenken. Seit achtzehn Jahren ist sie mit ihrem Grenzschutzoffizier verheiratet, seit sechs Jahren leben sie auf diesem Posten. »Mir gefällt das Leben«, sagt sie. »Wenn ich mal in die Stadt komme, dann werde ich ganz schnell müde. Ich kann mich an das Leben dort nicht gewöhnen.« Mit Stadt meint sie nicht Moskau oder Blagowestschensk, sondern Skoworodino mit seinen fünfzehntausend Einwohnern. »Hier ist es ruhig, die Umwelt ist sauber, es gibt Pilze und Beeren. Mir gefällt es, wir sind es gewöhnt.« Ihr Mann ist Jäger, und auf dem Boden liegt ein Bärenfell, an dem ein kleiner knurrender Hund herumzerrt. Sergej, der zwölfjährige Sohn, spielt mit ihm. Wie geht's dem Jungen? »Normal«, sagt er. Das ist eine Standardredensart und heißt ungefähr soviel wie gut. Er geht zur Schule. Und wie lernt er? »Normal«, sagt die Mutter. Wenn er mit der Schule fertig ist, will er Offizier werden. Dieses ist eine richtige Armeefamilie. Beide Großväter waren Offiziere, die Onkel sind es auch. Und daß die Großväter mit Ehrenzeichen aus dem Zweiten Weltkrieg zurückkehrten, das wird hier nie vergessen. Die Großmutter bringt die Uniformjacken ihres Mannes aus dem Schlafzimmer, besteckt mit Ordensspangen und Medaillen. »Jedes Jahr am 9. Mai, am Siegestag, holen wir seine Jacke aus dem Schrank, hängen sie auf und denken an Großvater«, sagt der Junge. Und die Mutter schnippt mit dem Zeigefinger an ihren Hals.

In Rußland heißt das: Und dann trinken wir einen kleinen Wodka.

Das Leben der Familie auf dem kleinen Grenzposten Dschalinda scheint tatsächlich noch ziemlich normal. Aber das überrascht mich nicht besonders. Zwar gibt es viele Berichte aus Kasernen der russischen Armee in den weiten Provinzen, Berichte von ausbleibender Entlohnung, fehlenden Lebensmitteln, Disziplinlosigkeit und Korruption, aber von den Truppen des Grenzschutzes kamen solche Berichte bisher nicht. Anscheinend haben ihre Führer es verstanden, die Truppe aus Durcheinander und Auflösung weitgehend herauszuhalten. Es ist kaum anzunehmen, daß die Grenzschutzoffiziere mit dem Zustand der russischen Politik zufriedener sind als andere, aber keiner redet mit uns darüber.

In der Mannschaftsunterkunft haben die Grenzschutzsoldaten Freistunde. Im Aufenthaltsraum in der zweiten Etage sitzen sie an langen Tischen fast schweigend vor dem ausgeschalteten Fernsehgerät. Es sind kräftige, schwerfällige junge Männer mit Bauernköpfen. Sie antworten mir kurz, mit wenigen Worten, und ins Gespräch kommen wir nicht. Der Grenzschutz hat bei Musterungen den ersten Zugriff auf die Jungen, die eingezogen werden, und kann sich die besten aussuchen, hat man mir gesagt. Rhetorisches Temperament gehört offenbar nicht zu den Auswahlkriterien. Dann muß der Zug ausrücken, das geht schnell und wortlos. Auf dem Hof treten sie an, mit Kalaschnikows, Funkgerät und Schäferhund, ein paar kurze Befehle, dann verschwinden sie durch das Gittertor im Gelände.

Ihr Hauptmann, Pawel Sisenko, fährt mit uns durch

den Wald und das hohe Ufer hinab ins breite Tal des Amur, der hier ruhig an sandigen Ufern dahinzieht. Ziemlich in der Mitte verläuft die Grenze im Hauptfahrwasser. Darüber gibt es seit fast einem Jahrzehnt keinen Streit mehr zwischen Rußland und China. Zu Anfang des Jahrhunderts war hier die Hölle los, erzählen die Offiziere. Da brachten sich chinesische und russische Goldgräber gegenseitig um. Jetzt gibt es nur noch ein kleines Dorf von hölzernen Blockhäusern, wo die Leute von der Landwirtschaft leben, und wenn es sich machen läßt, auch mal ein bißchen schmuggeln. Es gibt keinen kleinen Grenzverkehr, aber irgendwie verständigen sich Russen und Chinesen und verabreden schwarze Geschäfte, besonders jetzt im Sommer, denn im Winter ist der Fluß zwar gefroren und leichter zu überqueren, aber da hinterläßt man Spuren im Schnee. Im Sommer halten die Grenzschützer nach chinesischen Fischern Ausschau, die mit ihren Netzen auf der russischen Seite fischen, und nach Chinesen, die meistens gemeinsam mit russischen Dörflern im Wald Holz schlagen und über den Amur flößen. »Unsere Aufgabe ist es, die nationalen Reichtümer Rußlands zu sichern«, sagt der dreißigjährige Hauptmann mit der steifen Tellermütze. »Mir scheint, unsere Truppen sind hier nötig. Solange es einen Staat gibt, muß er auch eine Grenze haben, und wenn es eine Grenze gibt, muß sie einer schützen.«

Es gibt hier einen Übergang, aber der liegt die meiste Zeit tot da. Auf beiden Seiten des Flusses steht je ein Abfertigungsgebäude, aber es gibt keine Brücke zwischen ihnen. Die Pontons, aus denen sie gebaut werden sollte, rosten vor sich hin, es hat sich nicht gelohnt, sie zu errichten, denn das Frachtaufkommen ist zu gering. Zwei-, dreimal im Jahr werden mit Lastkähnen Ladungen von Metallschrott über den Fluß befördert, zweieinhalbtausend Tonnen im letzten Jahr, erzählt Major Sergej Kowalenko, dessen Familie wir im Grenzposten kennenlernten. Touristen und Reisende setzen hier nie über. Die chinesische Seite hat russischen Reisebüros nicht erlaubt, an dieser Stelle die Händlertouristen über die Grenze zu bringen. So ist der Major zwar Chef eines ziemlich neuen Zollhauses, aber es passiert hier so gut wie nichts. Kowalenko ist zufrieden mit dem Dienst. »Keine Probleme, der Familie geht es gut. Was braucht man mehr?«

Zurück in Skoworodino, an der Transsibirischen Bahn, müssen wir schnell noch in die große Grenzschutzkaserne zum Kommandeur des Bezirks. Der wartet in einem Arbeitszimmer mit einem elektrischen Teekessel und einer Schale Bonbons. Wir reden ein bißchen, wie sich das so gehört. Er fragt nach meinen Eindrücken, und ich sage: »Ausbildungsstand auf dem Posten Dschalinda okay, Disziplin auch in Ordnung, soweit ich das als Zivilist beurteilen kann.« So trennen wir uns zufrieden, und ich bin dem Kommandeur und seinen Offizieren dankbar. Ohne ihre Hilfe wäre der Anfang der Sibirienreise viel schwieriger geworden.

In Skoworodino gibt es nicht viel zu sehen. Die Städte hier sind alle ziemlich jung und selten hübsch. Skoworodino ist siebzig Jahre alt, hundert Jahre gilt hier als ziemliches Alter, denn die Transsibirische Eisenbahn ist erst Ende des vorigen Jahrhunderts gebaut worden – als Strecke, die nördlich der chinesischen Grenze Moskau mit den Häfen am Pazifik verbindet. Seit einem Jahrzehnt ist weiter nördlich eine zweite Strecke, die Baikal-Amur-Magistrale, in Betrieb. Beide müssen wir überqueren, um Jakutien Richtung Eismeer durchqueren zu können. Daß so etwas mit dem Auto in Sibirien nicht ganz einfach ist, sehen wir im Vorbeifahren am Güterbahnhof von Skoworodino. Da ist ein Dutzend PKW auf Plattformwagen und in Waggons verladen worden. Besitzer und Fahrer sitzen dabei, dösen, reden, trinken. Sie haben eine weite und unbequeme Reise vor sich, dreimal vierundzwanzig Stunden im eigenen Auto auf der Eisenbahn. Es gibt eben keine Brücken, über die man nach Westen fahren könnte, sagen sie. Manche sehen aus wie harte Jungs, die notfalls auch kämpfen würden, wenn jemand einen der japanischen Wagen, die sie in Wladiwostok vom Schiff abgeholt haben, zu klauen versuchte.

»Das sind Luxusautos«, sagt einer mit Boxernase, »und wir führen hier auch ein Luxusleben.« Dazu winkt er mit Wurst und Bierflasche. Eine junge Frau mit ihrem neugekauften Auto hat sich unter den Schutz »ihrer Jungs« gestellt. Auf einem der Plattformwagen feiert man schon mal ein kleines Fest mit Wodka und Champagner: drei Männer in schnittigen Sportjacken und eine flotte Blondine. Sie kommen aus Wladiwostok am Pazifik und fahren auf Urlaub ans Schwarze Meer. So sagen sie jedenfalls. So stelle ich mir eine Urlaubsreise nicht gerade vor, sage ich. »Na ja«, meint die Frau, »das sind jetzt eben mal 650 Kilometer Eisenbahn mitten durch Sibirien. Da müssen wir verladen, weil es keine Straße gibt. Aber hinter Tschernyschewsk geht's dann normal weiter, zuerst bis Nowosibirsk und dann weiter.«

Warum sich auch eine unbequeme Eisenbahnfahrt für

Autofahrer lohnt, erfuhren wir bald genug: am nächsten Bahnübergang. Da stand eine lange Reihe von PKW und Lastwagen. Die Schranke war geschlossen, aber an den Gleisen hatten sich Gruppen von Fahrern versammelt, die einen Mann mit finsteren Blicken umringten und düstere Verwünschungen murmelten. Ein Dutzend Arbeiter hatte Steine und Schotter zwischen den Schienen herausgerissen und den Übergang unpassierbar gemacht. Ein Zug kam durchgefahren, aber quer über die Schienen ging nichts. Wie lange das dauern würde? Der Chef der Arbeitsbrigade zuckte die Schultern. Eine Stunde? Bestimmt länger. Drei Stunden? Vielleicht. Vier Stunden? Kann auch sein. Die Arbeiter zogen sich gerade zu einer Zigarettenpause zurück. Und wo der nächste Bahnübergang sein könnte, kann keiner sagen. In der Umgebung der Stadt gibt es jedenfalls keinen. Aber zwei Lastwagenfahrer reden miteinander und scheinen einen Ausweg gefunden zu haben. Wir fahren ihrem LKW hinterher – ein Stück auf der Straße zurück, dann auf einem Feldweg an den Bahndamm heran. Die Autos fahren gefährlich schräggeneigt, bis wir zur Eisenbahnbrücke kommen. Darunter durch, mit zwei Reifen im Wasser des kleinen Flusses, und schon sind wir auf der anderen Seite des Bahndamms und müssen nur noch zur Straße zurück. Da ist lediglich ein Hindernis – ein kleiner Teich. Der Lastwagen vor uns fährt einfach mit flotter Bugwelle durch, aber wir sind gewarnt: Ein roter Lada steht bis zu den Türgriffen im Wasser. Zwei Mitfahrerinnen haben die Röcke gerafft, die Schuhe in der Hand und waten bis an die Schenkel durchs bräunliche Wasser. Der Fahrer steht mit nassen

Hosen am Ufer und sucht auf einem Schuttplatz nach einem Draht. Damit, meint er, könnten wir ihn herausziehen. Aber unser Fahrer Sergej will nicht warten. Das soll besser ein LKW machen, und da komme bestimmt noch einer. Er läßt uns den Teich zu Fuß auf dem Bahndamm umgehen und fährt so geschickt durch die seichteren Stellen, daß das Wasser nicht einmal in die Kabine kommt. Die Lada-Fahrer tun mir leid, aber eine Stunde später, als wir an der Hauptstraße Pause machen, kommt der rote Kleinwagen vorbeigefahren, die Frauen winken. Offenbar hat der Motor das Bad überstanden.

Wir fahren auf der Bundesautostraße, dem autobahnähnlichsten, was es in Sibirien gibt. Es ist eine zweispurige Schotterstraße, gelegentlich mit Schlaglöchern mittlerer Größe. Aber es ist die einzige Fernstraße, die in Jakutien nach Norden führt. Sie endet in der Hauptstadt Jakutsk, ungefähr elfhundert Kilometer von hier, auf halbem Weg zum Eismeer. Die Federung unseres Autos kracht in Schlaglöchern und Querrinnen, braungelber Staub mischt sich mit dem Gestank vom Benzin, das irgendwo austropft. Kein Dorf und kein Haus, nur Wald und manchmal ein kleiner Fluß. Schnell können wir nicht fahren, vielleicht vierzig oder fünfundvierzig Stundenkilometer. Das macht gute sechs Stunden, bis wir wieder Asphalt unter die Räder bekommen: Wir haben die Einfahrt von Tynda erreicht. Die Straße führt in die Stadt hinunter. Nun ist es ein Uhr nachts. Da ist es im Süden Sibiriens auch in den Sommernächten fast dunkel. Wir spüren die Eisenbahnschienen, die wir überqueren, hören Lokomotiven, können gerade noch die Züge rangieren sehen.

EISENBAHN, SÜDJAKUTIEN

Als wir unser Hotel gefunden haben, kommt es uns vor, als sei Tynda bloß ein großer Bahnhof. Auch die Hotelhalle hat den Charme eines Wartesaals, dafür gibt es einen Gepäckaufbewahrungsraum; da lassen wir unsere Kisten und brauchen sie nicht zu den kleinen Zimmern nach oben zu schleppen. Die haben fließend Wasser, kalt, aber immerhin, so daß man die Staubschicht der Reise abspülen kann.

Tynda ist natürlich mehr als ein Bahnhof. Es ist eine Kleinstadt von über fünfzigtausend Einwohnern, die allein von der und für die Eisenbahn leben. Seit 1975 erst gibt es die Stadt, seit der Zeit, als die Schienenstränge der Baikal-Amur-Magistrale von Osten und Westen kommend hier aufeinanderstießen. Tynda hat keine Industrie, wenn man von einer kleinen privaten Limonadefabrik absieht, aber ein großes Eisenbahnreparaturwerk mit fünftausend Arbeitern, für die es nicht genug zu tun gibt. Die riesige Planungs- und Leitungszentrale für den Bau der gesamten BAM, die hier ihren Sitz hatte, ist unnötig geworden, seit die Strecke vollendet ist. Die große Hauptverwaltung der Baikal-Amur-Magistrale wird überflüssig, weil in Zukunft BAM und Transsib gemeinsam von Chabarowsk aus verwaltet werden. Für das, was in Tynda zu tun ist, bleibt diese Stadt noch lange viel zu groß, und die meisten Einwohner sind zu jung, um von der Rente zu leben. Vor fünfundzwanzig oder dreißig Jahren sind sie nach Tynda gekommen, mit den Jungkommunisten-Brigaden, die in einem großen Kraftakt die neue Eisenbahn durch die unbewohnten Gebirge jenseits des Baikalsees bauen sollten. Generalsekretär Leonid Breschnew sah sie als sein Denkmal. Nördlicher als die Transsib, war sie weiter von der chinesischen Grenze entfernt und bot in der Zeit der Feindschaft mehr Sicherheit. Aber die Feindschaft ist vorbei, die Bodenschätze an seltenen Steinen und Metallen in den rauhen und kalten Bergen sind fast unerreichbar, und ihr Abbau ist noch zu teuer.

Die Sowjetunion, die die jungen Leute zum Eisenbahnbau schickte, hat ihnen eine recht ordentliche Stadt hingestellt. Die ersten Jugendbrigaden hatten auch im Winter in Zelten gewohnt, dann in Holzbaracken, die heute noch am Stadtrand stehen, und für viele war es damals eine aufregende Zeit gewesen. Heute noch sprechen sie von der Romantik des gemeinsamen Kampfs mit der rauhen Natur. Aber nun haben sie ihre Wohnungen in sechsstöckigen Hochhäusern mit Fernheizung. Im Westen Rußlands, dort, wo sie herkamen, könnten sie sich keine solche Wohnung leisten. Hier kauft sie ihnen keiner mehr ab, wenn sie weggehen wollten. So hoffen sie, daß ihre Stellen nicht abgebaut werden und daß der Staat weiterbezahlt.

Jeden Morgen strömen über tausend Angestellte zum Verwaltungsgebäude neben dem Bahnhof. Tynda ist ihre Stadt, da wollen sie bleiben, auch wenn nicht alles ideal ist. Sibirische Wetterlagen schlagen die verschmutzte Luft zu Boden, den Weg zum Verwaltungsgebäude überzieht ein schwarzer feuchter Film, die Blätter der Büsche sind von dicken Rußflocken schwarz gesprenkelt. Auch der Schnee war dunkelgrau bis schwarz, als ich ein paar Jahre zuvor im Winter in Tynda gewesen war. Für Umweltschutz ist eben nie Geld dagewesen, und niemand in Tynda will heute darüber Streit anfangen, wo die meisten um Arbeitsplatz und Wohnung fürchten.

In seiner Dreizimmerwohnung zeigt mir ein Mann, der zu den Helden des Eisenbahnbaus gehörte, seine Orden und Ehrenzeichen. Eigentlich hat er dazu keine Lust gehabt, aber seine Frau hat das Feiertagsjackett herbeigeholt, und nun erklärt er, was daran hängt. Die Medaille zum hundertsten Geburtstag Lenins, der Goldene Stern des Helden der sozialistischen Arbeit, der Lenin-Orden, Ehrenzeichen für verdiente Bauarbeiter der russischen Sowjetrepublik, für Arbeitsveteranen, für Erbauer der BAM.

»Held der sozialistischen Arbeit und der Lenin-Orden waren früher am höchsten geschätzt«, sagt Iwan Warschawskij, und natürlich, gibt er zu, sind sie ihm auch heute noch wichtig. Er war der Leiter der Baubrigade, die die Gleise von Westen her legte, und hier bei Tynda mit Sascha Bondarews Brigade, die von Osten kam, zusammentraf. »Unsere beiden Brigaden haben die Gleise gelegt. Zehn Jahre hat es gedauert, bis wir Tynda erreichten. Da waren die Lebens- und Wohnbedingungen natürlich schwierig. Erst kam der Vortrupp, der mußte sich selbst Unterkünfte schaffen. Es gab keine Bahn, wir kamen mit Schlitten und Hubschraubern, im Winter also, weil es im Sommer, wenn die Sümpfe und Flüsse nicht gefroren waren, überhaupt nicht ging.

Das hier ist ein schwieriges Klima, aber der Mensch kann sich an alles gewöhnen, auch an 55 bis 60 Grad minus.« Er zeigt auf Bildern aus Fotoalben und Zeitschriften, wie Sascha Bondarew und er sich von Kran zu Kran die Hand schütteln. Da waren viele Besucher dabei, hohe Funktionäre aus Moskau, Korrespondenten, Kameraleute. Die waren natürlich ein bißchen lästig, sagt Iwan Warschawskij. Für die mußte man das Treffen der Schienenstränge ein zweites Mal inszenieren, als die Gäste aus Moskau angekommen waren. Das war zwar ehrenvoll, aber doch ein bißchen dämlich, findet der Brigadier. »Nun gut, die hatten ihre Arbeit, wir hatten unsere.«

Natürlich ist Iwan Warschawskij, knapp fünfundfünfzig und Frühpensionär, enttäuscht von dem, was nachher gekommen ist. »Wir hatten anderes erwartet. Die BAM sollte voll in Betrieb gehen, Kohle, Holz, Kupfer und andere Bodenschätze transportieren. Es war geplant, die ganze Region zu entwickeln, den Norden und den Fernen Osten. Aber dann stellte sich heraus, daß die BAM heute nicht rentabel ist und keiner haben will, was es hier gibt. Hier müßte man Industriebetriebe bauen und die Bodenschätze erschließen. Dazu braucht man ausländische Investitionen und müßte Vertreter anderer Länder hierherziehen. Eines Tages wird es wieder Bewegung geben.«

Aber Iwan Warschawskij fürchtet, daß es zu lange dauern könnte. Noch gibt es hier viele Arbeitskräfte, die seit fünfzehn oder zwanzig Jahren hier wohnen und deren Kinder hier heranwuchsen. Solange die Leute noch hier und arbeitsfähig sind, müßte man diese Region entwickeln. Ein zweites Mal, das meint Iwan Warschawskij, wird man so viele Leute wie zum Bau der BAM nicht noch einmal herholen können, und wenn die Strecke nicht voll genutzt werden kann, dann wird die Eisenbahn verfallen.

»Es ist nicht wahr, daß dies eine Eisenbahn ins Nichts ist«, verteidigt Iwan Warschawskij sein Werk. »Die BAM war nötig und wird wieder nötig sein. Unsere Nachkommen werden sich eines Tages dafür bedanken, auch die Ausländer werden dankbar sein, wenn sie später einmal hierherkommen.« Er würde noch einmal an so einer Bahn mitbauen, trotz oder wegen der Schwierigkeiten. »Interessant ist das, weil sich alles verändert: Landschaft, Natur, Berge, Felsen, Klüfte. Wer gern reist und die Natur liebt, der findet die Arbeit in der Wildnis aufregend. Deswegen sind doch damals manche von uns gekommen und haben sich mit den schweren Bedingungen abgefunden. Es gibt eben Leute mit offenem Blick, die nicht nur Haus und Garten sehen, Leute, deren Seele geöffnet ist.«

Die Zeit der Romantik, wie er sie nennt, ist für Iwan Warschawskij nur noch Erinnerung. Er hat Wohnung, Kleingarten und Rente, das ist zwar nicht schlecht, aber die Arbeit als Brigadier in unzugänglichen Bergen, beim Ringen mit der Natur um eine bessere Zukunft, das war denn doch etwas anderes. Von der neuen Zeit erwartet er sich nicht viel: »Von der Politik bin ich sehr weit entfernt. Unsere Politikaster haben schon so viel Kleinholz gemacht in Rußland, das ist schlecht, und die Menschen werden es schwer haben, aber was soll man da tun?«

Der Bürgermeister der Stadt ist ein parteiloser Straßenbauingenieur, Mark Schults, ein Jude aus Moskau, der seit 28 Jahren in Tynda lebt. 1996 ist er mit 86 Prozent der Stimmen wiedergewählt worden, bei neun Gegenkandidaten. Politische Parteien spielen in der Stadt der ehemaligen Jungkommunisten kaum eine Rolle. Es gibt ein paar radikale Nationalisten, die Schirinowski anpreisen, und ein paar Kommunisten, die ihren Parteichef Sjuganow ziemlich schlapp finden. Aber bei den Wahlen für städtische Ämter haben sie keine Chance. Schließlich geht es da nicht um Ideologie, sondern um praktische Lebensfragen. Und mit denen muß sich der Bürgermeister herumschlagen. Die Bevölkerungszahlen sind rückläufig, Wohnungen stehen leer. Die Stadt war ursprünglich für 100 000 Einwohner geplant, 1993 waren es 63 000 geworden. Nun sind schon 11 000 Menschen abgewandert, zurück nach Rußland, in die Ukraine, in die baltischen Staaten und nach Moldawien.

Fabriken hat es in Tynda nicht gegeben, jetzt sind auch die Geschäfte der Holzindustrie zurückgegangen. Bürgermeister Schults spricht von einer Übergangsperiode forcierter Reformen, die schmerzhaft seien und erst nach vielen Jahren Erfolge bringen könnten. Größere Städte verkrafteten die Arbeitslosigkeit leichter als Tynda, das praktisch kein Steueraufkommen habe. Die Stadt lebt von sogenannten »Dotationen«, finanziellen Zuweisungen aus Moskau und Blagowestschensk, der Hauptstadt des Regierungsbezirks. Nicht alle Mittel, die Moskau für Tynda bestimmt hat, erreichen die Stadt. Die Zuständigkeiten zwischen Regionen und Bund seien unklar verteilt, da könne ein Bürgermeister kaum Einfluß nehmen, und er brauche doch zuverlässige Einnahmen, um wenigstens die Lebensmittelpreise stützen zu können. In der Vergangenheit war zumindest Verlaß auf die Gehälter der Eisenbahnverwaltung und auf die Zuwendungen, mit denen sie die Stadt förderten.

»Seit die BAM an das fernöstliche Eisenbahnnetz angeschlossen ist, wird die Verwaltung bei uns ständig verkleinert. Man kann mit den Leuten nicht einfach so umgehen. Man muß entscheiden, wo sie in Zukunft Arbeit finden und weiter leben werden. Soll man die Menschen von hier in Gebiete weiter im Süden umsiedeln? Das ist für uns ein großes Problem. Tynda, diese gute kleine Stadt, in der wir alle leben, kann das nur überstehen, wenn die Region sich entwickelt. Irgendwann wird das kommen, aber während des Übergangs zur Marktwirtschaft haben wir nicht die Kraft, um Tynda zum Zentrum dieser eigentlich reichen Region zu machen. Also hofft man auf ausländische Investoren, aber die kommen nicht, weil die Gesetze über den Schutz von Investitionen in der Duma abgelehnt wurden. Sie könnten in Kohle und Goldförderung investieren, aber das Gesetz fehlt eben. Die Regierung verkündet Erlasse über die Unterstützung unserer Region, aber staatliche Mittel in dieser Größe wird es in absehbarer Zukunft nicht geben, das müßten private Investoren machen.«

Der Bürgermeister und ich stehen auf der breiten Hauptstraße vor neuen Wohn- und Verwaltungsgebäuden. Die meisten Häuser, und nicht nur der ziemlich kühn konstruktivistische Bahnhof, würden in den Städten im Westen Rußlands angenehm auffallen, auch wenn alles ein wenig kühl und neu und manchmal sogar etwas protzig aussieht. Mark Schults hofft, daß seine

Stadt nicht sterben wird. Er meint, in den nächsten fünf Jahren werde sich die Wirtschaftsentwicklung irgendwie stabilisieren. »Aber ich kann mich irren. Wir sind hier sehr weit von der Regierung entfernt und die Regierung von uns. Und dann wird erst einmal wieder ein Präsident gewählt, und was das heißt, kann ich nicht einmal vermuten.« Vor den Wohnblocks im oberen Teil der Stadt steht ein Denkmal für die Erbauer der BAM. Stählern und kantig schwingt ein heroischer Jungkommunist seinen riesigen Vorschlaghammer. Da steht er, kaum einer schaut ihn an, und das Unkraut wächst über seine schweren Stiefel.

Von hier aus kann man schon fast die neue Kirche sehen. Kein großartiges Gebäude, aber immerhin eines mit Turm und Kreuz, niedrig und aus Holz. Aus der Nähe erkennt man, daß es einmal eine Baracke war. Ein junger Unternehmer hatte daraus einen Videosalon gemacht. Als das Geschäft nicht ging, hat er das Häuschen der Kirche geschenkt, und die hat es umgebaut. Drinnen zwischen den frischgemalten Ikonen und den Schalen mit Opferkerzen erzählt ein junger Mönch, daß er hier schon seit vier Jahren als Priester Gottesdienste abhält. »Gott sei Dank gibt es immer wieder Gläubige, und die beginnen, den Weg zu uns zu finden. Wir hoffen, daß noch mehr kommen werden und daß Tynda eine orthodoxe Stadt wird«, sagt Hieromonach Valerij. An die hundert Gläubige kommen einigermaßen regelmäßig. Das ist nicht viel, aber immerhin etwas für eine ehemalige Jungkommunisten-Stadt. Nein, erklärt der Priester, diese Geschichte spielt keine Rolle mehr: »Der Komsomol war ein ganz unnatürlicher Zustand für die

Menschen, ein gottloser Zustand. Der ist einfach per Anordnung eingeführt worden. Nachdem der Zwang aufhörte, ist er verschwunden und abgestorben. Der russische Mensch hat orthodoxe Wurzeln, zu denen kehrt er zurück.« Der junge Priester sagt es milde, aber bestimmt. Er hat große Pläne. In einem Jahr wird man anfangen, im Zentrum eine Kathedrale zu bauen. »Die Stadtverwaltung ist nicht dagegen, sondern hilft uns. Die Bürger wünschen sich eine gute orthodoxe Kathedrale aus Stein, die Geschäftsleute wünschen das auch und werden uns unterstützen.«

Vielleicht also wird in ein paar Jahren nicht mehr der schnittig-geometrische Turm des Bahnhofs das höchste Gebäude von Tynda sein, sondern ein altrussischer Zwiebelturm zwischen den Neubauten. Und vielleicht werden diese modernistischen Bauten, die die Komsomolzen errichten durften, eines Tages in Russisch-Sibirien so westlich aussehen wie das neugotische Kaufhaus in Blagowestschensk.

Im Stellwerk im Bahnhofsturm blinkt nicht viel auf der großen Schalttafel. Gerade ein Dutzend Züge, Güterzüge mitgerechnet, fährt täglich durch Tynda hindurch. Außerdem gibt es ein paar Lokalzüge auf der Stichbahnstrecke nach Norden, die einmal mehr als tausend Kilometer weit ins Zentrum Jakutiens führen soll. Aber noch reicht sie nur bis zu den Kohlegruben von Njerungri, und von dort gehen manchmal Bauzüge auf der noch nicht fertig ausgebauten Strecke zu den Goldgruben von Aldan. Wir wollen ein Stück mit dieser Eisenbahn fahren.

Der erste Wagen gleich hinter der Lokomotive sieht

am besten aus, aber die Tür ist abgeschlossen, und die Schaffnerin hinter dem Fenster winkt uns mit eiserner Miene weiter. Die blonde Eisenbahnerin im nächsten Wagen ist netter und tröstet uns. »Das ist doch der Kurswagen von Wladiwostok. Die sind furchtbar hochnäsig, die lassen uns auch nicht rein. Kommen Sie zu mir, wir sind zwar bloß harte Klasse, aber viel gemütlicher.«

Also steigen wir zu ihr in den Liegewagen. Zwei Eisenbahnerinnen sammeln gerade die Bettwäsche ein und klappen die oberen Liegen an die Wand. Es sind nur noch wenige Stunden bis zum Zielbahnhof. Der Wagen ist halb voll, und die Passagiere sitzen in lockeren Grüppchen zusammen, teilen sich Wurst und Tee und Limonade, spielen Karten oder dösen einfach vor sich hin. Zwei der Kartenspieler sitzen mit bloßem Oberkörper da. Man sieht, sie sind schwer tätowiert, sie gehören wohl zu der etwas undurchsichtigen Klasse der neuen Kleinhändler, die sich »Businessmeni« nennen und ihr Geld damit verdienen, daß sie Waren aller Art in den Norden schaffen. Die Schaffnerin traut nicht allen Fahrgästen. Sie läßt sich außer den Fahrkarten auch die Ausweise zeigen. »Das sind ja nicht alles anständige Menschen, die bei uns in Sibirien Geschäfte machen wollen«, meint sie.

Die beiden Kartenspieler sind nicht sehr gesprächig. Sie sagen mir gerade noch, daß sie in Geschäften nach Njerungri unterwegs sind. Aber die meisten anderen im Wagen reden ganz gern mal mit einem Ausländer. Das ist ja das Angenehme an einer Eisenbahnfahrt, daß man ganz zufällig und absichtslos zusammensitzt und mit

Leuten sprechen kann, die man wahrscheinlich nie wiedersehen wird. Die Schaffnerin allerdings arbeitet schon seit zehn Jahren auf dieser Strecke, und jeden zweiten Tag geht sie auf Fahrt. Aber sie weiß nicht, ob sie das noch lange machen wird. Ihre Mutter ist schon nach Westrußland zurückgekehrt, woher sie vor fast zwanzig Jahren gekommen war – damals auch eine der jungen »Erbauerinnen der BAM«. Die Schaffnerin hat ebenfalls Pläne für eine Rückkehr in den Westen. »Aber eigentlich ist das keine Perspektive«, sagt sie bedauernd. »Wenn man da eine Wohnung und eine ständige Arbeit fände, wäre es natürlich gut. Besonders wegen der Kinder: Dort sind Obst und Gemüse viel billiger. Hier ist alles teuer, hier wächst ja nichts, und der lange kalte Winter fängt im September schon mit Schnee an.« Und dann klagt sie darüber, daß die Löhne oft so lange ausbleiben, manchmal Wochen und Monate. »Das ist schwer, aber andererseits: Alle haben es jetzt eben schwer.«

Da stimmen die meisten Mitfahrer zu. Der dicke Mann im gestreiften Hemd seufzt. »Die Situation hat sich verschlechtert. Jetzt gehen die Leute nach Westen zurück. Sie kommen nicht mehr, um hier Geld zu verdienen. Vor sechzehn Jahren bin ich gekommen, vierundzwanzig Jahre war ich jung, mich hat die Romantik gelockt und natürlich das Geldverdienen. Heute ist das ein Teufelskreis: Ich würde in den Westen zurückkehren, wenn ich da eine Wohnung hätte, aber für die Wohnung braucht man Geld, und hier gibt es gegenwärtig nichts zu verdienen. Also muß ich hierbleiben.«

Aber nicht alle denken so. Der Mann gegenüber

stammt aus Baku am Kaspischen Meer, einer der Leute aus der Kaukasus-Region, denen viele in Sibirien Schlauheit, Geschäftssinn und manche weniger freundliche Eigenschaft nachsagen. Er will nicht nach Hause zurück. Seit zwanzig Jahren lebt er im Fernen Osten und Sibirien, er handelt mit Pelzen, kauft, verkauft, reist herum und, das betont er besonders, zahlt Steuern. »Ich habe meine ganze Jugend im Fernen Osten verbracht, niemand hat mich gekränkt oder beschimpft als ›Schwarzer‹ aus dem Kaukasus. Heute ist es sogar besser als damals, als ich mit einer Jugendbrigade aus Aserbaidschan zum Eisenbahnbau kam. Es ist besser als unter den Sowjets, schon wegen der Demokratie. Mir jedenfalls gefällt es.«

Die meisten, so stellt sich heraus, waren wie er als Komsomolzen nach Sibirien gekommen. Die blonde Schaffnerin in der hellblauen Uniformbluse der Eisenbahner stammt aus Litauen und ist seit vierzehn Jahren hier. Ihr Mann war Traktorist an der BAM, sie Kranführerin. »Wir haben Städte gebaut, die Bergwerksstadt Njerungri, wo ich heute wohne. Auch eine Milchfabrik. Ich habe wirklich mit eigenen Händen gebaut. Eine Eisenbahnreparaturwerkstatt vom Fundament aufwärts haben wir auf die Beine gestellt. Die arbeitet und funktioniert heute noch. Das war eine interessante Zeit. Viele in Litauen hatten uns wegen der Schwierigkeiten abgeraten, aber wir haben uns doch freiwillig beim Komsomol gemeldet: die Romantik! ›Wir fahren durch den Nebel in die Taiga‹, so haben wir gesungen. In Litauen hatten wir nicht schlecht gelebt, aber hierher lockten uns die Romantik und die Aussicht, in einer Stadt junger Leute zu wohnen. Meine Kinder konnten kein Russisch, als wir ankamen, aber inzwischen hat mein Sohn eine Musikschule absolviert, meine älteste Tochter die Fachhochschule für Lebensmittelproduktion. Die jüngste hat früh geheiratet, ihr Mann ist Busfahrer, sie haben mir schon eine Enkelin geschenkt. Mein Sohn ist nach Litauen zurückgekehrt, wo meine Mutter und meine Brüder leben, und wir wollen in diesem Jahr auch nach Hause fahren und dort bleiben. Es reicht uns.«

Es sind die wirtschaftlichen Schwierigkeiten, die sie an die Heimkehr denken lassen. Wozu in einem kalten, unwirtlichen Land leben, wenn es keinen Nordzuschlag auf die Löhne mehr gibt, wenn Gehälter gesenkt und manchmal zwei, drei Monate lang nicht ausgezahlt werden? »Wenn man große Kinder hat wie wir und wenn alle arbeiten, dann geht es ganz gut«, sagt die Schaffnerin. »Aber wenn man kleine Kinder hat, die noch in die Schule gehen, und wenn nur die Eltern arbeiten, dann ist das Leben schwer.«

Einer Mitreisenden im blauen Anorak klingt das alles zu negativ. »Allmählich wird es doch besser, gibt es wieder eine Ordnung«, sagt sie. »Wir glauben daran, daß wir das noch erreichen werden. Lange wird es nicht mehr dauern. Es gibt auch viele positive Ansätze, die darf man nicht übersehen.« Vielleicht ist sie eine Lokalpatriotin, der es mißfällt, daß die anderen Fahrgäste vor Ausländern über das Leben klagen. Jedenfalls bringt sie, die zwei Wochen zu Besuch in Deutschland war, auch die guten Seiten Sibiriens ins Spiel: »Bei Ihnen sind die Städte das Interessante, bei uns ist es die Natur.

Die Leute in Bayern haben mir gut gefallen, alle sind freundlich, zeigen einem mit Händen und Füßen den Weg, wenn Sie die Sprache nicht kennen. Nach München käme ich gerne noch einmal. Aber dafür ist bei uns hier die Landschaft sehr schön. Die Natur ist sauber, wir atmen frische Luft. Das gibt es in München natürlich nicht.«

Die Frau ist Lehrerin. Irgendwann werden die Gehälter wieder gezahlt, meint sie, und deswegen gehe sie auch nicht weg. Drei Eisenbahnarbeiter, die mit ihren Schaufeln und Hacken zugestiegen sind, denken auch nicht daran, abzureisen. Um ihren Arbeitsplatz haben sie keine Angst. »Wir halten die Gleise in Ordnung, damit die Züge fahren können, diese Arbeit wird immer gebraucht.« Wie sie hier leben? »Na, normal eben.« Ursprünglich sind sie von der Küste des Schwarzen Meers mit der Armee in den Norden gekommen, und als sie die Dienstzeit hinter sich hatten, sind sie geblieben. »Da gab es keinen besonderen Grund. Jetzt haben wir unsere Familien hier, die Kinder sind hier geboren, wo sollen wir sonst hin?« sagt der dicke, ältere Arbeiter, und sein Neffe schließt die Überlegung ab: »Es gibt sowieso keine Aussicht, hier wegzukommen, keine Perspektive.«

So ähnlich sehen es auch der Lokomotivführer und sein Assistent, zu denen ich in die Führerkabine gestiegen bin. Der Lokführer erinnert sich doch mit ein bißchen Wehmut an die Anfangszeit seiner Eisenbahn. Mit Politik hat das wohl nichts zu tun, Kommunist ist er nicht, und zwischen die Instrumente hat er das alte und neue Wappen Rußlands mit dem doppelköpfigen Adler geklebt. Daneben stehen die Teetassen, die Zuckerschale und ein elektrischer Kessel. Es genügt wohl, wenn einer der beiden Männer im Führerstand der Diesellok die Strecke im Auge behält. So kann man Tee trinken und ein bißchen reden. Für den Lokführer ist sein ganzes Leben mit der neuen Eisenbahnstrecke verbunden gewesen. Er kam mit vierundzwanzig Jahren mit einer Baubrigade. »Da waren wir alle begeistert, der Enthusiasmus war enorm. Und damals hatten wir unsere eigene Eisenbahn! Jetzt haben sie unsere BAM an die Verwaltung für den ganzen Fernen Osten angeschlossen, das macht einen großen Unterschied. Die Eisenbahn wird länger, das Kollektiv wird größer, aber früher haben wir eben für unsere eigene Bahn gearbeitet – und jetzt für eine andere, fremde Verwaltung.«

Man merkt ihm an, daß er der alten Zeit nachtrauert, der Zeit der Herausforderungen, als sie mit der Gitarre im kalten Zelt saßen, wenn sie vom Schienenlegen kamen, und auch der Zeit, als die Eisenbahn noch etwas Neues war. Nun ist alles Alltag geworden, und die BAM gilt nicht einmal als großer Erfolg. Sein Assistent ist zwölf Jahre jünger. Seit sechs Jahren, seit der Dienstzeit in der Armee, lebt er in Tynda und arbeitet bei der Eisenbahn, ohne Wehmut und ohne Träume. »Ich habe eine Frau und zwei Kinder. Wenn man arbeitet, kann man ganz gut leben. Das Geld reicht.« Regelmäßig kommt das Gehalt nicht, das gibt er zu. Es hat immer wieder Verzögerungen gegeben, aber in Zukunft soll es pünktlich kommen, jedenfalls verspricht die Regierung das. »Wo sollen wir sonst auch hin? Nirgends wartet man auf uns«, sagt der junge Mann.

Ich wundere mich, wie die Leute einfach so weitermachen, wie sie ihre Züge trotzdem nach Fahrplan ans Ziel bringen und wovon sie leben, wenn die Gehälter so lange ausbleiben. Wie lebt man? »Normal«, sagt der Lokführer. Diesmal bedeutet das Wort wohl nicht »gut«, aber soviel wie »es geht«.

Unser Zug fährt an einem Fluß entlang, durch eine hügelige Landschaft mit Kiefern und Lärchen, mit Birken, Weiden und Erlen an den kleinen Flußläufen. Die dichten, dunklen Wälder mit den Baumriesen der Taiga sind weiter im Süden zurückgeblieben. Hier fängt das Land an, karger zu werden, aber noch erinnert es mich fast an eine norddeutsche Heidelandschaft. Drei Häuser stehen am Waldrand, dann kommt ein hölzernes Bahnhofshäuschen in Sicht, eine dicke Vorsteherin mit der Kelle in der Hand steht am Bahnsteig, und da ist auch unser graugrüner Kleinbus. Sascha und Sergej sind mit Gepäck und Ausrüstung gekommen, um uns abzuholen. »Ende der Luxusreise«, sagt Sascha. Nun geht es wieder auf die Straße mit Staub, Schlaglöchern und Waschbrettrillen, die eher für Lastwagen gebaut ist als für unseren klapprigen Kleinbus.

Die Straße steigt in weiten Kurven zwischen ausladenden, sanft gerundeten Bergen an. Sergej fährt auf einem Sandweg zu einem kleinen Rastplatz. Hier sei ein Stopp unumgänglich, sagt er und zeigt auf einige große Haselnußbüsche. Ihre Zweige sind vollbehängt mit kleinen Streifen aus Stoff und Papier. Hier oben wacht ein Geist, ein unsichtbarer Schamane, über das Land, und es ist gut, ihm seine Reverenz zu erweisen. Schamanen, Geisterbeschwörer, haben im Leben der jakutischen

Ureinwohner wie bei anderen Nordvölkern eine wichtige Rolle gespielt. Hier wacht ein Schamane, der selber ein Geist geworden ist. Das jedenfalls glauben die Jakuten, und wenn Sergej auch Russe ist, so will er sich doch sicherheitshalber an die alten Sitten halten. Ich erinnere mich an eine andere Reise, da hatten wir alle an einem Schamanenbaum unsere kleine Spende hinterlassen, alle außer dem Fahrer. Und ein paar Kilometer weiter schon war ein Reifen geplatzt. Also trenne ich mich von meinem Taschentuch und lasse es im Wind am Haselnußbusch flattern.

Es gibt noch ein anderes Zeichen, daß wir nun in Jakutien sind, dem großen Gebiet im östlichen Sibirien, das sich seit dem Ende der Sowjetunion Republik Sacha nennt. Die Republik ist ein Teil der Russischen Föderation, aber ihre Führer bestehen auf autonomen Entscheidungsrechten, besonders wo es um die reichen Bodenschätze geht, aber auch bei der Pflege von Sprache, Tradition und Kultur. Hier haben sie auf der Kuppe des Berges drei gewaltige Grenzpfähle aufgepflanzt, zehn Meter hohe Säulen mit steinernen Pferdeköpfen, geformt wie die Holzpfähle, an denen die Jakuten vor ihren Jurten die Pferde anzubinden pflegten. Dies sei ein Willkommensgruß und ein Denkmal der Völkerfreundschaft, sagt eine kleine Tafel. Aber es sind zugleich Symbole der Abgrenzung, und so groß wie sie sind, wirken sie auch ein wenig trotzig.

Zweitausend Kilometer weit dehnt sich Sacha-Jakutien von hier bis zum Eismeer aus, zweieinhalbtausend Kilometer von Osten nach Westen. Sein Gebiet bedeckt ein Fünftel der ganzen Russischen Föderation.

Auf über drei Millionen Quadratkilometern leben nur etwa 1,1 Millionen Menschen. Die Jakuten sind ein Turkvolk, das vor tausend Jahren aus Zentralasien in den fast menschenleeren Raum einwanderte. Nur wenige kleine Völker von Nomaden und Fischern hatten zu der Zeit hier gelebt – Ewenen, Ewenken und Jukagiren. Seit dem 16. Jahrhundert hatten Rußlands Zaren die Herrschaft übernommen, Festungen und Städte angelegt, aber Jakutien entwickelte sich nur langsam. Mit seinen riesigen Wäldern im Süden und der unendlichen, baumlosen Tundra im Norden, mit den wenigen Dörfern, deren Bewohner sich selber Sacha nannten und von den Russen irrtümlich Jakuten getauft wurden, blieb es eine Verwaltungseinheit, achttausend Kilometer von Moskau entfernt. Pelzjäger gab es hier, sonst kaum etwas, und am besten ließ sich Jakutien als »Gefängnis ohne Mauern« verwenden. Politische Gegner und gewöhnliche Verbrecher, die man in die abgelegenen Dörfer verbannte, hatten kaum eine Chance, zu fliehen und aus eigener Kraft den Weg zurückzufinden.

Hier, wie in anderen Teilen Sibiriens, hatte Stalin schließlich riesige Straf- und Todeslager anlegen lassen und begonnen, die bis dahin unzugänglichen Bodenschätze systematisch und ohne Rücksicht auf Menschenleben zu erschließen. Als die Lager nach seinem Tode aufgelöst wurden, lohnte es auch nicht mehr, die Zinn- und Kohlenbergwerke im hohen Norden zu betreiben. Statt dessen begann die Erschließung von Süden her, der Strecke folgend, auf der wir von der Transsibirischen Bahn gekommen waren. Die Stichbahn nach Norden zu den großen, neuerschlossenen Kohlegruben Südjakutiens hatte Arbeiter und ihre Familien aus der ganzen Sowjetunion herangebracht, hauptsächlich Russen und Ukrainer.

Um 1960 hatte die Republik 700 000 Einwohner, und die Jakuten waren die Mehrheit. Nun leben hier ungefähr 400 000 Jakuten, 400 000 Russen, 100 000 Ukrainer, Weißrussen und Moldawier, 100 000 Tataren, Mongolen und Zentralasiaten und 25 000 Ewenken, Ewenen und Jukagiren. Im Süden des Gebiets, das die Zaren als Gouvernement Jakutien in die Karte Sibiriens einzeichnen ließen, hatten immer nur wenige Jakuten gelebt. Jetzt waren die neuen Industrieansiedlungen russische Städte, in denen Menschen aus allen Teilen der alten Sowjetunion lebten. In der ganzen Republik Sacha stellten die Jakuten nur noch ein Drittel der Bevölkerung. Die massive Zuwanderung war mit Besorgnis und innerem Widerstand hingenommen worden. Aber es gab kaum Anzeichen für die Entstehung eines gewalttätigen Nationalismus. Die Jakuten hatten im nördlichen Teil ihres Landes auch in sowjetischer Zeit ihren Zusammenhalt und ihre Kultur aufrechterhalten können und, da sie das Volk waren, das diesem Gebiet den Namen gab, starken Einfluß in Verwaltung und Politik behalten. Schon ehe die Union auseinanderbrach, hatte der Oberste Sowjet der Autonomen Sowjetrepublik Jakutien im September 1990 die Souveränität der Republik Sacha ausgerufen.

Die Jakuten hatten in früheren Jahrhunderten immer einen Weg des Zusammenlebens mit den Russen gefunden, und die Politiker der Republik Sacha planten auch keinen Ausbruch aus der Russischen Föderation. Aber die jakutische wie auch die russische Führungsschicht der Republik schienen entschlossen, das Land nicht von einer Regierung im fernen Moskau verwalten und ausbeuten zu lassen. So kam es, daß die jakutische Sprache und Kultur ein neues Gewicht bekamen, weil sie den besonderen, halbsouveränen Status Jakutiens zu rechtfertigen halfen.

Auf all das wiesen die großen, symbolischen Grenzpfähle hin, die so dekorativ über den bewaldeten Tälern standen. Einen Grenzkontrollpunkt gab es hier nicht. In Moskau hatte uns die jakutische Vertretung bei der Bundesregierung gesagt, daß es Grenzkontrollen nicht gebe und daß ein normales russisches Visum auch für Jakutien ausreichend sei. Ganz so war es doch nicht. Das hatte Sascha in der Hauptstadt Jakutsk in Erfahrung gebracht, ehe er uns entgegengekommen war, und er hatte Bescheinigungen des Ministeriums für Außenbeziehungen der Republik Sacha dabei – eine Art Visa, auch wenn sie nicht so hießen, und zweihundert Kilometer weiter nördlich hielten uns Polizisten mit Kalaschnikows an einem Schlagbaum an und wollten die Dokumente sehen. Es gab in Jakutien eben inzwischen manche Besonderheit, von der die Beamten in Moskau keine Vorstellung hatten.

Wir waren allerdings schon lange vor dem Kontrollposten von der Hauptstraße abgewichen. Auf einer schmalen, geländerlosen Holzbrücke überquerten wir einen Bach und fuhren in das Dorf Iengri. Hier lebe ein weltberühmter Schamane, hatte unser Fahrer Sergej erzählt, als ich mein Taschentuch an den Schamanenstrauch band. Er wußte das aus dem Fernsehen. Und nun wollten wir in Iengri nach dem alten Zauberer suchen. Es war Mittag. Die zwei Geschäfte des Dorfs waren geschlossen. Zwischen den zehn oder zwanzig Häusern war kein Mensch zu sehen. Dann ein größeres Haus mit dem Schild »Stolowaja«, was so viel wie Restaurant oder Kantine heißen kann. Zwei dicke Mädchen dösten auf den hölzernen Treppenstufen in der lauwarmen Sonne. Zu essen gebe es hier nichts, murmelten sie. Das sei schon lange vorbei. Aber in dem Haus sei eine Backstube, da könnten wir frisches Brot kaufen. Da war auch ein Bäcker, der etwas von dem Schamanen wußte. Der wohnte ein wenig entfernt im oberen Dorf, wo keine Russen lebten, auch keine Jakuten, sondern Menschen vom kleinen Volk der Ewenken. Es gibt weniger als 50 000 von ihnen, und sie leben in kleinen Siedlungen und Nomadenlagern verstreut vom nördlichen China bis zum Eismeer. 800 von ihnen hatten ihre Häuser in dieser größten ewenkischen Siedlung Jakutiens.

Aber das Oberdorf schien nun wirklich menschenleer. Bei vielen Häusern waren die Fenster mit Brettern vernagelt, und kein Hund schlug an, wenn man sich ihnen näherte. Die Ewenken sind Rentierzüchter, und im Sommer sind fast alle Männer und viele Familien weit entfernt bei den Herden. Schließlich hatten wir Glück: Wir sahen eine Frau ihren Kinderwagen in einen der mit hohen Brettern umzäunten Höfe schieben. Drinnen lagen Felldecken im Gras, hohe bestickte Stiefel aus Rentierfellen, Handschuhe, allerlei, was nach Tradition und Kunstgewerbe aussah. Dazwischen stand eine Frau von Mitte oder Ende Zwanzig, groß und kräftig, mit breitem Gesicht und blauschwarzen Haaren, eine stattliche Person, die genau wußte, daß sie eine gutaussehende Frau war. Und den Schamanen kannte sie auch. Er war ihr Großvater oder ihr Großonkel, jedenfalls ein enger Verwandter, sagte sie, und darauf kam es an. Denn sie hatte ihn schon auf großen Reisen begleitet, zum Beispiel zum Welt-Schamanenkongreß in London. Der Alte war offenbar wirklich berühmt. Und seine Enkelin oder Großnichte, von Beruf Lehrerin, war bereit und entschlossen, ihn auch für das deutsche Fernsehen zu managen. Sie wisse, wo er sei, und könne den Kontakt herstellen – wir allein würden den Alten nie finden. Der sei weit weg im Lager der Hirten, zwei bis zweieinhalb Tage brauche man, um auf einem Rentier zu ihm zu reiten.

Das war uns doch zu weit und zu umständlich, aber das wollte die Schamanen-Enkelin uns auch gar nicht vorschlagen. Sie komme im Auto mit uns bis zum Flughafen von Njerungri, da könnten wir einen Hubschrauber mieten und zum Lager der Hirten fliegen – natürlich mit ihr zusammen und nachdem wir einen Vertrag über die Senderechte gemacht hätten. Sie war eben schon einmal in London gewesen. Reisen bildet.

Im übrigen war die junge Frau nicht besonders geldgierig und nicht einmal bereit, uns die schönen Fellstiefel und Handschuhe zu verkaufen. Sie hatte das Interesse an uns verloren und spielte mit dem Kind der Nachbarin. Immerhin hatte Sergej verstanden, wo ungefähr sich das Lager des Schamanen und der Hirten befand.

SCHAMANEN, BODENSCHÄTZE

Sascha hatte in Njerungri ein Quartier gefunden. Nicht in der Stadt selbst, die 100 000 Einwohner, aber kein Hotel und keinen Gasthof hat, sondern im Gästehaus der südjakutischen Kohlegesellschaft. Ihr gehören nicht nur die riesigen Gruben, aus denen Kohle im Tagebau abgebaut wird, sondern im Grunde die ganze Stadt, die vor knapp zwanzig Jahren um der Kohle willen gebaut wurde.

Unser Gästehaus lag ein wenig abseits in einem kleinen Park über der Stadt. Ordentliche Zimmer mit einfachen Bädern, ein kleines Restaurant mit farbigen Glasfenstern, eine Verwalterin und zwei Köchinnen warteten auf uns. Zu Sowjetzeiten hatten hier Funktionäre gewohnt und gefeiert. Jetzt gab es außer uns nur einen einzigen Gast, einen seltsam fahrigen alten Mann, der hier seine Pension als ehemaliger Direktor der Kohlegruben verlebte. Die Köchinnen schienen ganz froh, zahlende Gäste mit Gulasch, Kompott und Pfannkuchen verwöhnen zu dürfen. Dies war ein angenehmes Standquartier, und obwohl wir ja offiziell als Besucher der Bergwerksgesellschaft eingezogen waren, nahm es uns niemand übel, daß wir zunächst einen Bogen um die Gruben machten und uns um andere Ziele kümmerten.

Dazu fuhren wir dreißig Kilometer weiter in die Siedlung Tschulman, eine Ansammlung von Holzhäusern, die fünfzig Jahre vor der Stadt Njerungri erbaut wurden. Hier wohnten die Geologen, die die Kohlelager entdeckt, und die Arbeiter und Ingenieure, die die Bundesautostraße angelegt hatten, auf der wir von Süden nach Jakutsk fuhren. Da lag auch ein kleiner Flughafen, der zwar offiziell geschlossen, aber doch nicht ganz ohne Leben war. Freunde in Moskau hatten uns geraten, hier nach einem ihrer Bekannten zu suchen, einem ehemaligen Piloten von Aeroflot, einem Hans Dampf in allen Gassen, der uns bestimmt würde helfen können. Das frühere Flugplatzgebäude war verrammelt, aber auf der Rollbahn standen ein Doppeldecker und mehrere nicht ganz neue Hubschrauber. In einer Baracke saß eine Frau am Tisch, über Akten und Buchführung gebeugt, das war Frau Schapowalow. Ihr Mann Iwan, der Freund unserer Freunde, so sagte sie, sei der Chef der kommerziellen Luftfahrt von Tschulman. Jedenfalls war er ein Privatunternehmer, der außer der Luftfahrt wohl noch manches andere betrieb, ein dicker, jovialer Mann, der sich als ehemaliger Aeroflot-Fernpilot gern Kommandant nennen ließ. Nun verfügte er über eine Flotte von fünf Hubschraubern und zwei Doppeldeckern. Alle trugen noch das Zeichen der Aeroflot, von der er sie gemietet hatte – nicht etwa in Jakutien, sondern weit entfernt in Zentralasien, wo sie unbenutzt auf einem Provinzflughafen gestanden hatten.

Iwan Schapowalow hatte alte Kollegen von der Aeroflot angeheuert. Praktisch waren sie jetzt seine Angestellten, erzählte er, aber sie hörten nicht gern, daß sie nun für einen Privatunternehmer, noch dazu einen alten Kollegen, arbeiteten, und so habe er sie ein bißchen an seiner Firma beteiligt. Er aber entscheide, wohin geflogen werde – und geflogen werde nun, wohin wir wollten. Er hatte auch einen Vorschlag: den schönsten See Jakutiens im äußersten Südosten, auf keiner Straße zu erreichen. Und wenn uns die großartige Natur allein keinen vierstündigen Hubschrauberflug wert sei, so habe er noch einen Bekannten, einen Mann mit einer wirklich interessanten Geschichte. Das sei der Chef der größten geologischen Forschungsgesellschaft in Südjakutien, der dazu noch Goldwaschanlagen betreibe oder besitze und in der Nähe des besagten Tokosees riesige Lagerstätten von Steinkohle gefunden habe, die so dicht unter der Erde lagen, daß man sie sozusagen mit dem Fuß freischarren könne.

Als er von unserem Schamanen hört, baut er auch diese Station gleich in die Hubschrauberreise ein. Er weiß, wie man das macht: Er ruft den Verwaltungschef einer Rentiersowchose an, die es eigentlich nicht mehr gibt. Nach dem Ende der Sowjetunion war sie erst eine Genossenschaft, dann eine Art Aktiengesellschaft. Was sie nun ist, kann Schapowalow auch nicht genau erklären, aber der Chef ist immer noch Chef. Der weiß, wo die Rentierhirten sind. Er wird versuchen, sie per Funk zu erreichen, und wenn das nicht klappt, dann sollten wir eben hinfliegen und uns auf ihn berufen. »Nehmen Sie zwei Kartons Gemüse als Geschenk mit, da oben sind Kinder, die können das brauchen. Und bringen Sie nicht zuviel Wodka mit, vier oder fünf Flaschen genügen, wenn Sie mit den Jungs noch sprechen wollen.« Außerdem sei da eine Kleinigkeit, bei der wir ihm helfen könnten, aber das wird er mit Schapowalow regeln.

Nun geht alles ganz schnell. Schapowalow ruft den Geologen an, und der ist Feuer und Flamme. Die Kohlelager am Tokosee sind sein Lieblingsprojekt, außerdem hat er auf einer Insel ein Lager zu bauen begonnen, da können wir übernachten und Fisch essen und außerdem bei dieser Gelegenheit im Hubschrauber ihn und eine Ladung Baumaterial mitnehmen. Iwan Schapowalow macht uns einen guten Preis: acht Millionen Rubel pro Flugstunde – drei Millionen weniger als die Verwaltung von Aeroflot uns in Moskau als sibirischen Stundenpreis genannt hat. Also kostet die Stunde in der Luft rund 1500 Dollar, das ist bei den hohen Treibstoffpreisen hier ein faires Angebot. Besonders weil nur der reine Flug zählt und nicht die Zeit, die wir auf dem Boden verbringen. Und die kann lang sein, wenn das Wetter schlecht wird.

Schapowalow schickt uns zum Markt, um Gemüse zu kaufen, und bringt uns ins Gästehaus: Schließlich brauchen wir unsere Ausrüstung, warme Kleidung, Schlafsäcke und die Zelte. Dann aber soll es gleich losgehen. Zuerst zu den Rentierhirten, dann zum Lager der Geologen. Es kann spät werden, aber was macht das schon, sagt Schapowalow, in den Sommernächten bleibt es ja lange hell. Als wir zum Flughafen zurückkommen, wird der Hubschrauber schon beladen. Hinten im Hubschrauber stinkt ein riesiger Tank mit Treibstoff. Auf den wartet eine Gruppe von Rentierhirten, deren Allzweck-Kettenfahrzeug stehengeblieben ist, weil ihm der Diesel ausging. Unser Gepäck und unsere Füße finden gerade noch Platz auf einem Stapel von Bauholz und einigen Säcken Zement. Die braucht der Geologenchef Valerij Kotenjew schon lange für sein Camp. Er hat noch zwei Handwerker mitgenommen, die dort weiterbauen sollen. Außerdem seien sie gute Fischer und Köche, und das sei auch viel wert, sagt er. Der schnauzbärtige Direktor der Forschungsgesellschaft und der Goldwaschanlage trägt Wanderstiefel und einen Anzug in Tarnfarben. Was als kleines Gespräch über einen Ausflug begann, scheint sich zu einer Art Expedition auszuwachsen. So kann es in Sibirien gehen: Manchmal dauert es ewig, manchmal läuft alles ganz schnell – sogar sofort, wenn jemand wie Schapowalow will. An unserem Flug verdient er, und dann tut er den Geologen und dem Chef der Rentierhirten einen Gefallen, das wird ihm ebenfalls nützlich sein.

»Haut ab, solange das Wetter noch gut ist«, ruft Iwan Schapowalow dem Piloten zu. Wir fliegen Richtung Südwesten, sehen in der Ferne die Wohnblocks der Stadt Njerungri. Gerne würden wir die riesigen Trichter des Kohletagebaus aus der Luft filmen, aber dafür hat selbst Schapowalow so schnell keine Aufnahmegenehmigung bekommen können. Bald sehen wir keine Straßen und Häuser mehr. Über leicht bewaldete Hügel hinweg fliegt der Hubschrauber eine eher graue als grüne Landschaft an, abgerundete Bergkuppen, ungefähr tausend Meter hoch, auf denen schließlich nicht einmal mehr Büsche wachsen. Von den Lärchenwäldchen der Bergtaiga sind wir in eine Klimazone gekommen, in der es kaum anders aussieht als in der baumlosen Tundra des hohen Nordens. Der Himmel hat sich bezogen, ein leichter Nieselregen läßt das Land grau und hart wirken. Das ändert sich erst nach fast zwei Stunden, als wir in ein breites Tal hinunterfliegen. Der Pilot folgt einem kleinen Flüßchen, dessen Ufer von Weiden und Erlen gesäumt ist. Wo das Flußtal ansteigt, wachsen wieder lokkere Bestände von Lärchen. Und dann hat der Pilot sein Ziel gefunden: Hundert Meter vom Fluß entfernt erkennen wir ein paar Zelte und ein Holzgatter mit Rentieren. Wir sind angekommen.

Vorsichtig geht der Hubschrauber nieder. Ehe wir landen, springt der Kopilot heraus und prüft, ob der feuchte Boden das Gewicht tragen kann. Ein kleiner Junge kommt vom Rentiergatter angelaufen, von den Zelten kommen zwei Männer, der eine trägt eine alte Armeeuniform, der andere einen blauroten Anorak. Von weitem würde man sie nicht für ewenkische Rentierhirten halten, aber aus der Nähe sieht man schon, daß sie weder slawische Gesichter wie die Russen noch türkische wie die Jakuten haben, und wie Mongolen sehen sie auch nicht aus, trotz des Schnitts ihrer Augen. Ich habe den Geologen und die Piloten gebeten, erst mal im Hubschrauber zu bleiben und sich zurückzuhalten. Allzu leicht, schien mir, könnte unser temperamentvoller, energischer Geologenchef die Ewenken zu einer telegenen Rentierparade organisieren. Aber die Sorge ist, zunächst jedenfalls, überflüssig. Die beiden Männer begrüßen uns. Daß wir ihr Lager besuchen und filmen wollen, nehmen sie wortlos zur Kenntnis. Sie gucken kurz in die Gemüsekartons, nicken und lassen uns die Kästen zum Lagerplatz tragen. Kein Kommentar, aber auch kein Dank.

Ein paar kleinere Zelte stehen verstreut im schütteren Wald, wir gehen zum Feuer, das vor zwei größeren alten

Armeezelten brennt. Da hocken fünf oder sechs Männer, und wir setzen uns dazu. Es beginnt ein ziemlich einsilbiges Gespräch. Auf jede Frage folgt eine lange Pause, bis einer der Männer ein paar Worte sagt. Sie sind nicht unfreundlich, einfach wortkarg. Auch untereinander wechseln sie nach großen Pausen nur hin und wieder ein Wort – in Ewenkisch, was wir nicht verstehen. Sie haben eine kleine Gruppe Rentiere hier beim Lager, Reittiere, trächtige Kühe und Kälber. Andere Hirten sind zehn Kilometer entfernt mit der größeren Herde unterwegs. Es sind nicht ihre eigenen Rentiere, sagt einer der Hirten, sie gehören der Sowchose. Wahrscheinlich meint er die Genossenschaft oder Aktiengesellschaft, die Schapowalow vom Flugplatz aus angerufen hatte, denn die Sowchosen sind offiziell aufgelöst.

Früher haben diese Staatsgüter den Hirten ein festes Gehalt bezahlt. Heute richtet sich ihr Einkommen nach den Gewinnen aus dem Fleischverkauf. In diesem Jahr hüten sie dreihundert Rentiere, weniger als früher, als sie Herden von fünfhundert oder sechshundert Stück hatten. Aber es sei schwerer geworden, das Rentierfleisch zu verkaufen. Zum einen hätten die Leute weniger Geld, zum andern gebe es nun Schaf- und Rindfleisch, das mit der Bahn oder mit Lastwagen in die Städte und Dörfer geliefert werde. Und obwohl die Hirten wenig verdienen, sei das andere Fleisch inzwischen billiger. So hatten sie früher ein höheres, wenigstens zuverlässiges Einkommen gehabt, erfahre ich von dem Hirten, der die Gruppe zu leiten scheint. Er spricht am besten russisch, denn er war als Unteroffizier der Sowjetarmee in der Ukraine stationiert – leider nicht in der DDR, sagt er. Und als ich immer wieder nachfrage, erzählt er ein bißchen mehr über sein Leben. Er hat nie im Dorf gearbeitet, wo seine Familie ein festes Haus hat. Abgesehen von der Zeit als Soldat, ist er immer Hirte und Jäger gewesen. Was er jagt? Alles, was es gibt, alles, was laufen kann. Hauptsächlich wilde Rentiere, aber auch Zobel, wegen der wertvollen Pelze, und manchmal schießt er einen Bären – aber nur, wenn der die Rentierherde bedroht. Hier draußen in den Zelten, in der weiten Taiga, sei es viel besser als in der Siedlung. Da nicken die anderen Männer. Sie alle leben das ganze Jahr hier draußen, aber im Winter ziehen sie in ein Nebental, das etwas geschützter liegt.

Ein kleiner Junge kommt auf einem Rentier angeritten, seine vierzehnjährige Schwester, ein hübsches, freundliches Mädchen, hilft ihm beim Absatteln. Beide sind nur in den Sommerferien da, sonst leben sie in einem Internat in der Nähe von Njerungri. Hier bei den Hirten sei es viel schöner, sagt Dascha, besonders jetzt im Sommer. Aber was sie nach der Schule machen will, ob sie sich für ein traditionelles nomadisches Leben entscheiden würde, darüber mag sie nichts sagen. Ihr kleiner Bruder will Hirte oder Jäger werden. Das Mädchen, das jetzt in der siebten Klasse ist, hat noch vier Schuljahre Zeit bis zur Entscheidung. Im Internat lernt sie die ewenkische Sprache ihres Stamms, aber natürlich auch Russisch und seit einem Jahr sogar auch Englisch.

Nur eine Frau lebt unter den Hirten im Lager. Ihr kleiner blonder Sohn war mir schon aufgefallen, weil er so gar nicht ewenkisch aussah. Seine Mutter Lena ist Russin. Früher hat sie im Dorf Iengri als Buchhalterin gearbeitet und nebenher ein wenig Landwirtschaft betrieben, mit drei eigenen Kühen. Dann hat sie ihren Mann kennengelernt, einen ewenkischen Hirten. Mit ihm ist sie ins Lager gekommen und führt den Hirten die Wirtschaft, seit drei Jahren schon. Sie bleibt nicht das ganze Jahr hier zwischen Bergen und Taiga, sondern nur fünf bis sechs Monate, dann geht sie ins Dorf zurück, wo ihre Eltern leben und ihr kleiner Sohn bald zur Schule kommt.

»Im Winter ist es natürlich sehr kalt hier oben, meistens 45, auch mal 50 bis 60 Grad unter Null, aber so hart ist es auch wieder nicht. Jede Arbeit hat ihre eigenen Schwierigkeiten«, sagt sie. »Ich mag lieber in der Taiga leben. Ich weiß nicht, warum, mir gefällt es hier eben. Die Natur. Die Menschen. Das hier ist eine ganz andere Welt. Es ist nicht wie in der Siedlung oder in der Stadt, das kann man gar nicht vergleichen. Besonders im Sommer ist es hier gut, wenn es Pilze und Beeren gibt. Im Winter gehen die Jungen auf die Jagd – das ist auch gut. Wissen Sie, ich bin in einem Dorf mit vielen Ewenken geboren und großgeworden, für mich ist das hier nichts Neues.«

Sie wohnt mit Mann und Sohn in dem großen Zelt, in dem ein eiserner Ofen zum Kochen und Backen steht. Auf den Kisten und Truhen an den Zeltwänden liegen Rentierfelle. Es ist ein großes Zelt, und bei schlechtem Wetter können sich alle hier treffen. Der festgestampfte Boden ist mit Heu und Kräutern locker bedeckt. »Das riecht gut und ist gesund«, sagt Lena.

Draußen hocken die Männer noch immer beim Feuer. Ich weiß jetzt, wer der Schamane ist, ein großer Mann, zwanzig oder dreißig Jahre älter als die anderen. Ein bißchen sieht er wie ein alter Indianerhäuptling aus, wie er schweigend an seiner Zigarette zieht. Als ich ihn frage, ob wir ihn wohl bei einer Schamanen-Zeremonie filmen könnten, gibt er bloß ein kurzes Grunzen von sich, das jedenfalls nicht Ja bedeutet. Ich warte eine Minute bis zur nächsten Frage – wieder keine Antwort. Zehn Minuten später sagt er einen Satz auf ewenkisch, und der Vormann der Hirten erklärt mir: Es sei dem Schamanen unmöglich, uns eine Zeremonie nur zur Schau vorzuführen. Die Geister verzeihen nicht, wenn man sie ohne Grund ruft.

Lena hat für uns alle Pfannkuchen gebacken. Nach dem Essen gehen die Männer mit mir zum Gatter und zeigen ihre Rentiere. Zwei bekommen Sättel aufgelegt, sie werden den Hirten, die bei der Herde sind, ihre Portion Pfannkuchen bringen. Ein weißes männliches Rentier gefällt mir besonders, aber es gehört nicht zu dieser Herde. Es hat sich mit anderen Tieren verirrt. Aus einer Ewenkensiedlung 160 Kilometer weiter im Süden sind zwei Männer gekommen, um die Tiere zurückzuholen. Ihre Siedlung liegt nahe der Eisenbahnstrecke. Sie sind an den Umgang mit Fremden, wenn auch nicht mit Ausländern, gewöhnt, und mit ihnen läßt sich leichter reden. Der Besitzer des weißen Rentiers freut sich, daß ich sein Lieblingstier besonders schön finde, und nimmt mich zur Seite. Die Aufnahmen mit dem Schamanen ließen sich vielleicht doch arrangieren, meint er. Unter den Hirten sei ein sehr alter und kranker Mann, der müsse in die Siedlung zurück, aber zwei oder drei Tage Ritt auf dem Rentier halte er nicht mehr durch. Wir könnten ihn doch im Hubschrauber mitnehmen und irgendwo absetzen, wo es eine Straße oder einen Autobus gebe, und als Gegenleistung könne der Schamane in einer Zeremonie die Geister der Taiga befragen und um Hilfe und glückliche Reise für den alten Mann bitten. Damit, meint der Hirte aus dem Süden, wäre allen gedient.

Also nimmt er den Vormann der Hirten beiseite, sie reden eine Weile, und der scheint einverstanden. Der Schamane, der noch immer am Feuer hockt, muß nun auch gefragt werden, und das dauert seine Zeit. Eine halbe Stunde lang reden sie ihm zu. Der gibt endlich ein paar Worte zur Antwort, steht dann auf und verschwindet im Wald, wo seine Unterkunft etwas abseits steht: eine zeltförmige Hütte aus großen Stücken Baumrinde, knapp zwei Meter hoch und mit einem Kiefernstamm als First. Ganz abgeschnitten von der Welt sind die Hirten hier nicht: Neben dem Zelt sitzt einer an einer Art Funktelefon, das mit einem Dynamo betrieben wird. Der Hirte dreht kräftig an einer Kurbel, dann reicht der Strom für eine Verbindung mit dem Dorf, und jemand aus der Verwaltung sagt ihm, daß wir in Ordnung seien. Nun kommt der Vormann wieder zurück. Vielleicht wäre es nützlich, meint er, wenn wir im Hubschrauber ein paar Flaschen Wodka finden können. Wir holen drei halbe Liter. Zwei nimmt Lena in ihre Obhut, mit der dritten wandert der Vormann zum Schamanen.

Die anderen Hirten finden, daß es ein guter Plan sei, den kranken Mann zurückzuschicken und den Schamanen dafür seine Kunst zeigen zu lassen. Sie wollen jedenfalls schon einmal alles vorbereiten, damit nicht zuviel Zeit verlorengeht. Denn der Regen wird stärker, und der Hubschrauberpilot möchte bald wieder starten. So gehen zwei Hirten mit mir hundert Meter durch den Wald zur Vorratskammer, in der auch das Schamanengewand und die Trommel des Schamanen aufbewahrt werden. Auf vier Baumstämmen haben die Ewenken in 1,50 Meter Höhe ein Häuschen gebaut, drei mal zwei Meter groß und anderthalb Meter hoch. Da bleiben die Vorräte trocken, und sie sind bärensicher. Von unten kann man durch eine Klappe im Boden hineinblicken. Drinnen sehe ich einen Stapel Dosen mit Schmalz, kleine Säcke mit Mehl und Zucker und ein paar in Sackleinen verpackte Gegenstände. Die holen die Hirten vorsichtig heraus und tragen sie zum großen Zelt zurück. Die Sachen sind doch ein wenig feucht geworden. Nun halten die Hirten die große Ledertrommel über den Herd und hängen das Schamanengewand an einer Zeltstange zum Trocknen auf: Es ist eine weite Jacke aus hellem, grob gegerbtem und fleckigem Leder, mit schwarzrot gefärbten Streifen besetzt, an denen kleine und größere Bronzeglocken hängen, Fische, Hasen, Gänse, Enten und andere stilisierte Vögel aus Metall. Die Jacke hat Fransen und schwarzweiße Schwänze aus Pelz, die bis zum Boden reichen, dazwischen schwarzrote und braune gedrehte Kordeln. Auch die schwarze Mütze des Schamanen ist rundherum mit langen Troddeln aus Leder und Pelz besetzt.

Zuerst kommen ein paar Kinder ins Zelt, Dascha, drei Jungen und Lenas kleiner Sohn Serjoscha, und setzen sich still in die Ecke. Sie haben Regenjacken an, einer trägt einen Trainingsanzug mit den Streifen einer deutschen Sportartikelfirma. Dann kommen nacheinander sechs Hirten in Gummistiefeln, aber nicht mehr im Arbeitszeug, sondern mit etwas verknitterten blauen Jacketts und karierten Oberhemden. Einer trägt einen Tarnanzug mit dem gestreiften T-Shirt der Luftlandetruppen darunter. Wir sitzen schweigend und warten. Der Regen trommelt aufs Zelt. Als letzter wird ein alter Mann hereingeführt, in einer Armeejacke, eine Sonnenbrille mit dunklen Gläsern und rosa Plastikgestell im Gesicht, das starr und unbewegt bleibt.

Der Vormann der Hirten läßt uns allein. Nach einer Viertelstunde kommt er mit dem Schamanen zurück, den er vorsichtig am Arm führt, teils aus Respekt, scheint mir, teils, weil der Schamane die eine Wodkaflasche wohl schon geleert hat. Er läßt sich auf einem Rentierfell nieder, zwei Hirten nehmen ihm das graue Jackett ab und beginnen, ihn mit dem Schamanengewand zu bekleiden. Dies tun sie nun freilich mit deutlicher Ehrfurcht, auch als sie ihm die Gummistiefel von den Füßen ziehen und ihm helle, schwarzrot besetzte lange Lederstiefel anlegen. Sie reichen ihm die Trommel, ein lederbespanntes Gestell aus Weidenzweigen, die einen dreiviertel Meter Durchmesser hat. Der Schamane beginnt zu trommeln. Erst nur einige wenige Schläge mit großem Abstand, während er zu stöhnen und zu summen beginnt. Er atmet schwer, die Augen fallen ihm zu. Dann erhebt er sich aus dem Schneidersitz, wiegt sich stehend im Rhythmus der Trommel, beugt sich zum Boden hinunter, schüttelt sich, daß die metallenen Fische und Vögel klappern und die Glöckchen erklingen. Dazu singt, summt und murmelt er.

Alle schweigen und schauen ihm bewegungslos zu, bis er schließlich zusammenbricht und auf den Boden fällt. Da heben ihn zwei Hirten vorsichtig auf und legen ihn auf das Rentierfell. Er summt und murmelt vor sich hin und kann die Augen nicht aufhalten. Es dauert fast eine Viertelstunde, ehe er aus der Trance, aus der Welt der Geister des Nordens, zurückkehrt. Während sie ihm vom schweren Gewand und den Stiefeln befreien, schieben ihm die Hirten schon mal eine Zigarette zwischen die Lippen. Langsam stehen die Hirten und die Kinder auf und gehen wortlos aus dem Zelt.

Wir haben natürlich kein Wort verstanden, und die Hirten, so scheint mir, wissen auch nicht genau, wen und was der alte Schamane in seiner Trance beschworen hat. Es ging um die Reise seines alten Freundes, sagen sie, und auch für uns, die wir den alten Mann mitnehmen, habe er Schutz herbeigerufen. Der Schamane dämmert noch vor sich hin. Wir verabschieden uns von den Hirten und gehen zum Hubschrauber zurück. Ein junger Hirte begleitet den Alten mit der Sonnenbrille, um ihn sicher in sein Heimatdorf zu geleiten. Er ist der erste im Hubschrauber, plötzlich unerwartet behende, setzt sich auf die Bank und blickt starr vor sich hin. Auf dem langen Flug erfahren wir nicht, wer er ist und warum er zurückfliegen muß. Vielleicht kann er kein Russisch. Er sitzt neben mir und sagt kein einziges Wort, bis er und sein Begleiter am Rande der großen Autostraße bei einem kleinen Dorf abgesetzt werden. Der junge Hirte bedankt sich immerhin und winkt uns zu.

Die Piloten hatten es eilig, weiterzufliegen, denn es wurde schon später Nachmittag, und wir hatten noch einen hohen Ausläufer des Gebirges zu überqueren. Der Regen war stärker geworden und die Sicht schlechter. Aber da war ja noch der Tank mit fünfhundert Litern Diesel, den wir abliefern sollten. Nach gut einer Flugstunde landete der Hubschrauber scheinbar im Nichts. Aus dem Regen tauchte ein Birken- und Erlenwald auf. Der Hubschrauber stand zwischen großen Steinen im flachen Wasser eines kleinen Flusses. Die hintere Ladeluke wurde aufgerissen, so schnell wie möglich rollten Pilot und Kopilot den Tank über drei kleine Baumstämme hinaus. Da kamen aus Gebüsch und peitschendem Regen plötzlich aus allen Richtungen Menschen angelaufen, manche mit Körben und Säcken, fünfzehn oder zwanzig standen neben der Leiter zum Hubschrauber. Wer so schnell entschied, welche sechs einsteigen durften, ließ sich nicht erkennen, aber es gab keinen Streit, und die meisten liefen mit ihrem Gepäck durch den Regen zurück ins Gebüsch.

Mir gegenüber saßen nun zwei Russinnen und erzählten, wieso sie hierhergekommen waren. Sie waren Tierärztinnen, die bei den Rentieren eine wissenschaftliche Blutuntersuchung durchgeführt hatten. Vor drei Wochen waren sie mit einem Allzweck-Kettenfahrzeug, einer Art umgebautem Panzer, über die Berge und durch die sumpfigen Flußtäler in das Ewenkenlager gekommen. Während sie noch die Rentierherde untersuchten, waren einige junge Männer mit ihrem Kettenfahrzeug losgefahren, um Freunde in anderen Hirtenlagern zu besuchen. So hatten sie den ganzen Treibstoff verfahren. Die Tierärztinnen erzählten das ohne besondere Verärgerung. Aber sie hatten nun zehn Tage nach beendeter Arbeit im Lager festgesessen und schon überlegt, ob ein Rentierritt von mehreren Tagen die einzige Rückkehrmöglichkeit wäre. Da war mittags per Funktelefon ein Anruf gekommen, der unseren Hubschrauber und Treibstoff für das Kettenfahrzeug ankündigte. Aber ihnen sei es denn doch lieber, mit uns zu irgendeiner Busstation an einer richtigen Straße zu fliegen.

Es war schon nach achtzehn Uhr, als wir zum Weiterflug Richtung Tokosee starten konnten. Die Piloten waren unzufrieden. Gut vier Stunden Flug lagen vor uns, die Wettermeldungen waren nicht günstig. Aber Valerij Kotenjew, der Direktor der geologischen Forschungsgesellschaft, war fest entschlossen, das Lager am See noch zu erreichen. Bis elf Uhr abends sei es im arktischen Sommer hell genug, meinte er. Es könne gerade noch reichen, gab der Pilot zu, und mir schien, man konnte sich auf ihn verlassen: Er hatte dreißig Jahre sibirische Flugerfahrung. Eigentlich kam er aus Moldawien an der rumänischen Grenze, aber 1966 war er in Jakutsk aus der Armee entlassen worden. Da hatte er eine Ortsansässige geheiratet, und seitdem war er geblieben. »Aus romantischen Gründen eben«, erklärte er mir. Die Weinberge Moldawiens hätten ihm eine Weile gefehlt, aber man gewöhne sich an alles.

Wir fliegen zunächst über eine flache sumpfige Landschaft. Wo wir Flüsse sehen, mäandern sie oft zwischen leuchtendhellen, sandigen Ufern, zwischen Gebüschen und lichten Lärchenwäldern dahin. Valerij Kotenjew zeigt aus dem Bullauge, wo man da überall Gold waschen könnte. Aber die meisten Stellen sind zu weit weg, zu teuer zu erschließen und beim heutigen Goldpreis nicht ergiebig genug. Gold sei auch gar nicht der wichtigste der Bodenschätze. Wo in der Ferne Hügel und Berge ansteigen, haben die Geologen seiner Forschungsgesellschaft Lager mit 125 verschiedenen Mineralien und Metallen gefunden. Verschiedene Buntmetalle und Halbedelsteine, Apatit, Marmor, Granit, Geopase, ich kann dem Schwall der unbekannten Namen gar nicht folgen, und in erster Linie natürlich Kohle und Eisenerz. Die seien das Wichtigste, sagt der Geologe. Einmal fliegen wir in einer Kurve nahe am Boden, da kann man an einem steilen Abhang die fettig schwarzen Lagen von Steinkohle gut erkennen. Aber es ist zu spät, um den Fundort zu besichtigen, und dann taucht hinter den Hügeln auch schon eine große Wasserfläche auf, im Süden von hohen, mit ewigem Schnee bedeckten Zweieinhalbtausendern umschlossen.

»Flächenmäßig ist das nicht der größte See in Sibirien«, sagt Kotenjew. »Aber er ist hundertzehn Meter tief, und kein See hat mehr Wasser als er.« Der Direktor liebt den See, als wäre er sein Eigentum, und da niemand sonst hier ein Haus oder Lager hat, ist das wohl auch sein Recht. Hierher führt keine Straße. Über Hunderte von Kilometern hat er das Baumaterial hierhergeschafft, als die Flüsse und Sümpfe im Winter gefroren waren. Auf einer Insel tauchen drei kleine hölzerne Gebäude hinter den Fichten auf, die unser Hubschrauber wie ein Sturm hin- und herpeitscht. Das größte Haus besteht nur aus der Küche und einer Veranda mit Holztisch und langen Bänken, auf denen fünfzehn Leute Platz finden können. Aber da ist nur einer, ein älterer Mann, der hier allein lebt und immer ein bißchen an den Holzhäusern weiterbaut. Er beruhigt uns, als sein riesiger Schäferhund aus den Büschen geschossen kommt: »Der hat nichts gegen Menschen. Aber wenn hier ein Tier kommt, ob Rentier oder Wolf, dann wird er wild. Solange er hier ist, brauchen Sie keine Angst zu haben.«

Wir schauen uns erst einmal um und suchen Plätze zum Übernachten. Das Abendlicht wird schon rötlich, es ist kurz vor elf. In der Baracke gibt es eine Funkkabine und drei kleine Zimmer mit leeren Betten, da wird es eng werden für den Direktor, uns fünf, die beiden Handwerker und die Piloten. Doch da ist noch ein Holzhaus mit Blick auf den See, mit großem Fenster, schöner Terrasse, dort hat noch niemand gewohnt. Ganz fertig ist das Haus auch noch nicht, in dem Direktor Kotenjew in Zukunft einflußreiche Politiker und ausländische Investoren zu Gast haben möchte, die am Tokosee fischen und jagen dürfen, wenn sie bei der Erschließung der Bodenschätze helfen wollen. Das Häuschen ist so neu, daß der Firnis auf dem Bretterboden und den Vertäfelungen noch kaum getrocknet ist. Der Geruch beißt in der Nase. Hier möchten wir unsere Schlafsäcke ungern ausbreiten, deshalb stellen wir lieber unsere Zelte auf. Das finden die Geologen und die Piloten ein bißchen eigenartig. Sie haben so oft im Zelt und unter freiem Himmel geschlafen, daß ihnen jedes feste Dach lieber ist.

Am nächsten Morgen verstehe ich sie etwas besser, als der Regen in kleinen Bächen außen an der Zeltwand herunterrinnt, aber wir werden ja bald weiterfliegen, denke ich, auch wenn die tiefen Wolken und der Nebel über dem See morgens um sieben nicht gerade das beste

Flugwetter ankündigen. Kalter Regen schlägt mir ins Gesicht, als ich mit den beiden Handwerkern im Boot mit Außenbordmotor auf den See hinausfahre. Sie hatten vor Mitternacht noch Netze ausgelegt. Eine Stunde lang fahren wir von Bucht zu Bucht und laden den Fang ein: Hechte, eine Art kleinerer Störe, dicke Barsche, Seeforellen – zwei Waschkörbe voll, viel mehr, als wir essen können. Der Rest wird eingesalzen oder in einen Keller gebracht, der zwei Meter tief im ewig gefrorenen Boden ein natürliches Kühlhaus ist. Viel brauchen der Wächter und die Handwerker nicht mitzubringen, wenn sie hier leben: Kartoffeln, Wodka und Zigaretten, Mehl, um ihr eigenes Brot zu backen. Ab und zu schießen sie ein wildes Rentier, und Fische sind immer reichlich da. Im Sommer reifen genug Blau- und Moosbeeren, nicht weit vom Lager entfernt. Eine Sommerfrische ist das hier dennoch nicht, das weiß ich, als ich durchnäßt und verfroren aus dem Boot steige. Der Sommer ist meistens sehr schön, 25 oder 30 Grad sind nicht ungewöhnlich, aber sogar im Juli kann das Wetter umschlagen und der Wind kalten Regen aus den Bergen heruntertreiben.

Im Lager ist die Stimmung nicht gut. Bei diesem Wetter wollen die Piloten nicht starten. Das Kamerateam kann den See nicht filmen, dessen Ufer im Nebel verschwunden sind. Wir stapfen am Wasser entlang, ich bewundere die blauen Blüten der sibirischen Iris und die brandroten Lilien, pflücke mir Blaubeeren, aber auch die sind naß und wäßrig. Auf der Veranda vor der Küche nehmen die beiden Männer, mit denen ich fischen gewesen bin, die Fische aus. Sie sind gar keine Handwerker, sondern ebenfalls Geologen. Iwan Butjak war

Chef eines Forschungsprojekts, das inzwischen beendet ist, ein jüdischer Wissenschaftler aus der Ukraine. Iwan Kurinow, früher Verwaltungschef einer Geologensiedlung, stammt aus Georgien. Dahin kann er nicht zurück, auch wenn seine Arbeit in Sibirien vorläufig abgeschlossen ist. Er ist Abchase, und zwischen Abchasen und Georgiern herrscht seit Jahren schon Bürgerkrieg. »Früher haben wir mit den Georgiern wie mit Freunden gelebt, jetzt sind sie Feinde. Unser Haus ist zerstört, meine Eltern sind umgekommen«, erzählt Iwan Kurinow. Die beiden Iwans werden in Sibirien bleiben. Dies ist nur ein Übergangsjob, sie warten, daß die Erschließung der Bodenschätze wieder in Schwung kommt. Das einfache Leben sind sie gewohnt: Als Geologen haben sie monatelang, winters und sommers, in der Tundra und in den Bergen gelebt. Damit verglichen ist dies ein komfortables Lager.

Bis Mittag starren wir in den Regen, dann kommt die Sonne durch. Für den Rückflug ist das Wetter nicht gut genug, haben die Piloten von den Meteorologen erfahren. Aber es reicht für den kurzen Flug zu den Steinkohlevorkommen, und Direktor Kotenjew, der den ganzen Morgen am Funkgerät mit seinem Büro und einer Bank verhandelt hat, will endlich starten. Nach fünfzehn Minuten Flug liegen die Vorkommen unter uns, daneben ein paar Baracken, in denen Geologen gelebt haben, und eine Stelle am Hang mit tiefen Lastwagenspuren: Hier haben sie ihre Kohle zum Heizen direkt aus dem Hügel geschaufelt. Kotenjew zeigt mir alles mit ausladenden Armbewegungen.

»Hier müssen die Bulldozer bloß eine dünne Schicht

Erde wegkratzen, dann liegt die Kohle siebenundzwanzig Meter dick. Erst eine Schicht von siebenundzwanzig Metern, dann eine schmale Geröllschicht, dann zehn Meter Kohle. Insgesamt beträgt die Mächtigkeit der Kohle hier sechzig Meter, gelagert in Schichten wie Blätterteig. Wenn die Bagger kommen, räumen sie jede Schicht der Reihe nach ab. Erst an einem Berg, dann am nächsten – das sind ideale Bedingungen. Beste Steinkohle und ganz kompakt gelagert.«

Ein Drittel der Kohlevorräte Rußlands liegt in Südjakutien, schätzt man. An vielen Stellen haben die Geologen solche Steinkohleflöze dicht unter der Oberfläche geortet. »Allein hier in Elgin sind die Vorkommen nach heutigem Weltmarktpreis 2,7 Milliarden Dollar wert. Da sehen sie, was das für Lager sind. Aber natürlich ist der Transport das Problem. Wir untersuchen, wie man die Eisenbahn hierherführen kann, am besten direkt vom Süden herauf. Das ganze Projekt, schätzen wir, wird eine Milliarde Dollar kosten. Das ist gar nicht so viel. Denken Sie mal daran, wieviel Sie in Deutschland in ihren Kraftwerken allein für den Umweltschutz ausgeben. Den Transportweg kann man für 300 Millionen Dollar bauen, dazu 700 Millionen für den Abbau. Erst planen wir mal eine Grube für zehn Millionen Tonnen, dann steigern wir das auf 20 Millionen Tonnen pro Jahr – nur an diesem Ort. Wir können die ganze Pazifikprovinz zweimal versorgen, wir können die Kohle nach Japan liefern, auch nach Südkorea! Wir verhandeln schon. Lucky Star in Korea erwägt, 500 Millionen Dollar zu investieren. Andere waren auch schon da, aber das war noch unter Gorbatschow, da trauten sie der Stabilität nicht. Früher oder später aber werden sie kommen, zumal es ja nicht nur die Kohle gibt. Vierzig Kilometer entfernt liegt weißer Marmor in einer Mächtigkeit von dreihundert Metern, da würde eine neue Eisenbahn direkt vorbeifahren. Viele der Erzlagerstätten sind noch gar nicht untersucht, andere sehen schon jetzt vielversprechend aus.«

Dafür freilich müßte man eine Eisenbahn durch ein Land bauen, in dem es nicht einmal eine Straße gibt, durch Sümpfe und über den ständig gefrorenen Boden der Gebirge. Ausgeschlossen ist das natürlich nicht. Für den Direktor der Forschungsgesellschaft, der sich wohl als eine Art Teilhaber bei der Erschließung der Bodenschätze sieht, ist Südjakutien eine Region mit ungeheurer Perspektive, die Schatzkammer des nächsten Jahrhunderts – vorausgesetzt, es finden sich Investoren, die das Ganze in Gang setzen.

Später sitzen wir wieder auf den Holzbänken der Veranda. Bei diesem Wetter ist es für den Rückflug zu spät, auch der Direktor hat das eingesehen und sich getröstet. Er steht in der Küche, hat die Ärmel hochgekrempelt und brät Massen von Fisch in großen Pfannen. Unterwegs bei den Kohlelagern hat er ein paar Hände voll Pilze gesammelt. Für seine kleine Pfanne hat er sich einen Spezialofen gebastelt: Durch einen Baumstamm von einem Meter Länge bohrte er von oben nach unten ein Loch. Dann stellte er den Stamm aufrecht und machte am unteren Loch Feuer. Nun brennt der Stamm von innen heraus, ein sich selbst verbrennender Herd, und obendrauf steht seine Pilzpfanne. Darauf ist er stolz wie ein kleiner Junge.

Kotenjew hat in Leningrad Bergbauwissenschaft studiert. 1975 ist er nach Sibirien gekommen, zu der staatlichen Firma, die sich Südjakutische Geologische Expedition nennt. Sie war 1952 auf Anordnung Stalins gegründet worden, um die Suche nach Bodenschätzen zu koordinieren und voranzutreiben. Zu ihr gehörten berühmte Forscher und Mitglieder der Akademie der Wissenschaft und ein kleines Heer von Geologen, die mit Schlitten, Kanus und Zelten in der Wildnis Gesteinsproben sammelten und Probebohrungen vornahmen.

Die südjakutische Expedition war ein Großunternehmen. Seine Forscher entdeckten die Kohlelager von Njerungri, Tagebaustätten, in deren Kratern heute fünfzehnstöckige Häuser stehen könnten. Als man 1966 mit dem Abbau begann, lagerten dort 50 Millionen Tonnen Kohle. Bis zum Jahr 2010 wird sich der Abbau noch lohnen, spätestens dann aber, meint Direktor Kotenjew, wird man die Lager um Elgin erschließen müssen, die seine Gesellschaft entdeckt und erforscht hat.

Wenn man ihn kennenlernt in seinem Tarnanzug, mit den großen Gesten der Begeisterung und der Lust am Abenteuer, muß man sich manchmal in Erinnerung rufen, daß so einer in Sibirien auch ein kühl rechnender Organisator und Unternehmer sein kann.

Am nächsten Morgen sind die Berge noch immer nicht zu sehen. Für alle Planquadrate auf der Strecke bis zum Flughafen Tschulman wird schlechtes Wetter gemeldet. Jetzt sitzt Kotenjew ziemlich nervös am Funkgerät, ruft sein Büro an, wartet Rückrufe ab und schimpft, wenn die schlechte Verbindung die Worte verzerrt. Soviel verstehe ich: Eigentlich sollte er in der Stadt sein und bei der Bank eine große Summe Geld abholen. Die müßte so schnell wie möglich ausgezahlt werden, sonst schlägt die Steuer zu. Das Geld wird gebraucht für Löhne und Treibstoff, damit der Betrieb weitergeht. Valerij Kotenjew ist eben nicht nur ein geologischer Abenteurer, sondern Chef einer Wirtschaftsgruppe mit Forschern, Laboratorien, Fuhrparks und nicht zuletzt Goldwaschanlagen.

»Zentrale, Zentrale, schalten Sie auf Empfang«, höre ich seine Stimme aus der Baracke. »Hören Sie mich? Suchen Sie eine andere Frequenz, verschieben Sie den Termin, nein, verschieben Sie nicht, das Wetter wird besser werden.« Und dann geht er mit langen Schritten ums Haus: »Wir haben hier schon so lange gesessen, daß ich es nicht mehr aushalten kann. Wir müssen fliegen.« Aber als der Nebel sich hebt, ist es für den Termin mit der Bank schon zu spät. Wir sitzen startbereit im Hubschrauber, fast die ganze Strecke ist frei. Da ist nur noch ein Paß, den wir überfliegen müssen. Da reicht die Sicht nicht, und der Flug durch die Berge ist gefährlich. Aber wir fliegen schon einmal los, in der Hoffnung, daß sich die Wolkendecke hebt, ehe wir den Paß erreichen. Und diesmal klappt es.

Nun müssen wir nur noch tanken. Wir fliegen über eine Siedlung, die ziemlich groß wirkt. Früher, als die Forschung auf Hochtouren lief, haben hier fünfhundert Leute gelebt, sogar achtzig Frauen und Kinder. Nun gibt es hier nur noch zwei Wächter. Und auf dem Hügel oberhalb der Stadt ist die Tankstelle geblieben. Da stehen zwei große Tanks, von denen führt eine Leitung herab zu einer Art Metallschrank. Den braucht der Pilot nur aufzuschließen, dann ist da ein Zapfhahn und ein Zähler wie an einer gewöhnlichen Tankstelle. Unser Pilot ist ein vorsichtiger Mann. Er hat eine leere Flasche mitgenommen, die füllt er nun erst mal und schüttelt sie kräftig, um zu sehen, ob der Treibstoff auch nicht verunreinigt ist. Dann läßt er 900 Liter Kerosin in seine Tanks laufen, legt den Zapfhahn zurück, schließt ab, und wir können weiterfliegen – zu den Flüssen, an denen das Gold gewaschen wird.

Das Tal, in dem wir nach einer Stunde landen, war einmal ein Sumpf und ist jetzt eine Mondlandschaft: aufgetürmte Halden von Abraum und Sand, tiefe Krater voll von schmutzig-braunem Wasser. Lastwagen rollen über Dämme und durch tiefe Wasserpfützen. Zwischen den Baracken befindet sich eine Art Autofriedhof mit verrosteten LKW und Traktoren. Eine Wasserkanone zerschießt Hügel aus Sand und Feldsteinen, über hohe Pfeiler laufen Förderbänder zu den Sieben, in denen der Goldstaub herausgefiltert wird. Seit über zwanzig Jahren wird in Jurski Gold gewaschen. Hundertachtzig Leute arbeiten hier in den acht Monaten, in denen Fluß und Sumpf nicht fest zugefroren sind. Jurski ist ein alter Staatsbetrieb, er betreibt die Goldwäsche als technische Materialschlacht.

In seinen besten Zeiten lieferten die Anlagen anderthalb Tonnen Gold im Jahr. Jetzt ist es weniger geworden, genaue Zahlen kann uns keiner nennen. In Sowjetzeiten wollte der Staat Gold fast um jeden Preis. Der Bau der Anlagen und Unterkünfte war schon wegen des schwierigen Antransports teuer. Sieben bis acht Monate müssen die Siedlungen beheizt werden, alles, was sie zum Leben brauchen, wird über mehrere tausend Kilometer herangeschafft. Treibstoff und Energie waren früher hoch subventioniert, Lastwagen und Maschinen wurden nach Plan zur Verfügung gestellt. Die extremen Klimabedingungen halten sie nicht lange aus – Temperaturschwankungen von 100 Grad, zwischen 60 Grad minus und 40 Grad plus, ertragen die Maschinen nur begrenzte Zeit. Nun müssen Marktpreise bezahlt werden, und an der Londoner Börse ist der Goldpreis gesunken. Die Ingenieure meinen, die Arbeit sei gerade noch rentabel, aber auch das ist nicht sicher, und einer sagt achselzuckend zu mir: »Vielleicht wäre es billiger, das Gold im Ausland zu kaufen und herzubringen.«

Besonders im hohen Norden, in der Nähe des Eismeers, aber auch an vielen Flüssen Mittelsibiriens liegen viele Waschanlagen still. Da soll es dann »wilde« Goldgräber geben, die auf eigene Faust weiterarbeiten. Manche dieser kleinen Genossenschaften finden ein bis zwei Kilo pro Mann und Saison, das macht nach dem Weltmarktpreis 30 000 bis 60 000 Mark. Aber niemand weiß, wieviel Gold sie heute aus Sibirien herausholen und wieviel sie dafür bekommen. Denn was sie erbeuten, wird nicht bei staatlichen Banken abgeliefert und natürlich auch nicht beim Finanzamt gemeldet.

Wir fliegen von Jurski eine halbe Stunde weiter zum Goldfeld Jakut. Das gehört zu den Betrieben der Südjakutischen Geologischen Expedition, der Firma von Direktor Kotenjew. Das ehemals staatliche Unternehmen ist nun eine Genossenschaft mit Staatsbeteiligung, aber manchmal redet der Direktor so, als wäre es sein

Privatbesitz. So ist auch das Goldfeld Jakut eine Art Mitteldding zwischen den großen Staatsbetrieben und den informellen Genossenschaften privater Goldsucher. Da stehen nur wenige, aber anständig gebaute Baracken und keine Schrottfahrzeuge. Etwa dreißig Leute arbeiten hier mit einigen Bulldozern. Auf Aquädukten werden Wasser und goldhaltiger Sand zu den Waschanlagen gepumpt. Die sehen ziemlich traditionell und einfach aus und arbeiten weder mit hochentwickelter noch schwerer Technik. Die Männer stehen in Gummistiefeln im Wasser, jeder vor vier Gummimatten, in deren Rastern das schwere Gold liegenbleibt, während der Sand weggeschwemmt wird. Manchmal bleiben auch kleine Nuggets auf den Matten liegen, doch meistens sind es stecknadelkopfgroße Körnchen und Goldstaub. Das Wasser ist kalt, aber die Männer arbeiten ohne Handschuhe, wenn sie die Matten aus dem Wasser holen und das Gold ausschütten.

Ein riesiger Kerl mit kahlgeschorenem Kopf erzählt, daß er das schon zwölf Jahre lang macht. Zehn Jahre arbeitete er nördlich des Polarkreises, da war der Boden goldreicher, aber die Saison nur vier Monate lang und das Klima viel schwieriger. Seit zwei Jahren arbeitet er jeweils vierzehn Tage an seinen vier Gummimatten der Waschanlage Jakut, dann wird er für zwei Wochen nach Njerungri geflogen, wo er eine kleine Wohnung hat. Wieviel Gold er auswäscht und wieviel er verdient? »Der Boden ist goldreich genug, daß sich die Arbeit lohnt. Die Bedingungen sind befriedigend«, sagt er. »Wir verdienen je nachdem, wieviel Gold wir waschen. Das ist ein Glücksspiel: Mal kommt schwarz, mal kommt rot.« Jedenfalls hat er außer der Wohnung noch ein Haus in Burjätien nahe dem Baikalsee, da erholt er sich im Winter.

An dieser Anlage sind lauter erfahrene Arbeiter und Handwerker beschäftigt. Der jüngste ist ein Ingenieur. Aufgewachsen ist er in Sowjet-Moldawien, das jetzt die Republik Moldowa ist. Da war das Klima besser, wärmer, sagt er, aber hier hat er eine Arbeit, mit der er gut verdient. Also hat er sich an das sibirische Klima gewöhnt. Auf der Goldwaschanlage Jakut verdienen die meisten zwischen sechshundert und achthundert Dollar im Monat. Fünfhundert und tausend Dollar sind die niedrigsten beziehungsweise höchsten Einkommen – viel Geld im heutigen Rußland. »Da kann man schon etwas sparen, denn das Leben im Camp kostet praktisch nichts.«

Wieviel Gold hier gefunden wird, bleibt das Geheimnis von Direktor Kotenjew. Den Jahresertrag verrät er nicht einmal seiner Bank. Vor der Baracke, in der der Goldstaub in kleinen Metallkästchen verpackt wird, steht ein bulliger Sicherheitsmann mit Pistole. Als wir abends in Njerungri bei dem Labor ankommen, wo der Goldstaub seiner verschiedenen Waschanlagen gesammelt wird, muß der Direktor zwei Gittertore aufschließen. Die Zäune um das Gebäude sind mit Stacheldraht überzogen. Zwei Wachmänner schauen durch einen Schlitz in der dicken Tür. Das ist bestimmt notwendig und kein übertriebener Sicherheitsaufwand, scheint mir. Im Labor sitzt ein halbes Dutzend Frauen in weißen Kitteln an kleinen Maschinen, die spülend und rüttelnd das Gold von den letzten Unreinheiten befreien. Dann wird es abgefüllt und gewogen. Aus weißen Emaillekochtöpfen füllen es die Frauen in blumenbemalte Porzellanschälchen um. Ein Kochtopf faßt leicht sechs Kilo – immerhin rund 110 000 Dollar.

KOHLE

Auf den letzten Kilometern des Rückflugs hatte der Pilot noch eine Extrarunde gedreht. Die Genehmigung für Luftaufnahmen des Kohlebergbaus war zwar nicht angekommen, aber die Flieger meinten, so etwas müsse man einfach gesehen haben, und geheim sei daran sowieso nichts. So flog er uns über ein gewaltiges schwarzes Loch, eine Tagebaugrube von dreihundert Quadratkilometer Größe. Eine ganze Stadt, etwa von der Größe Bremens, hätte darin Platz. Aber wie gewaltig die Wüste aus Steinkohle ist, merken wir erst am nächsten Morgen, als wir uns mit dem Bus Runde um Runde auf der Spirale der Straße tiefer in den Kessel hineinschrauben. Dabei verpassen wir es, eine große Sprengung zu filmen: Die Säule aus Rauch und Staub steigt Sekunden früher auf, als der Schall uns erreicht. Zwischen unserem Standort und der Sprengung liegt ein kleiner See mit einigen Häusern am Fuß der Grube, winzig klein, wie auch die in Wahrheit riesigen Laster und Bagger, die die Kohle fördern und zur Eisenbahn und in die Kokerei schaffen.

Fünftausend Leute arbeiten im Abbau, weitere fünftausend im Reparaturwerk und im Grubenausbau. Seit dreißig Jahren werden hier neun Millionen Tonnen Kohle im Jahr herausgeholt, und wenigstens noch zehn Jahre wird sich die Grube weiter in die Landschaft fressen können. Der Konzern Jakut-Ugol beliefert die Industriestädte im Fernen Osten Rußlands, exportiert nach Japan, Südkorea und kleinere Mengen nach Taiwan und versorgt das große Kraftwerk von Njerungri, von dem Städte und Betriebe in Südjakutien abhängen.

Unser Begleiter aus der Direktion spricht viel von der Bedeutung der Gruben für den gesamten Wirtschaftsraum. Der Busfahrer kann die optimistische Darstellung des Mannes offensichtlich kaum ertragen, und als wir allein sind, schildert er mir die Lage aus seiner Sicht. »Die Direktion sagt, sie habe kein Geld, um unsere Löhne zu zahlen. Vielleicht stimmt das sogar. Im Frühsommer hatten alle sechs Wochen Zwangsurlaub. Da hatte die Grube nicht mehr genug Dynamit, um neue Abbaustellen freizusprengen. Dann lieferten sie keine Kohle ans Kraftwerk, weil das Kraftwerk nicht bezahlen konnte. Fast wäre die ganze Stadt ohne Strom gewesen. Mein Nachbar ist Invalide. Wir wohnen im neunten Stock, der konnte zwei Wochen nicht auf die Straße.« Der Busfahrer ist verbittert, ein in der Ukraine geborener Rumäne, der vor zwanzig Jahren nach Njerungri kam, als die Stadt kaum zehn Jahre alt war. »Wir sind hier bloß Söldner«, sagt er. »Die Jakuten wollen uns hier nicht haben. Die paar Industriebetriebe brauchen Leute wie mich auch nicht mehr, die stellen nur noch Leute unter fünfunddreißig ein. In den kleinen Städten hängen schon Anzeigen: ›Tausche Dreizimmerwohnung gegen zwei Flugkarten nach Moskau‹, erzählt man. Sehr viele fahren weg, und wenn es auch schon meine Heimat geworden ist – ich muß hier auch weg. Mit einem Koffer bin ich zum Eisenbahnbau gekommen, wahrscheinlich fahre ich mit einem Koffer zurück.«

Es ist nicht leicht, so einen Ausbruch richtig einzuschätzen. Aber richtig ist, daß die Lage für die meisten Menschen schwierig geworden ist und daß die wirtschaftlichen Probleme, von denen der rumänische Busfahrer sprach, tatsächlich existieren. Man sieht sie nicht auf den ersten Blick. Das Kohlekraftwerk zum Beispiel, das im Frühsommer bestreikt wurde, liegt an einem idyllischen See. Familien sind mit ihren Autos hierhergefahren, haben Klappstühle und Luftmatratzen ausgepackt und Grillöfchen aufgestellt. Von der Busstation kommen die Leute in Scharen herüber. Dreihundert oder vierhundert Menschen genießen die dreißig Grad Wärme dieses sibirischen Sommertags. Manche haben große Teppiche mitgebracht, die legen sie auf die Kiesel, waschen, trocknen und klopfen sie. Männer in Badehosen stehen wie Statuen in der Sonne, die Arme gen Himmel erhoben, und bräunen sich. Ein paar Frauen in Badeanzügen holen eine Reuse mit kleinen Fischen aus dem Wasser. Ein Junge läßt sich von zwei älteren Mädchen auf einer Luftmatratze über das Wasser schieben. Wir führen ein kleines Gespräch zwischen Ufer und Luftmatratze. Das dickere Mädchen ist hübsch, lebhaft und keß. Ob der kleine Lada am Ufer ihr Auto sei? »Ja, das sehen Sie doch!« sagt sie frech. Da muß ihre Freundin lachen. Was sie denn von Beruf sei? Sie hat keine feste Stellung, arbeitet als Aushilfe in der Kraftwerksverwaltung. Da wundert es mich, daß sie ein Auto hat, und das Mädchen gesteht: »Nein, das ist nicht mein Wagen, der gehört unserem Papa.« Wenn Papas Auto noch

Benzin hat, läßt es sich wahrscheinlich auch ohne einen festen Job leben, denke ich.

Im Kraftwerk NGRE ist die Leiterin der Abteilung Produktionstechnik ganz offen. Als sie uns am Werktor empfängt, dramatisiert sie die Lage nicht, aber sie sieht keinen Grund, die Probleme, die das Werk und deshalb auch sie und ihre Familien haben, vor uns Ausländern zu verbergen. Für Jelena Fabrikowa war das Kraftwerk ihr Leben, wie für andere, die wir trafen, die Eisenbahn. 1979 hat sie in der ersten Baugrube gestanden, als der Grundstein des Werks gelegt wurde. Ihr Vater hat auch hier gearbeitet, ihr Mann und ihr Sohn sind hier angestellt. Sie versteht nicht, daß man dem wichtigsten Energieproduzenten Südjakutiens keine sichere Arbeitsbasis schaffen kann. Aber die Stadtverwaltung hat monatelang die Kosten der städtischen Stromversorgung nicht bezahlt, andere Abnehmer haben einfach kein Geld. Mit einer Firma hat das Kraftwerk einen Vertrag abgeschlossen: Vierzehn Prozent des Stroms werden in bar bezahlt, der Rest mit Tauschwaren – Lebensmitteln und Kleidern. So hat jeder im Kraftwerk im Frühjahr einen Gutschein über 300 000 Rubel bekommen, da konnte er sich etwas unter den Tauschartikeln aussuchen.

»Vor vier Monaten hat es zum letztenmal Bargeld gegeben: dreißig Prozent der uns zustehenden Löhne und Gehälter«, sagt Jelena Fabrikowa. »Wenn mein Vater nicht pensioniert wäre, hätte unsere Familie gar kein bares Geld, aber hier werden die Pensionen ja glücklicherweise regelmäßig und voll ausgezahlt. Sehr weit kommen wir mit Vaters Geld aber auch nicht. Viele

Fachleute sind schon fortgegangen. Meine Familie bleibt erst einmal. Der Mensch hofft doch immer, daß es besser wird. Wir möchten dieses Werk nicht verlassen, dem wir so viele Jahre geopfert haben.«

Seit 1994 haben die Städte, Gemeinden und staatlichen Betriebe ihre Stromrechnungen unregelmäßig oder gar nicht bezahlt. Zum Aberwitz des Systems gehörte, daß die Regierung der Republik und die Stadt Njerungri gleichzeitig vom Kraftwerk Steuern eintreiben wollten und das Werk bei Nichtbezahlung mit hohen Strafen bedrohten. Es war gar nicht in der Lage, regelmäßig die Löhne auszuzahlen. Zwei Jahre hielten die 1600 Ingenieure und Arbeiter still, aber seit Mitte 1996 kam es immer wieder zu Streiks und Protestaktionen.

Vor einer der großen Turbinen, die gerade überholt werden, schildert uns Nikolai Neskoromny, der Vorsitzende der Betriebsgewerkschaft, die Schwierigkeiten: »1996 haben wir im Sommer gestreikt, damit die Stadt schon mal fühlt, was auf sie zukommen kann. Wenn wir im Winter streiken, werden viele Menschen in der Stadt die Kälte nicht überstehen, weil das Heizkraftwerk dann nicht arbeitet. Das wollen wir nicht. Darum haben wir im Sommer gestreikt, aber die Stadt hat nicht reagiert. Der Bürgermeister wollte keinen Kredit aufnehmen, um die Schulden der Stadt zu bezahlen. Also mußte unser Werk Kredit aufnehmen, um die Löhne zu zahlen. Und das war ein Kredit unter barbarischen Bedingungen. Fünfundzwanzig Prozent gelten ja heute als normal, unser Werk mußte vierzig Prozent zahlen. Damit haben sie unsere ersten Forderungen ungefähr befriedigt. Wir wollten dreißig Prozent der ausstehenden

Löhne, aber wir bekamen nur 13,5 Prozent für die letzten acht Monate und das übrige in Warengutscheinen. Und das ist auch schon wieder drei Monate her.«

Deswegen haben nun Maschinisten und Ingenieure im Schaltraum von Block III einen Warnstreik begonnen. Nach der Schicht bleiben sie an ihrem Arbeitsplatz, und so werden es nach jeder Schicht mehr. Sie sitzen da und nehmen keine feste Nahrung zu sich. Das kann sich zum großen Hungerstreik auswachsen. Sie wissen, daß ihre Drohung wirken wird. Aber mehr als ein provisorischer Kompromiß kann dabei nicht herauskommen. »Wir verstehen ja, daß das Werk mit dem Geld Schwierigkeiten hat, aber es kann doch nicht sein, daß wir monatelang kein Gehalt kriegen«, sagt ein Ingenieur. »Dies ist doch nicht irgendein Betrieb, sondern einer, der wichtig ist für den ganzen Norden. Wie kann die Regierung es soweit kommen lassen, daß im Winter Stromversorgung und Heizung zusammenbrechen könnten? Wir sind gezwungen, etwas zu unternehmen, und was weiter wird, werden wir sehen.«

Sein Oberingenieur ergänzt das: »Wir haben uns nicht leichtfertig zum Streik entschlossen. Aber es scheint, das ist das einzig mögliche Verfahren, um deutlich zu machen, daß die Gehälter gezahlt werden müssen. Reformen sind Reformen, und der Staat hat vielleicht andere Probleme. Aber der arbeitende Mensch kann nicht ohne Gehalt leben. Diese Art Hungerstreik ist unser einziger verfassungsrechtlich möglicher Ausweg. Alles andere ist in den Grundindustrien verboten. Lange wollen wir das jetzt nicht durchhalten; es ist nur eine Warnung. Aber wenn es nicht besser wird, fangen wir wieder an. Wir verlangen, daß man uns einen präzisen Zeitplan für die Auszahlung der geschuldeten Löhne und Gehälter vorlegt und daß dann nach dem Plan regelmäßig bezahlt wird.«

Es sind vernünftige Forderungen, und sie werden vernünftig gestellt. Im schlimmsten Fall könnten die Arbeiter weitergehen: indem die Reparaturkolonnen ihre Arbeit immer langsamer verrichten, bis die Turbinen stehenbleiben. Aber vor solchen Methoden schrecken sie noch zurück. Dies hier ist ihr Werk, sie haben es mit aufgebaut und wollen es nicht kaputtmachen. Wenn sie im Kraftwerk von Njerungri arbeiten, sind sie auch stolz darauf, das Leben in der Region zu erhalten.

Mit dem Vorarbeiter der Reparaturkolonne unten in der Turbinenhalle brauchte ich nicht zu reden, sagt der Gewerkschaftschef, das sei noch ein sturer alter Kommunist. Da erwartete ich also, daß der grauhaarige Mann besonders viel zu klagen oder zu schimpfen hätte. Aber der Vorarbeiter will überhaupt nicht mit einem Ausländer reden, schon gar nicht über die Lage im Betrieb. Das geht Ausländer nichts an, denkt er, wie in sowjetischer Zeit. Aber weil ich nun einmal da bin, ruft er einen jungen Kollegen herüber, der soll mit mir reden. Der Junge ist nett, aber nicht gerade der Schlaueste. »Wie wir leben? Wir leben normal. Es geht«, sagt er zu mir, und dann wendet er sich zum Vorarbeiter. »Bruder, sag mir, wie wir leben!« Ob es Lohn gegeben hat, frage ich. »Ja, ja«, sagt der Junge, und nun übernimmt der Vorarbeiter: »Geld ist nicht das Wichtigste im Leben. Das Wichtigste ist, daß der Junge Arbeit hat und gesund ist. Sehen Sie ihn an – gut sieht er aus. Wir grüßen unsere Brüder aus der Arbeiterklasse Deutschlands. Großen Gruß an alle!«

»Also, Geld haben wir nicht bekommen«, sagt der Junge zu mir. »Wir leben auf Ehrenwort, wie man so sagt, wir bekommen Gutscheine, Lebensmittel und natürlich Versprechungen. Geld spielt für mich keine große Rolle. Um meine Familie zu versorgen, reicht es auch jetzt.«

In Njerungri, sagen uns die Ingenieure, gibt es inzwischen auch ein Komitee, das Proteste und Streiks koordinieren soll. Es sitzt im Verwaltungsgebäude der Gesellschaft für Bergwerksbau am Rande der Kohlegruben. Im zweiten Stock hat Alexander Tschernikow, der Vorsitzende des Betriebskomitees der Gewerkschaft, sein Büro. Es sieht aus wie zu sowjetischen Zeiten die Arbeitszimmer höherer Funktionäre: ein langer Sitzungstisch mit Stühlen auf jeder Seite, am Kopfende ist ein kleinerer Tisch quer gestellt. Dahinter an der Wand die Gewerkschaftsfahne mit Lenins Porträt und großen rotgoldenen Troddeln – überkreuzt mit der neuen weiß-blau-roten Fahne der russischen Föderation. Im Bücherschrank neben allerlei Akten noch die rotgebundenen Werke der »Klassiker« und auf einem kleinen Bord eine Leninbüste. Alexander Tschernikow ist Mitte Fünfzig, ein schlanker, leicht ergrauter Mann in dunkelblauem Blazer und gestreiftem Hemd. Er trägt eine große japanische Sonnenbrille. Meine Frau begrüßt er mit Handkuß. Man merkt ihm an, er findet, er sieht gut aus.

Seit zehn Jahren ist Tschernikow Vorsitzender der Gewerkschaft dieses Betriebs, dessen Arbeiter und Angestellte Spezialisten für den Bau von Bergwerksanlagen sind. Vor dreiundzwanzig Jahren hatte er selbst als Bauarbeiter angefangen. Das war, als die großen Kohlefelder bei Njerungri erschlossen wurden. Danach gab es weniger Arbeit, aber dann hat die Firma andere Aufgaben übernommen. In Jakutsk hat sie das Haus des Ministerrats gebaut, in anderen Städten Südsibiriens Verwaltungen, Bürohäuser und Kantinen. Jetzt hofft sie auf den Auftrag einer österreichischen Firma, im fernen Wladiwostok ein Bank- und Bürogebäude zu bauen. Neue Bergwerksanlagen sind in den letzten Jahren nicht mehr dazugekommen, und der Ausbau der Kohlegruben von Njerungri geht dem Ende entgegen. In ihrer besten Zeit hatte die Firma 15 000 Mitarbeiter. Jetzt sind nur noch 3500 Leute in der Gewerkschaft, und das sind praktisch hundert Prozent der Belegschaft. Mehr werden nicht dazukommen, sagt Alexander Tschernikow, aber weniger werden es auch nicht, darüber gibt es einen Vertrag zwischen der Baugesellschaft und den Gewerkschaften. Niemandem werde gekündigt. Damit seien den Leuten zunächst einmal die Werkswohnungen sicher, und außerdem erhielten sie Gutscheine für Lebensmittel, Möbel, Kohle oder Kleidung. Jetzt komme es darauf an, die Firma über die schwere Zeit zu bringen. Deswegen wird die Baugesellschaft trotz der Lohnrückstände nicht bestreikt: Die Gewerkschaft weiß, daß es kein Geld gibt und eigentlich auch nicht genug Arbeit für 3500 Leute.

Trotzdem ist Alexander Tschernikow der Chef eines Protestkomitees für die Stadt Njerungri. »Den Arbeitern geht es nicht am schlechtesten«, sagt er. »Da sind die Piloten und die Flugplatzangestellten – früher haben dort hundertfünfzig Menschen gearbeitet, jetzt sind nur noch zwei Wächter da. In der Stadtverwaltung und in den Schulen wird weitergearbeitet, obwohl es seit acht Monaten kein Gehalt mehr gegeben hat, nur gelegentlich einen Abschlag. Krankenschwestern und Ärzte sind schlecht dran. Die können auch nicht mit Streik drohen. Ich kenne einen Lehrer, der singt zur Gitarre und bettelt.« Wo sich der Lehrer zur Zeit aufhält, weiß Tschernikow nicht. Aber daß es Lehrerfamilien gibt, die nahe ans Betteln geraten sind, habe ich schon gehört. Wenn sie keinen Nebenerwerb bei kleinen Privatfirmen gefunden haben, sind sie schlecht dran. Manchen helfen die Eltern, denn die Pensionen sind in Jakutien stets pünktlich und voll ausgezahlt worden. Hier sind sie fast doppelt so hoch wie in Moskau, 574 000 Rubel im Monat, aber die Lebenshaltungskosten sind ja auch höher als im Westen Rußlands. Nach Tschernikows Rechnung deckt die Pension die Lebenshaltungskosten nicht, aber andererseits, räumt er ein, brauchen die Leute jetzt weder Miete noch Strom oder Heizung an die Gemeinde zu bezahlen. Das erklärt mir nun wieder, warum die Stadt ihre Rechnung beim Heizkraftwerk offenläßt. Das Ganze ist ein Teufelskreis, und weil das alle wissen, sind Protest- und Streikpläne nicht besonders überzeugend.

So hat der Gewerkschaftschef es schwer, große Versammlungen zu organisieren. Aber er hofft, all die verschiedenen Gruppen an der nächsten Demonstration zu beteiligen. Was sie dann fordern wollen? Zunächst die Bezahlung der Löhne und Gehälter. Wenn das nicht gleich möglich ist, Abschlagszahlungen und Zusagen für das nächste Jahr. Die wichtigste Forderung aber richte sich an die Regierung in Moskau. Die Bevölkerung von Njerungri wolle endlich wissen, wie ihre Zukunft aussieht.

»Was will die Regierung mit uns machen? Die Kohlevorräte reichen noch zehn oder elf Jahre, und was kommt dann? Will man die ganze Stadt gleichzeitig mit der Kohlegrube schließen? Hier sind hunderttausend Menschen hergekommen, weil die Kohlegrube erschlossen wurde. Was soll aus uns werden?«

Das sind die Sorgen, die hinter den Klagen über rückständige Löhne stehen. Niemand kann auf diese Fragen eine Antwort geben. Auch darum kommen nur ein paar hundert Menschen zu Tschernikows Demonstrationen. Beim letzten großen Aufruf zu Protestaktionen in ganz Rußland hatten sich in Njerungri kaum zweitausend Menschen im Stadtzentrum versammelt. Der Aufruf der Kommunisten war auch nicht hilfreich gewesen. Selbst Tschernikow, der unter der Leninbüste sitzt, meint, die Protestkundgebungen sollten besser unpolitisch bleiben. »Die Parteien wollen uns nur für ihre eigenen Zwecke benutzen. Darum halten wir die Kommunisten und Schirinowskis Halbfaschisten heraus.«

Bei den letzten Bürgermeisterwahlen allerdings hatten die Kommunisten wieder etwas zugelegt, nach den Präsidentschaftswahlen von 1996, bei denen Boris Jelzin und General Lebed die meisten Stimmen bekommen hatten. »Die Menschen werden unzufriedener, je länger die Krise dauert. Viele haben noch Reserven, aber die erschöpfen sich.« Tschernikow spricht davon, daß die alten sozialistischen Errungenschaften erhalten oder wiederhergestellt werden müßten, die viele Leute nach Sibirien gelockt hatten: der Nordlandzuschlag von zweihundert bis dreihundert Prozent, die bezahlte Urlaubsreise in die Heimat oder ans Schwarze Meer, die Leistungen, die der Staat in Kulturhäusern und Sporteinrichtungen erbrachte, niedrige Mieten und keine Heizkosten. Kommunistische Politiker haben sich in Njerungri manchmal für so ein Programm stark gemacht, aber trotz mancher Sympathie für ihre Versprechen glaubt Tschernikow nicht, daß sich damit ein erfolgreicher Massenprotest organisieren läßt.

Njerungri ist immer noch eine ganz hübsche, saubere und ordentliche Stadt, deren fünf- bis zehnstöckige Häuser aus hellem Stein auf eine Kette von Hügeln gebaut sind. Daß sie alle ziemlich gleich aussehen, stört ihre Bewohner nicht. Die Ordentlichkeit auf den Straßen schreiben sie dem Bürgermeister zu, jedenfalls wenn sie mit einem deutschen Gast sprechen. Der sei ein Rußlanddeutscher und regiere mit deutscher Strenge und Akkuratesse. Er habe es sogar durchgesetzt, daß die Autofahrer an den Fußgängerkreuzungen anhalten und die Menschen über die Straße lassen. Tatsächlich, das war so und fiel mir auf, denn in anderen russischen Städten und besonders in Moskau halten sich Autofahrer für die Herren der Straße. Was in Njerungri noch auffällt, ist, daß es so viele Autos gibt. 1990 hatte die Stadt die höchste Zahl von PKW pro Kopf der Bevölkerung in der ganzen Sowjetunion. Kohlegruben und Kraftwerk zahlten nach hohen Lohnkategorien, und auch für staatliche und städtische Angestellte gab es die Nordlandzulagen. Wer in Sibirien arbeitete, hatte Anspruch, beim Kauf eines Autos auf die vorderen Plätze der Wartelisten zu kommen. Das System der Zuschläge funktioniert nicht mehr. Im Westen Rußlands verdient man wenigstens in der Privatindustrie heute besser. Aber die Autos sind noch da, gewaschen, poliert und gepflegt.

Auch Sergej, der Fahrer, der uns von Süden heraufgebracht hat, hatte schon seinen Lada, als er noch bei der Bergbaugesellschaft Traktor fuhr und ehe er sich mit dem kleinen gebrauchten Armeebus selbständig machte. An dem Bus gibt es zwar jeden zweiten Tag etwas zu reparieren, aber das macht Sergej selber, sonst kostet es zuviel. Fahrgäste findet er häufiger, seit die städtischen Busse nicht mehr fast kostenlos fahren. Sergej kommt zurecht, so sagt er, und er hat sogar etwas, was ich in den großen Städten nirgends sah: eine private Kreditkarte, mit der er fast alles einkaufen kann, was er braucht. Das führt er uns an der Hauptstraße vor. Er stoppt den Bus vor einer Gruppe kleiner Kioske, zieht eine goldene Kreditkarte aus der Tasche, reicht sie durchs Fenster, quittiert und kommt mit zwei Dosen Limonade zum Bus zurück. Das findet er ganz normal. Fast alle Familien haben in Njerungri eine Kreditkarte, sagt er. Nun bemerke ich an vielen Geschäften und an den Kiosken am Markt das Schildchen mit einer goldenen Krone: Hier gilt die Kreditkarte der Njerungri Bank.

Da lasse ich mich dann zum Bankgebäude bringen, das ist das Haus an der zentralen Kreuzung, das mir schon aufgefallen war: ein dreistöckiger Neubau aus Holz und Glas, geradezu postmodern in diesem Ort der kastenförmigen Plattenbauten. Die Schalterhalle ist fast vollautomatisiert: An zehn Automaten heben die Kunden ihr Geld auf Kreditkarte ab – keine Neureichen, ganz durchschnittlich gekleidete Leute. Ein Angestellter und ein Sicherheitsbeamter mit Kalaschnikow wollen uns nicht filmen lassen: Das gehört sich nicht in einer Bank und stört die Kunden. Aber wir dürfen über das Haustelefon die Chefin der Auslandsabteilung anrufen, sie fragt die Direktorin, und wir warten inzwischen an der Hauptstraße vor dem Haupteingang. Die Auslandschefin kommt: Alena Deriabina, eine schlanke Erscheinung wie aus dem Modejournal im lindgrünen Kostüm mit passenden Accessoires, etwa dreißig Jahre alt. Sie stellt sich als Vizepräsidentin der Njerungri Bank vor, zuständig für das Valutageschäft, und nimmt uns zur Direktorin mit. Aber so einfach geht das auch nicht: Wir müssen nacheinander in eine Sicherheitsschleuse aus Stahl und Glas treten, ein Schweizer Patent, in dem eine Bodenplatte uns von innen nach außen dreht und eine Sirene summt, wenn man Metallgegenstände bei sich hat. Auf dem Weg zur Direktion zeigt uns Frau Deriabina die Computerstationen, neueste Technik aus Frankreich.

»Präsident der Verwaltung der Njerungri Handelsbank« steht an der Tür des Vorzimmers. Die Sekretärin hinter dem modernen Schreibtisch winkt uns vorbei ins Chefbüro: gute 150 Quadratmeter, Bücherregale, Sofas und Sessel aus gelbem Leder, ein polierter Edelholzschreibtisch, hinter dem Olga Alexejewna Dmitriewa sitzt, eine etwa vierzigjährige Frau, ein bißchen vollschlank, frisch frisiert und geschmackvoll geschminkt, in einem blauen Kostüm mit Perlmuttknöpfen, das nicht in Njerungri geschneidert ist. Seit einem Monat ist sie die Bankpräsidentin, vorher war sie Vertreterin des Präsidenten. Der ist inzwischen stellvertretender Ministerpräsident von Jakutien. Wie sie Bankier geworden ist, frage ich. »Auf ganz natürliche Weise. Ich habe das Technikum absolviert, dann die Wirtschafts- und Finanzhochschule, und seit 1981 bin ich im Bankensystem. Erst als Buchhalterin, dann als Abteilungsleiterin, und nun bin ich hier.« Was sie leitet, ist weder eine private noch eine staatliche Bank. Ihre Hauptaktionäre sind die Kohlegrube, die Stadt und drei andere Unternehmen. Wirklich private Aktionäre gibt es kaum, und die haben nur zwei Milliarden des Kapitals von 26 Milliarden eingebracht. »Es ist eine kommerzielle Bank, entwickelt auf der Basis der staatlichen Bank, die es seit 1937 in Njerungri gab. Inzwischen sind wir eine Aktiengesellschaft, deren Hauptkapital staatliche Betriebe und Einrichtungen aufgebracht haben. Also arbeiten wir für die Entwicklung dieser Betriebe und die Interessen der Stadt. Wir haben eine gute Position in Njerungri, denn wir sind die einzige selbständige Bank. Alle anderen sind nur Filialen, deren Hauptsitz weit entfernt ist.«

Für die Njerungri Bank hat das allerlei Vorteile. Die Kohlegruben, das Kraftwerk und die meisten kleineren Betriebe wickeln ihre Geschäfte über diese Bank ab, an der sie beteiligt sind. Die meisten Firmen haben ihre Gehaltsstellen und Kassen verkleinert oder aufgelöst. »Neunzig Prozent der Arbeiter und Angestellten in

Njerungri sind unsere Kunden. Ihre Gehälter werden auf Konten bei uns überwiesen, sie haben Kreditkarten, um ihr Geld abzuheben, und in den meisten Geschäften können sie damit auch bezahlen«, sagt Frau Dmitriewa. »Nächstes Jahr bauen wir in der Stadt einen neuen Markt, da werden wir Terminals installieren, vielleicht nicht an jedem Stand, aber an jedem dritten. Unsere Karte ›Goldene Krone‹ ist wirklich beliebt. Die Leute bezahlen, was sie gerade brauchen. Sie laufen nicht mit größeren Beträgen herum. Die Frauen der Arbeiter haben es sehr gern, daß ihre Männer nicht zuviel Bargeld auf einmal in die Hand bekommen.«

Die Njerungri Bank hat ihre Position in der Stadt mit guten Konditionen für die Kunden erkauft. Das Geld auf dem Konto bringt bis zu sechs Prozent Zinsen, und wer auf Kreditkarte kauft, zahlt keine Gebühren, sondern bekommt zwei Prozent des Preises auf seinem Konto gutgeschrieben. Kein Wunder, daß in der 100 000-Einwohner-Stadt 35 000 Leute die Kreditkarte »Goldene Krone« haben. Für die Bank liegt darin kein Risiko: Die Computertechnik sorgt dafür, daß keiner sein Konto überzieht. Allzu weit traut die Njerungri Bank, die als einzige Rußlands ein Kartensystem solchen Umfangs betreibt, ihren neuen Kunden aber doch nicht. Ein Grundproblem hat das System natürlich immer noch: Solange Löhne und Gehälter nicht oder nicht ganz bezahlt werden, kann das Geschäft nicht aufblühen, bleiben die Einlagen bei der Bank kleiner als erhofft. Aber das wird sich ändern, wenn der Staat wieder zahlt, meint die Präsidentin. Für die Stadt und den Staat sei es jedenfalls vorteilhaft, wenn die Firmen ihre Geschäfte bargeldlos abwickeln. Auf die Dauer mache das die Wirtschaft durchsichtiger, meint die Präsidentin. Da habe der Staat eine bessere Chance, in vollem Umfang an seine Steuern zu kommen.

Für sie ist es selbstverständlich, daß die Rolle der Banken in der Gesellschaft wächst: »Drei Berufe sind seit Ewigkeiten wichtig: Sargtischler, Goldschmiede und Bankiers werden immer gebraucht. Wenn wir nicht von der Sowjetunion reden, sondern vom heutigen Rußland – glauben Sie, man kann die Produktion entwickeln, ohne Investitionen heranzuziehen? Wahrscheinlich nicht. Und wer kann die Mittel beschaffen? Nur die Banken. Und die Banken bestimmten immer die Politik, die für die Entwicklung der Produktion und des Handels notwendig ist.« Schon jetzt ist die Njerungri Bank bei großen Firmen und Investoren gut im Geschäft.

In Moskau hatte man mir gesagt, es gebe keine Möglichkeit, Geld für mich an eine sibirische Bank zu überweisen. Da können die Präsidentin und die Auslandschefin nur lachen. Sie gucken meine amerikanische Kreditkarte an, darauf können sie sofort dreitausend Dollar auszahlen. Und wenn ich mehr Geld aus Deutschland herbeirufen wolle, dann müsse ich nur ein paar Stunden warten, wegen des Zeitunterschieds zwischen Njerungri und Frankfurt. Sobald in Deutschland die Banken öffneten, könnten sie über das Internet die Ost-West Handelsbank in Frankfurt anrufen, und wenn die von meiner Bank ein O. K. bekäme, könnte die Njerungri Bank mir umgehend das Geld auf den Tisch legen. Vielleicht seien Überweisungen bei russischen Banken in Moskau etwas umständlicher durchzuführen.

Aber die beiden Damen nennen Banken in New York, Tokio und Genf, mit denen sie arbeiten. Das haben wir dann nicht ausprobiert, aber ich glaube nicht, daß Frau Dmitriewa und Frau Deriabina zuviel versprachen. Ich hatte schon früher in Rußland Frauen getroffen, die sich, aus Verwaltung und Wissenschaft kommend, als Unternehmerinnen durchsetzten. Aber diese beiden hatten soviel Energie, Kompetenz und noch dazu gute Laune und Chic – das war in der kleinen sibirischen Stadt schon sehr ungewöhnlich.

Überhaupt fand ich Njerungri eine angenehme, wenn auch keineswegs elegante Stadt. Die meisten Gebäude waren in den letzten anderthalb Jahrzehnten der Sowjetmacht gebaut, als die Architekten sich mehr ausdenken durften als die grauen, gleichförmigen Plattenbausiedlungen, die in den Jahren zuvor um die Städte in Rußland entstanden waren. Der Staat wollte den Arbeitern und Ingenieuren etwas anbieten können, damit sie ins rauhe Klima Sibiriens übersiedelten. Manche der großen Mietshäuser waren in hellem Blau oder in anderen Pastellfarben bemalt, die Straßen waren breit, es gab Grünanlagen, die freilich nur ein paar Monate im Jahr ohne Schnee waren, und ein Fichtenwäldchen in der Mitte der Stadt. Das kleine Zentrum war die Kreuzung der beiden Hauptstraßen. Da lag die Njerungri Bank, schräg gegenüber von einem weißgestrichenen Warenhaus mit dicken Säulen vor der Eingangstür, und ein wenig weiter das Theater- und Kulturhaus. Dahinter war auch schon der Kuppelturm einer orthodoxen Kirche im Rohbau fertig, nur ein paar hundert Meter entfernt von einem noch größeren Andachts- und

Bethaus, das eine amerikanische Sekte gerade errichtet hatte.

Ziemlich viele Leute kauften an kleinen Kiosken ein, die kürzlich am Straßenrand aufgestellt worden waren, oder in neuen, privaten Geschäften in den Parterrewohnungen der Mietshäuser. Solche kleinen Geschäfte hatten die Stadtplaner nicht vorgesehen. Nun gab es in ihnen viel mehr zu kaufen, als in der Sowjetzeit – aber das Geld war knapp. Dafür zeigten in manchen Läden handgeschriebene Hinweise an, daß hier Gutscheine der Kohlegrube und anderer Betriebe angenommen wurden. Für eine Stadt in dieser wirtschaftlichen Lage waren jedenfalls überraschend viele Menschen zu Einkäufen unterwegs. Im einzigen Restaurant blieben wir allerdings allein. Es war ganz neu, mit weißen Tischen und Stühlen etwas kühl nach italienischer Art eingerichtet, und eine gewaltige Espressomaschine beherrschte die Theke. Die Speisekarte war überraschend bescheiden: Buletten mit Weißkohl. Aber wahrscheinlich warteten die drei Kellnerinnen bei donnernder Schlagermusik auf andere Gäste als uns.

Im Post- und Telegrafenamt nebenan kann man Ferngespräche anmelden, aber kein Fax abschicken. Wir wollten es bei der Lokalzeitung versuchen. Die war nicht leicht zu finden. In drei Zimmern einer früheren Privatwohnung saß die Redaktion des Blättchens, das ein- bis zweimal pro Woche erscheint. Die Chefredakteurin war eine nette Kollegin, die uns nicht nur das Faxgerät benutzen ließ, sondern auch vom Leben in der Stadt erzählte. Bürgermeister, Stadtverwaltung, Gewerkschaften, Banken – alle seien mehr oder weniger von der

Kohlegrube Jakut-Ugol abhängig. Die Stadt gehöre praktisch der Bergwerksgesellschaft, für die sie gebaut wurde. Politische Gruppen spielten keine Rolle, die Unzufriedenheit halte sich immer noch in Grenzen, obwohl sie, die Chefredakteurin, die Durchschnittseinkommen nur halb so hoch schätzte wie die anderen Leute, mit denen wir gesprochen hatten. Sie schlägt eine ihrer Zeitungen auf und weist auf die Anzeigen: Autos, Datschen, Haushaltsmaschinen, aber auch Bauholz und sackweise Zucker, den Leute statt Bargeld als Lohn erhalten hatten – alles nun zu verkaufen. Die Spalte der Kaufgesuche war praktisch leer. Auch einige Wohnungen wurden angeboten.

Das zeige, daß immer mehr Leute in den Westen und Süden Rußlands umsiedeln wollten, sagt die Chefredakteurin, und es seien natürlich die besser Qualifizierten, die Njerungri verließen. Auch sie finde es schwer, sich die wirtschaftliche Zukunft vorzustellen, nicht nur weil hier die Kohlenvorräte allmählich zu Ende gehen. Die Kohlegrube habe immer viel mehr Leute beschäftigt, als gebraucht wurden, beim Kraftwerk und bei der Verwaltung sei das auch so. Und wenn man die Arbeit nun wirklich rentabel organisieren müsse, dann würden noch viele Stellen abgebaut.

Vielleicht sei eine Stadt von 100 000 Einwohnern an diesem Ort nicht lebensfähig. Mit viel Geld aus Moskau habe das funktioniert, aber nun sei es dem Staat zu teuer geworden, die Stadt zu erhalten. Njerungri sei eine angenehme Stadt, meint die Chefredakteurin, allen, auch ihr würde es schwerfallen, wegzugehen. Aber bisher hat sie von keinem Konzept erfahren, das die Stadt in Zukunft wirtschaftlich lebensfähig machen könnte. Bis zur Erschließung neuer Bodenschätze im weiten Umland Südjakutiens werde es Jahre, vielleicht mehr als ein Jahrzehnt dauern. Nun müsse Moskau entscheiden, ob man die Stadt so lange durch Subventionen am Leben halten wolle. Volkswirtschaftlich wäre das auf lange Sicht vernünftiger, als wenn die Strukturen zerfallen und später neu aufgebaut werden müssen. Aber die Regierung hat andere Sorgen, und Moskau ist weit.

Die Miene der Chefredakteurin hellt sich auf, als ihre Tochter mit einer Freundin zur Tür hereinkommt, zwei fröhliche Vierzehnjährige in bunten Blusen und Miniröcken. Es sind Ferien. Sie erzählen, daß sie schwimmen waren, und dann sagen sie, daß sie Taschengeld brauchen, achttausend Rubel, also ungefähr zwei Mark. Sie sollen gut darauf aufpassen und überlegen, wofür sie das Geld ausgeben, sagt die Mutter. Den beiden Mädchen sieht man an: Sie wissen schon, wozu sie achttausend Rubel brauchen.

Mascha und Tanja nehmen uns mit zum Park für Kultur und Erholung. Wir gehen durch die Höfe der Wohnblocks. Am Feierabend sitzen Ehepaare auf ihren Balkons zwischen Zimmerpflanzen, die jetzt in der Sommerluft Kraft tanken sollen, zwischen Bettdecken, Winterjacken und Pelzen, die im warmen Wind gelüftet werden. Kleine Jungen toben mit einem schwarzweißen Mischlingshund. Eine Frau geht mit zwei riesigen Doggen spazieren. Ein Mann läßt seinen Schäferhund apportieren. Ganz billig kann es nicht sein, die Tiere zu ernähren, aber große Hunde sind beliebt und gelten als ein Zeichen von Wohlstand. Eine hübsche junge Frau lehnt im Türrahmen und läßt sich von jungen Männern bewundern, die mit Bierdosen in der Hand von einem Kiosk kommen. Am Ende der Straße dreht sich ein großes Riesenrad. Eine Fahrt kostet viertausend Rubel, aber dafür wollen Mascha und Tanja ihr Geld nicht ausgeben.

Sie gehen zu einer hölzernen Bude, vor der die jungen Leute in Trauben zusammenstehen, zwischen zehn und zwanzig Jahre alt. Manche der Jungen haben abenteuerliche Haartollen, andere tragen schwarze Jacken, auf denen die Namen amerikanischer Universitäten oder englischer Popgruppen stehen. Ein paar Mädchen sind ganz mondän in schulterfreiem Abendkleid erschienen, die jüngeren aber mit Rock und Bluse bunt und lustig gekleidet. Die Mädchen zwischen dreizehn und fünfzehn haben hier am meisten Spaß. Sie singen, hüpfen und drängeln sich vor der Holzbude. Mascha und Tanja schwenken ihre achttausend Rubel in der Hand. Über die Köpfe der Kinder sehe ich, was hier los ist. In der Bude erklingen die neuesten Schlager. Auf einem Bildschirm läuft dazu das passende Musikvideo mit eingeblendetem Text. Das hier ist eine Art Freiluft-Karaoke. Im Augenblick haben gerade zwei ältere Mädchen das Mikrophon in der Hand und schmachten ein melancholisches Liebeslied mit dem schwarzäugigen Sänger auf dem Bildschirm, dann stehen Mascha und Tanja vor dem Jungunternehmer, der hinter der Theke neben der Liste mit Schlagertiteln kassiert. Sie wissen genau, welches Lied sie für ihre ersten viertausend Rubel spielen lassen. Andere Mädchen drängen sich um sie, um den Bildschirm mit dem Text besser sehen zu können. Jungen sind kaum darunter. Vielleicht liegt das am Text, den die sommersprossige Mascha und ihre jungen Freundinnen mit Begeisterung schmettern: Ein Mädchen jagt seinen untreuen Freund davon. Das ist ein bißchen wie bei uns der Schlager »Verpiß dich«, aber in Sibirien drücken die Mädchen sich nicht so hart aus.

GOLD UND EDELSTEIN

Morgens um sieben beladen wir Sergejs Bus und machen uns auf den Weg nach Aldan, zum Zentrum der industriellen Goldproduktion in Südsibirien. Es liegt 300 Kilometer weiter im Norden, und wegen des Zustands der Bundesautostraße schätzt Sergej die Fahrzeit auf gute sechs Stunden. Unterwegs gibt es nur zwei Dörfer, aber eins von ihnen soll ganz interessant sein – eine kleine Siedlung von Geologen, die sich auf die Suche nach Halbedelsteinen spezialisiert haben.

Chatymi, etwas abseits vom Durchgangsverkehr, besteht nur aus einer ungepflasterten Dorfstraße mit großen Pfützen und Holzhäusern. Die Dorfmitte ist ein von Unkraut überwuchertes, von einem baufälligen Zaun eingeschlossenes Beet, in dessen Mitte ein kleiner Obelisk als Kriegerdenkmal steht. Auf der einen Seite, inmitten der einstöckigen Holzhausreihe, liegen zwei Läden, die durch ihre schönen Namen auffallen. »Schmetterling« heißt der eine, »Charme« der andere. Zwei junge Frauen schieben ihren Kinderwagen zum »Schmetterling«, eine ältere Frau kommt mit zwei Laib Brot und einer Wurst aus der Tür von »Charme«. Schaufenster haben die beiden Läden nicht. Sie zeigen uns nicht, was die neuen privaten Kaufleute in Chatymi zu bieten haben.

Wir gehen jenseits des Kriegerdenkmals zu einem

hübschen kleinen Haus mit verglaster Veranda, karierten Gardinen und einem Bärenfell auf der Wäscheleine zwischen den Gemüsebeeten. Hier wohnt der erste Mann des Dorfs, der Chef der geologischen Forschungsgesellschaft WKS, die auf deutsch »Ost-Quarz-Edelsteine« heißt. Seit 1942 sind von hier aus Geologen zu Expeditionen aufgebrochen, um in den Bergen nach Schätzen zu suchen, nach Bergkristall zum Beispiel und Quarz für Rüstungsvorhaben: Die waren so geheim, daß der Direktor auch heute nicht von ihnen sprechen will, obwohl der Quarz nun in verwitternden Kisten vor dem Verwaltungsgebäude liegt, weil ihn die Rüstungsindustrie nicht mehr abnimmt. Überhaupt wird jetzt wenig geforscht, sagt der Direktor, es gibt kein Geld und keine Staatsaufträge. Da haben sich die Geologen auf Lager von Halbedelsteinen besonnen, die sie auf früheren Fahrten entdeckt haben. Sie richteten kleine Werkstätten ein und engagierten zwei Edelsteinschleifer aus dem Ural. Nun drehen sich hier die Kessel mit Sand, in denen graugrüne Perlen poliert werden. Wie Erbsensuppe sieht das aus, aber die Geologen hoffen, daß Juweliere in den großen Städten dafür anständig zahlen werden. Aus rötlichweißen Steinen werden Vasen und Schreibtischsets gedreht und geschnitten.

Swetlana Burludskaja, die einen kleinen Laden mit Ausstellungsstücken übernommen hat, ist früher zu wochenlangen Expeditionen in die Berge gefahren, im Sommer wie im Winter. Das sieht man der kleinen Frau mit der runden Brille nicht an, aber sie denkt mit Wehmut an diese Zeit. »Früher haben wir monatelang in den Bergen gewohnt. Oft haben sie uns in unwegsamen Gebirgen mit dem Helikopter abgesetzt«, sagt sie. »Jetzt ist der Treibstoff zu teuer, da fahren wir höchstens im Winter mit dem Lastwagen ein paar hundert Kilometer, um wertvolle Steine zu holen.«

Jakutien ist reich an Halbedelsteinen, und die seltensten finden sich nirgends sonst in Rußland. Amethyst, Serdolik, Nephrit, Obsidian, Chromdiopsid, zählt Swetlana Burludskaja auf, und besonders den seltenen Tscharoit, einen lila Stein, der sich nur am Fluß Tschara findet. Auf schwarzen Samttüchern ausgebreitet, sehen wir die Kollektion, für die die Geologen nach Kunden suchen: größere Vasen für fast fünfzehntausend Mark, Ketten und Döschen, ein Kügelchen aus Tscharoit, das zwölfhundert Mark bringen soll, und ein großer glitzernder Block aus Bergkristall für eintausendfünfhundert. Schön wäre es, wenn sich ausländische Juweliere dafür interessieren und vielleicht als Investoren einsteigen würden, hofft Frau Burludskaja. Dies sei die einzige größere staatliche Fabrik in Sibirien, die sich mit der Verarbeitung von Halbedelsteinen beschäftigt und auch industrielle Steine anbieten könnte. Die Geologen haben zudem ein großes Feld mit marmorähnlichem Stein gefunden, der wäre gut für Grabsteine und Fassaden, besonders weil von ihm, anders als vom Granit, keine radioaktive Strahlung ausgehe. Dafür müßte es doch Interesse geben, sagen sie und fragen uns, wie und wo man ausländische Partner findet. Vielleicht ist das wirklich ein lohnendes Projekt, sage ich, aber es ist eben alles sehr weit weg.

Sechzig bis siebzig Geologen, Handwerker und Fahrer arbeiten bei der geologischen Forschungsgesellschaft.

Achthundert Menschen wohnen in den gepflegten Holzhäusern, die in den siebziger Jahren gebaut wurden. Jede Familie hat ein kleines Gewächshaus, in dem sie Gemüse zieht. Die Wachstumsperiode ist kurz, die Winter sind lang. Durchschnittstemperaturen um minus 50 Grad gelten in Jakutien nicht als extrem, aber im letzten Jahr fiel das Thermometer drei Tage lang auf minus 58 Grad. Dennoch, die meisten Leute leben gerne hier, wie Jelena Murejewa, die pensionierte Personalchefin. »So ein gutes Kollektiv haben wir hier. Lauter gute Menschen. Jetzt wird darüber geredet, daß die Siedlung verlegt werden soll, vielleicht nach Njerungri. Aber dies ist eine so nette kleine Siedlung, so gute Menschen. Gott gebe, daß sie erhalten bleibt. Natürlich gibt es jetzt Schwierigkeiten mit der Bezahlung, das ist kein Geheimnis, das ist überall so in Rußland. Wenn wir unsere Gehälter bekämen, würden wir sehr gut leben. Wir wollen nirgendwohin versetzt werden.«

Jelena Murejewa arbeitet weiter. Früher hat sie damit ein Zubrot zur Pension verdient, jetzt wird nur noch die Pension ausbezahlt. Davon lebt sie mit ihren zwei unverheirateten Söhnen. »Sehr, sehr bescheiden«, sagt sie. »Nur manchmal bekommen wir einen Abschlag, oder man versorgt uns mit Nahrungsmitteln.« Kann sie sich nicht in Halbedelsteinen ausbezahlen lassen? Da lacht sie nur. »Man bietet immer wieder an, uns die Gehälter in Steinen auszuzahlen. Aber was sollen wir damit, wo sollen wir sie verkaufen? Wir brauchen Bargeld, so ist das.«

Die Sonne scheint, aber das Wetter ist kühl auf der Fahrt nach Norden. Wir sind jetzt oberhalb der Baumgrenze angelangt. An einigen Hängen liegt Schnee, andere sind über und über mit Alpenblumen bedeckt. In 1672 Meter Höhe verläuft die Straße über den höchsten befahrbaren Paß Jakutiens. Dann geht es in Serpentinen wieder hinab. Irgendwo hier sollen die Reste eines Straflagers aus der Stalinzeit nicht weit vom Straßenrand liegen – vielleicht noch verfallene Baracken, Stacheldraht, ein Wachturm. Aber wir können nichts entdecken. In über vierzig Jahren haben Natur und Zeit die meisten Spuren gelöscht.

Am zweiten Dorf, das auf unserer Tagesstrecke liegt, fahren wir nur vorbei. Jetzt haben wir die Hälfte der Straße zur Hauptstadt Jakutsk hinter uns, aber nicht einmal ein Viertel der Entfernung zum Eismeer. Manchmal kommen uns Lastwagen mit langer gelber Staubfahne entgegen. Da müssen wir auch das kleine Seitenfenster schließen, durch das wir den Benzingeruch im Auto mit ein bißchen Luft verdünnen. Personenwagen sehen wir nicht, und es scheint, als sei außer uns auch kein Kleinbus unterwegs. Wenn wir über die holprige, staubige Fahrt schimpfen, erinnert Sergej uns daran, daß es hinter Jakutsk keine solche Straße mehr geben wird.

Heute wird die Verwaltung des Goldgrubenkonzerns Sacha-Soloto für unsere Übernachtung sorgen. Sascha hat auch hier Quartier gemacht, als er uns entgegenreiste. In der Stadt Aldan, die mit ihren dreißigtausend Einwohnern lange das Zentrum der Goldsucher war, hat er nichts gefunden. Aber zwanzig Kilometer weiter liegt eine Kleinstadt aus neuen Hochhäusern, mit zehntausend Menschen, die für die Goldindustrie arbeiten.

Sascha schwärmt von dem komfortablen Gästehaus mit fließend warmem und kaltem Wasser, das er zwischen den Neubauten entdeckt hatte. Aber der Ingenieur, der uns im sechsstöckigen Verwaltungsgebäude des Konzerns Sacha-Soloto in Nischnij-Kuranach erwartet, muß uns enttäuschen. Eine Politikerdelegation aus der Hauptstadt ist nicht nur durchgereist, sondern will einen Tag länger bleiben, und dann sind da noch vier Geschäftsleute aus Australien und den USA. Das Gästehaus ist belegt. So bietet er uns die zweitbeste Lösung an: Zimmer in einem Wohnheim für Arbeiter, mit Gemeinschaftswaschräumen ohne warmes Wasser. Immerhin brauchen wir nicht in die Schlafsäle zu ziehen, sondern bekommen Zweibettzimmer.

Neben uns wohnen zwei Monteure aus Dortmund schon seit drei Wochen so. Sie bauen für die Goldgruben einen hydraulischen Bagger auf, zwei Millionen Dollar ist das Gerät wert. Sacha-Soloto hat es in Deutschland geordert, eine japanische Firma finanziert es. Die beiden Monteure bleiben ein paar Monate. Der eine ist Deutscher, der andere Kroate. Der kann sich wenigstens ein bißchen auf russisch verständigen. Mit den russischen Kollegen haben sie keine Probleme, Konserven und Bier haben sie mitgebracht, ansonsten versorgt sie die Werkskantine. Aber man braucht gute Nerven in einem Wohnheim, in dem Tag und Nacht Schlager dudeln, bis die Scheiben klirren, junge Arbeiter auf dem Gang Handball spielen und das Fernsehgerät nur das Lokalprogramm zeigt: halb in Russisch und halb in Jakutisch. Für unser Team hat die Direktion etwas besser gesorgt: Wenn die Politikerdelegation zur Besichtigung unterwegs ist, können wir im Speisesaal des Direktionsgästehauses Platz nehmen, und drei freundliche Frauen bekochen uns, als wären wir zu einer Mastkur gekommen.

Am nächsten Morgen holt uns Michail Jegorow ab, ein jakutischer Ingenieur. Er spricht gern ein bißchen deutsch, das hat er vor langer Zeit an der technischen Fakultät der Universität gelernt, und seine Frau ist Deutschlehrerin. Zwei Töchter sind an der Universität, denen hat die Mutter auch Deutsch beigebracht. Aber Jegorow erzählt besser auf russisch von seinem Konzern. Der betreibt fünf Kombinate, und dieses in Nischnij-Kuranach ist nur eins von ihnen. Fünftausend Leute arbeiten hier auf Schiffen mit Goldwaschanlagen, in großen offenen Gruben und in der größten Anlage Rußlands, in der riesige Stahlspiralen Gold aus Erdreich und Gestein herausmahlen. Lastwagen mit mannshohen Reifen, 120tonner, schaffen das Rohmaterial heran. Vierhundert bis fünfhundert Tonnen durchlaufen pro Stunde die Mahlwerke. Der Aufwand wirkt gewaltig, das Ergebnis ist winzig: etwa 1,2 bis 1,7 Gramm Gold finden sich in einer Tonne Erde und Gestein, das in fünf Steinbrüchen von rund sechzig Metern Tiefe herausgeholt wird. Die Ausbeute ist Geschäftsgeheimnis. Vor ein paar Jahren noch hat das Kombinat dreizehn Tonnen im Jahr gefördert. Jetzt seien es nur noch drei, erzählt mir ein Ingenieur im Kontrollraum dann doch so nebenbei.

Der Weg zum Steinbruch ist von den Lastwagen aufgerissen. Unser Kleinbus kommt nicht zur Abbaustelle durch. So ändert Jegorow den Plan. Wir fahren durch einen Wald, der Weg führt durch kleine Bäche, über Hügel von aufgeworfenem, sandigem Erdreich. Ein riesiger Kran mit einem fünfundvierzig Meter langen Schaufelarm hebt ein Flußbett aus. Der Kranführer sieht nicht aus wie ein Kämpfer in der Schlacht ums Gold: Er sitzt in der verglasten Kanzel neben zwei Töpfen mit Gurkenpflanzen und hat sich Pantoffeln angezogen. Dies ist schon lange sein Job, sagt er, da kann er es sich gemütlich machen.

Hundert Meter weiter am Fluß liegt ein Goldwaschschiff, der Schwimmbagger Draga VII. Dreihundert Meter lang ist der künstliche See, den der Kranführer für ihn gegraben hat. Draga VII ist über der Wasserlinie vier Stockwerke hoch, kastenförmig und groß wie ein Haus. Seine Schaufelräder und Förderbänder bewegen sich nicht. Erst als wir rufen, kommt ein Mann aus den Aufbauten heraus, klettert eine Leiter zum Boot herab und rudert zu uns herüber. Der Ingenieur Stepan Wassiljew bedauert, daß er uns seinen Draga nicht in Aktion zeigen kann. Bis zum Abend wird er stillstehen, denn sein Mechanismus ist verstopft mit Baumstämmen und schweren Steinen, die im Erdreich lagen. »An sich gibt es hier keine Schwierigkeiten, deswegen haben wir auch keine Drahtnetze vor den Schaufeln. Der Draga bewegt sich sonst vor und zurück und wäscht den Boden durch. So schaffen wir einen Kilometer im Jahr, manchmal mehr.« Aber Draga VII hat den Boden hier schon bis zur Tonschicht abgebaut und kein Gold gefunden. Die Geologen haben sich um ein paar hundert Meter geirrt, meint der Ingenieur. Hier gebe es Gold, aber das liege weiter vorn. »Wenn alles gutgeht, brauchen wir anderthalb Monate, bis wir die goldhaltige Stelle erreichen. Das ist lange«, sagt Stepan Wassiljew.

Es kostet Zeit, Arbeit und Energie, wenn sich das Monstrum wochenlang durch Schutt und Geröll fressen muß. Die gewaltige Materialschlacht ist ein Erbe sowjetischer Zeit, als dem Staat für Gold nichts zu teuer war. Es wäre billiger, das Gold in London an der Börse zu kaufen, sagt Wladimir Troitskij, der stellvertretende Chefredakteur der Zeitung *Aldaner Arbeiter*. Das hatte ich schon bei den Anlagen von Jurski gehört. »Diese Goldindustrie wird erhalten, weil einige tausend Arbeitsplätze von ihr abhängen und die Existenz von vielen Familien«, meint Troitskij. Und natürlich auch weil Leitungs- und Direktorenposten damit verbunden sind und vielleicht auch Politiker.

»Die Einführung der Marktwirtschaft hat die Nordgebiete sehr schmerzhaft getroffen. Ökonomisch ist es unvorteilhaft, im riesigen Norden zu arbeiten, der sechzig Prozent des russischen Territoriums ausmacht. Transport, Elektrizität, Heizung, Baumaterial, Lebensmittel – alles ist hier zu teuer, um konkurrenzfähig zu sein. Die Menschen hier überleben noch, aber gut fühlen sie sich nicht. Sie haben Sehnsucht nach der Zeit, als man im Norden noch wirklich Geld verdiente, als dies die einzige Gegend in der Sowjetunion war, wo man einen anständigen Lebensunterhalt verdienen konnte«, kommentiert der Redakteur. »Die schlechte Lage von heute ist Schuld des Systems, meinen die meisten. Die reden gar nicht mehr von Regierung, sondern nur noch von Regime. Da spürt man die Nostalgie, und dazu kommt, daß die Leute hier nicht sozial abgesichert sind, einfach völlig abhängig von Sacha-Soloto. Aber so, wie die Lage ist, wird es keine aggressive Unzufriedenheit geben. Die Stimmung hat sich längst in Apathie verwandelt. Vielen ist der Zustand einfach Wurscht. Sie leben wie Sklaven im alten Rom und warten, was kommt.«

Der *Aldaner Arbeiter* ist in einem alten Holzhaus untergebracht. Hinter halbblinden Fenstern, an denen Blumentöpfe stehen, tippen zwei Frauen an den Setzmaschinen. Hier arbeitet man mit Bleisatz auf alten Maschinen, von denen Troitskij sagt, so ähnlich habe Lenin vor der Revolution die Untergrundzeitung *Iskra* herstellen lassen. Zweimal in der Woche erscheinen vier Seiten. Mehr Geld verdient die Druckerei mit einem Anzeigenblättchen, das den englischen Namen *Market* trägt. Auf der ersten Seite stehen Ankündigungen von Handelsfirmen: Bei einer ist eine Ladung Bier aus St. Petersburg eingetroffen, die zweite bietet Konserven, Säfte und Wurst an und zu Beginn des neuen Schuljahrs für die Kinder Ranzen, Lineale und Farbstifte. Auf den zwei Innenseiten folgen fast acht Spalten mit Verkaufsangeboten: Wohnungen, Häuser, Autos, Motorräder, Garagen, Ersatzteile und Baumaterial, Möbel und ein neuer Pentium-Computer. Nur zwei Anzeigen sind Kaufgesuche: Einer sucht einen Lada mit Vierradantrieb, Bezahlung in Gold, ein anderer eine Ein- bis Zweizimmerwohnung in der Stadtmitte und bietet »Juwelierwaren«. Wie in Njerungri annoncieren sonst fast ausschließlich Leute, die Geld brauchen, weil sie Sibirien verlassen wollen.

Eine dicke blonde Frau, die Buchhalterin, kommt die

steile Treppe herunter. An jedem Finger trägt sie wenigstens einen Goldring. »Die hat ihr halbes Jahresgehalt an den Händen«, sagt Wladimir Troitskij. Die Frau dreht sich um und ruft: »Gold steht mir bis zum Hals!« Troitskij versucht zu erklären, wie man in diesem Bezirk lebt, in dem seit über einem halben Jahr die Gehälter nicht mehr ausgezahlt wurden. »Bei uns kriegen die Leute Goldschmuck als Vorschuß – kein unverarbeitetes Gold, denn das darf nur an staatliche Stellen abgeliefert werden. Das ist Gesetz. Deshalb hat das Kombinat eine kleine Juwelierfabrik, hauptsächlich stellt man da kleine Goldketten und Ohrringe her. Damit bezahlt das Kombinat zum Beispiel bei der Bezirksverwaltung für Strom und Heizung. Dann gibt die Verwaltung ihren Mitarbeitern Goldschmuck anstelle des Gehalts. Die Leute gehen damit zum Markt und kaufen ein. Wenn man den Schmuck umtauschen will, verliert man rund fünfzig Prozent, denn alle Leute wollen Bargeld haben. Das nennen wir heute lebendiges Geld, und alle sind da hinterher.«

Gold aber ist das zweitbeliebteste Zahlungsmittel. Manche Firmen bieten den Mitarbeitern Waren an: eine Ladung Holz, zehn Säcke Reis oder zehn Säcke Zucker. Die sind schwerer zu verkaufen. Wladimir Troitskij zeigt mir in seinem Büro die Gehaltsabrechnung seiner Frau. Das ist ein Blatt, auf dem ihr nominelles Gehalt des letzten Halbjahres verzeichnet ist: zehn Millionen Rubel, fast 3000 Mark. In einer zweiten Spalte steht, wieviel sie in goldenen Ohrringen als Abschlag bekommen hat. Der Redakteur zeigt mir drei kleine Papiertütchen mit Ohrringen. Auf jeder steht der Preis, den die

Juwelierfabrik angesetzt hat. »Heute habe ich ein neues Sofa gekauft. Das bezahle ich nachher mit diesen zwei Paaren, die werden mit 200 Dollar bewertet. Nachher kaufe ich mir einen Kassettenrecorder fürs Auto, der kostet drei Ohrringe. So geht das Gold von Hand zu Hand. Die Leute, die es von mir bekommen, tauschen es vielleicht gegen Fleisch, Konserven oder Kleidung. Aber man muß gute Beziehungen haben und aufpassen. Die meisten Geschäfte, auch die staatlichen, die noch übriggeblieben sind, nehmen Gold nur für Waren schlechterer Qualität. Trotzdem hat dieses Verfahren die Lage entspannt. Jedenfalls haben die Leute jetzt soviel Gold, wie sie es sich nie erträumt haben.«

Auf dem kleinen Markt legen Verkäufer auf den Motorhauben ihrer Autos billige Kleidung, Schuhe und Spielzeug aus und warten auf Kunden. An einigen Ständen gibt es Kartoffeln, Gemüse, Tomaten und Früchte, die von kleinen Händlern aus Zentralasien herangeschafft worden sind. An einem rohen Holztisch verkauft eine Frau in bunter usbekischer Nationaltracht wollene Tücher. Ich frage, ob ich mit Gold bezahlen könne. »Natürlich«, sagt die Marktfrau und zeigt ihre Goldzähne. »Aber auch mit Geld, mit Dollar. Wir nehmen alles, Talons, Gold, Geld.«

Ihre Freundin ruft von hinten: »Am besten sind Grüne, Dollari, Baksi.« Das ist ein neues Wort, die russische Form von »Bucks«.

»Ich kann Ihnen ja jetzt erzählen, wie das mit dem Geld wirklich ist«, sagt die Usbekin. »Deshalb komme ich nicht ins Gefängnis, jetzt herrscht doch Demokratie.« Und dann kommt sie hinter dem Tisch hervor, stellt sich wie ein Schulmädchen vor mich hin und zeigt, was sie gelernt hat: ein Gedicht auf deutsch. »Eins, zwei, drei, vier, in der Schule lernen wir.« Und sie kichert wie ein Backfisch.

Nebenan ist ein kleines Geschäft, eine neue Holzbaracke. Hinter der langen Theke sieht man Kleidung, Handwerkszeug, Plastik- und Porzellangeschirr, Pelzmützen, bunte Glasvasen, Lebensmittel, Bonbons und Schokolade aus Deutschland und aus aller Welt. Manche Waren stehen in getrennten Vitrinen. In einer gibt es Kosmetika nur gegen Geld. An einer anderen Vitrine hängt ein Zettel, der auflistet, was man für Gold bekommt.

»Am liebsten nehmen wir Geld«, sagt die Verkäuferin. »Mit den meisten unserer Lieferanten müssen wir ja auch in Geld abrechnen. Gold – das ist bloß soso, nicht besonders günstig.« Sie hat eine Preisliste von der Juwelierfabrik des Goldkombinats, nach der sie den Preis berechnet. »Waren, die wir gegen Gold kaufen konnten, bieten wir auch für Gold an. Den Tee haben wir für Gold bekommen. Das Gebäck hier gibt es nur gegen Geld. Und die meisten Kleidungsstücke sind auch nur für Geld zu haben.« Der Laden gehört ihren Verwandten und ihr. Sie haben ihn nicht selbst bezahlt. »Ein staatlicher Baubetrieb hat uns geholfen, den Laden gebaut und eingerichtet. Dafür geben wir ihnen jetzt Lebensmittel.«

Neben einem der Holzhäuser arbeitet ein alter Mann an der Tür seines Gewächshauses. »Gut sehen die Gurken aus«, sage ich und frage ihn, wie er lebt. Vor siebenundvierzig Jahren ist er als Geologe nach Aldan gekommen. Nun ist er Rentner. »Das Leben ist noch erträglich«, sagt er. »Bisher werden die Pensionen hier pünktlich bezahlt, es gibt kaum Verzögerungen. Aber das ist so: Die Rente reicht fürs Essen. Aber fürs Reisen bleibt nichts übrig. Mein Sohn arbeitet und bekommt gar kein Bargeld. Als die Schwiegermutter starb, konnten seine Frau und er nicht zur Beerdigung nach Nowosibirsk fliegen. Die Flugkarten sind teurer geworden, soviel Geld hat keiner von uns. Junge Leute müssen zur Universität, brauchen Geld zum Leben und für die Reise. Vieles geht eben nicht ohne Bargeld. Das ist alles nicht gut.«

Oberhalb der Stadt werden neue Einfamilienhäuser gebaut – neun zweistöckige Gebäude mit großen Garagen. Einige sind von mannshohen Zäunen umschlossen. Die meisten stehen noch leer, nur die Wachhunde bellen. In den Gärten haben die künftigen Bewohner schon Gemüsebeete angelegt und kleine Treibhäuser aufstellen lassen: Auch die neuen Reichen bleiben Selbstversorger, und wenn ihre Frauen die Gärtchen nicht selbst bestellen, tun es Schwiegermütter und Großmütter. Manche haben sich rund um das Haus schwarze Erde aufschütten lassen.

»Sehen Sie doch, was diese Leute schon für ein Kartoffelfeld haben«, sagt ein Handwerker, der mit einer Dose Bier in der Hand vorbeikommt. »Die leben gut. Der Mann war früher Direktor im Goldkombinat. Den Mann nebenan kenne ich nicht, er hat ein gutes Auto. Der ist aus Moldowa, aber was er macht, weiß der Teufel.« Die Grundstücke von tausend Quadratmetern findet der Handwerker groß, die zweistöckigen Holzhäuser auch. »Alles für die Bürokraten«, schimpft er. »Die Arbeiterklasse baut nicht.«

Doch Kleingärten und Treibhäuser aus Glas oder Plastikplanen haben sie alle. Wer in einem der alten Holzhäuser aus dicken Baumstämmen wohnt, hat zwar weder Fernheizung noch Kanalisationsanschluß, aber dafür einen Garten rund ums Haus mit Gemüse und Blumen und viel Platz für ein selbstgebasteltes Gewächshaus. Die anderen haben zwischen den Hochhäusern ihre Gärtchen angelegt. Grünflächen, wie sie die Architekten aus Moskau hier geplant haben, bringen im sibirischen Klima ohnehin wenig. Gemüseanbau dagegen ist für die Familien lebenswichtig. Manche haben noch auf ihre Garagen Glashäuschen gesetzt, und auf allen Balkons wächst etwas – dort aber eher Blumen, etwas fürs Auge.

An der Hauptstraße steht noch immer das Lenindenkmal, die Silberbronze blättert ab, die Risse sind unübersehbar. Niemand beachtet es. Es steht schon so lange da, und niemand hat Lust, darüber zu streiten, was aus ihm werden soll. Im Kulturhaus dahinter hält die Politikerdelegation aus Jakutsk, die im Gästehaus wohnt, eine Versammlung ab. Die Leute fragen, wann wieder regelmäßig Gehälter bezahlt werden, und bekommen vage Antworten. »Das ist sowieso alles Quatsch«, sagt der Lokalredakteur. »Das brauchen wir uns nicht anzuhören.« Er zieht mich am Arm aus dem Saal. Hinter dem Denkmal der Völkerfreundschaft mit den Figuren russischer und jakutischer Revolutionssoldaten zeigt er auf einen Neubau. »Da kommt eine orthodoxe Kirche hin«, sagt er. »Lange haben die Popen hier nichts getan.

Nun sind sie ganz aufgeregt, weil sie Konkurrenz bekommen haben. Deshalb wollen sie jetzt eine große Kirche hinstellen.«

Ein wenig weiter stehen an der Straßenkreuzung noch immer die Namensschilder »Straße des Proletariats« und »Straße der Tschekisten« – das waren die Vorgänger des KGB. Wladimir Troitskij zeigt mir einen hölzernen Bau, der wie ein Wohnhaus aussähe, wenn er nicht ein Holzkreuz am Giebel trüge. Das ist die Konkurrenz, die die orthodoxen Geistlichen fürchten, eine neue katholische Kirche. »Katholiken hat es hier schon immer gegeben«, erzählt mir eine alte Frau. »Meine Mutter war hier im Lager. Sie kam aus Weißrußland und war katholisch, wie andere auch, die hier leben mußten.« Aber eine Kirche hatten sie natürlich nicht und auch keine Gemeinde. Die ist auf seltsame Weise Ende der achtziger Jahre entstanden, als junge Leute aus Osteuropa in ein Sommercamp der Jungkommunisten eingeladen waren. Studenten aus Warschau und Krakau waren darunter, die trafen sich mit Leuten aus Weißrußland, die polnisch verstanden. Sie beteten zusammen, und Schülerinnen und Schüler aus dem Gymnasium kamen dazu. Die Sowjetzeit ging schon zu Ende, deshalb konnten die jungen Leute erst in der Musikschule und schließlich im Haus des Bezirkskomitees der kommunistischen Partei einen Treffpunkt und Gebetsraum einrichten. Anfang der neunziger Jahre kamen Priester aus der Slowakei, Salesianer-Mönche, und begannen, die Kirche zu bauen, und nun steht neben ihr schon ein kleines Zentrum für Jugend-, Kultur- und Sozialarbeit. Seitdem sind viele katholisch getauft worden. Besonders junge Mädchen und Frauen traten über, auch wenn ihre Eltern orthodox waren oder gar keiner Religionsgemeinschaft angehörten.

Der Vater eines Mädchens steht neben seinem Auto. Er sei nicht gläubig, sagt er, aber mit der Entscheidung seiner Tochter sehr zufrieden. Die neue Kirche findet er gut. »Die Priester haben richtig beim Bau angepackt. Sie holen die Kinder zum Sport und zum Singen, sie lehren sie Moral und ehrliches Leben und kümmern sich um die Menschen.« Von den orthodoxen Geistlichen hält er nicht viel. Die seien hochmütig, forderten nur Respekt und Spenden. Eine Frau macht sich Sorgen um die Zukunft der Kirche. Kürzlich habe es im jakutischen Fernsehen eine Sendung gegeben, da redeten Popen und Politiker gegen die neuen Glaubensgemeinschaften. »Manche sprachen ganz im kommunistischen Geist. Alle waren für ein Gesetz, das nur die orthodoxe Kirche, den Islam, den Judaismus und den Buddhismus erlaubt und alle anderen Kirchen und Bekenntnisse verbietet. Das gefällt mir nicht. Einerseits wollen wir zivilisierte Leute sein, und andererseits gibt es wieder die Unduldsamkeit gegen alle, die anders sind.«

Tatsächlich hat die orthodoxe Hierarchie in der russischen Duma einen Gesetzentwurf durchgesetzt, der allen Glaubensgemeinschaften außer den vier »traditionellen Religionen des Russischen Reichs« Beschränkungen auferlegen soll. Die orthodoxe Kirche hat wieder Macht gewonnen, aber sie fürchtet auch, daß sie bei jungen Menschen an Einfluß verliert und daß besonders in den Provinzen andere Kirchen und Sektengemeinschaften neue Gläubige anziehen. Da leben altrussische

Sekten wieder auf, die in der Sowjetzeit verboten waren, russische Baptisten bauen Bethäuser, die katholische Kirche sammelt ihre verstreuten Gläubigen, und die Missionare ausländischer Kirchen und Sekten bauen Gemeindezentren, in denen sie neben Predigt und Kirchenliedern Rat und praktische Hilfe anbieten. Nach dem Zusammenbruch der kommunistischen Ideologie und ihrer Institutionen suchen viele Menschen in Rußland Orientierung, nach Glaubensinhalten, Werten und Lebenshilfe.

Hier in Aldan hat die Direktorin der Mädchenoberschule, die sich wieder Lyzeum nennt, gerade ein pädagogisches Experiment unternommen. Valentina leitet zugleich in Irkutsk eine Fakultät an der pädagogischen Hochschule und hatte dort von deutschen Kollegen erfahren, daß es im Westen eine neue, psychologisch begründete Methode im Unterricht gibt, die Themenzentrierte Interaktion, TZI, heißt. So hat sie in diesem Sommer zwei Männer aus Niedersachsen eingeladen, um ausgerechnet im kleinen, abgelegenen Aldan zwei Wochen lang die neue Methode zu lehren. Die Professorin Kostina will darauf weiter bauen. Das sei ein Weg, das bürokratisch verknöcherte Schulsystem zu erneuern, findet sie. Die jungen Studentinnen des pädagogischen Kollegs, achtzehn bis zwanzig Jahre alt, und ihre Professorinnen sind noch ganz aufgewühlt von den Stunden, die sie mit den beiden Deutschen verbracht haben. Begeistert erzählen sie, was sich ihnen alles erschlossen hat: »Der Unterricht hat unser Bewußtsein verändert. Das war ein Spiel, das einen einfach gefangennimmt. Wir bekamen Antworten auf solche wichtigen Fragen, wie man ein lebendiger Lehrer wird, ein lebendiger Mensch, und nicht eine Maschine, die bloß Lehrstoff vermittelt«, erzählt eine kleine rothaarige Studentin. Und eine andere ergänzt: »Sie haben mir geholfen, mich zu öffnen, und mir einen neuen Zugang zu den Menschen gegeben. Auch die Barriere zwischen den Professorinnen und unserer Generation ist abgebaut worden, jetzt sind wir alle zusammen und freuen uns darüber.« Die kleine Rothaarige formuliert auf sehr russische Weise, was sie die westliche Methode gelehrt hat: »Ich habe verstanden, daß wir unser Leben früher viel zu kompliziert gemacht haben. Es zeigt sich, daß es so einfach ist, mit den Gefühlen zu leben. Was man fühlt, gibt man an die Menschen weiter: Güte, Liebe und alles Schöne. Und überhaupt soll alles schön sein, das haben sie uns zu verstehen geholfen.« Die beiden Pädagogen aus Niedersachsen haben sicherlich selten so begeisterte und gefühlvolle Studentinnen vor sich gehabt. Wer im Westen würde das auch von einer sibirischen Kleinstadt erwarten?

NACH NORDEN

Beinahe hätten wir in Aldan den Abflug verpaßt. Unseren Reiseplan, soweit es ihn überhaupt gab, hatten wir noch einmal geändert. Wiederum fünfhundert Kilometer im schlecht gefederten Bus, in Staub und Benzingestank reizten uns nicht. Sergej schwor zwar, die Strecke bis Jakutsk in zehn Stunden zu schaffen, aber in Aldan glaubten die Leute das nicht. Außerdem führe die Straße auf den letzten vierhundert Kilometern durch Sümpfe und baumlose Tundra, und da liege nur eine einzige Barackensiedlung von Straßenarbeitern. Das sei eine lange und schwierige Fahrt, auf der es nichts Interessantes zu sehen gebe. Sascha hatte am Flugplatz herausgefunden, daß es an diesem Tag eine Maschine nach Norden gab. So wollten wir uns von Sergej und seinem Kleinbus verabschieden. Aber ganz ohne Schwierigkeiten ging das nicht. Zwar hatte Sergej den Bus schon wieder einmal repariert, aber zehn Kilometer vor dem Flugplatz blieben wir stehen. Der Kabelzug zwischen Pedale und Vergaser war wieder gerissen und diesmal nicht so schnell zu flicken. Aber es mußte ja weitergehen, also klappte Sergej die Motorhaube zwischen Fahrer und Beifahrersitz hoch und zeigte Sascha, wo der Vergaser saß. Er gab ihm auch die weißen Baumwollhandschuhe, die er für anspruchsvollere Passagiere im Wagen hatte, und nun bediente Sascha das Hebelchen am Vergaser, bestimmte das Tempo, während Sergej steuerte und bremste.

So kamen wir doch noch rechtzeitig zum zweistöckigen Flughafengebäude, das ziemlich leer aussah. Direkte Fernverbindungen gibt es kaum noch. Nur drei oder vier lokale Flüge mit Doppeldeckern und Hubschraubern waren auf der Anzeigetafel verzeichnet. Der Flug, den wir nehmen sollten, stand nicht auf dem Fahrplan. Sein Ziel war die Hafenstadt Tiksi am Eismeer. So weit wollten wir nicht, Tiksi war auf unserem Reiseprogramm erst der letzte Ort. Aber weil dies kein planmäßiger Flug war, eher die Charterreise eines privaten Reisebüros, und weil einer der Chefs des Goldkonzerns uns avisiert hatte, fanden wir mit dem Kapitän eine Variante, die zu unseren Plänen paßte. Ungefähr auf halber Strecke würde er uns nördlich des Polarkreises in der Stadt Batagai absetzen. Dort sei auf dem Flugplatz auch wenig Betrieb, da könne er per Funk die Landegenehmigung erhalten.

Nun mußten wir nur noch unsere sechzehn Gepäckstücke verstauen. Das hatte uns am meisten Sorgen gemacht, denn die Turbopropmaschine hat kein Frachtabteil, nur breite Regale neben dem Einstieg in die Passagierkabine und hinter der Pilotenkanzel. Einige Mitreisende waren Händler und Händlerinnen, die mit Kartons und Kisten voller Lebensmittel ans Eismeer reisten. Frauen mit Kindern kamen von Ferien bei Verwandten zurück und brachten auch viel mit. Die jungen Leute, die von den Hochschulen im Süden und Westen zurückkamen, hatten weniger Taschen dabei. Wenn es zuerst auch schien, daß das Gepäck nie unterzubringen sei, schafften es schließlich alle gemeinsam, stöhnend, aber ohne zu schimpfen. Keiner fragte, warum die Maschine in Batagai eine Zwischenlandung machen würde.

Als wir zur Landung ansetzen, liegt unter uns die Jana, ein Fluß, der sich in weiten Schleifen durch sumpfiges Flachland windet. Von den Anhöhen ziehen sich Lärchenwälder endlos weit nach Norden, wo eine Gebirgskette mit seltsamen Felsentürmen aufragt. Wir kommen nicht unangemeldet nach Batagai. Bei den Vorbereitungen hatte Sascha in Jakutsk erfahren, daß nun neue Spielregeln zu gelten scheinen. Zwar brauchten wir keine Reisegenehmigungen mehr, aber die Chefs der Bezirksverwaltungen, die besonders im menschenleeren Norden kleine Könige sind, bestehen häufig darauf, daß man bei ihnen eine Besuchserlaubnis einholt und seine Absichten darlegt. Das war umständlich und kostete Zeit, obwohl die Verwaltungen nun auch Faxgeräte hatten. Der Vorteil war, daß die Verwaltungschefs sich um Unterkunft und Transportmittel kümmerten.

So ist die Leiterin der Kulturabteilung des Bezirks, Aitalina Tarabukina, eine stämmige Jakutin, zum Flugplatz gekommen, Boris, der sonst den Bezirkschef fährt, ist mit einem Kleinbus da. Sie haben alles für uns vorbereitet. Wir fahren zu einem zweistöckigen Holzhaus am Rande des Kulturparks, eines Kiefernwäldchens mit Denkmal. Da ist alles im Haus, was wir brauchen: ein Badezimmer, eine Küche mit einem Eisschrank voll Gurken, Brot, Butter, Wurst, Bier und Limonade. Tee und Zucker stehen neben dem Herd, und in den Schlafzimmern sind die Betten ganz ordentlich gemacht. Früher hat hier der Parteisekretär des Bezirks gewohnt, der zeitweise auch Direktor der Goldwaschanlagen war, sagt Aitalina. Und was da zu essen und trinken sei, stehe zu unserer Verfügung, das solle uns nichts kosten. Zum Abendessen könnten wir quer durch den kleinen Ort in ein Restaurant gehen, da spiele an diesem Samstaga bend sogar eine Kapelle.

Batagai ist trotzdem kein angenehmer Ort. Keines der Häuser ist alt. Es gibt ein paar zweistöckige Gebäude aus Stein und viele Holzhäuser, die wie Baracken aussehen. 1931 hatten die ersten Geologen am Ufer der Flußbiegung das erste Lager aufgeschlagen. Dann wuchs der Ort auf Kommando aus Moskau. 1945 gab es 1800 Einwohner, 1949 waren es 4000, nicht gerechnet die Gefangenen, sagt die Ortschronik. Wie viele es waren, erwähnt sie nicht. Batagai war das Gulag-Zentrum, das viele riesige Lager mit politischen Gefangenen verwaltete, die Stalin nach Sibirien deportiert hatte. In Batagai selbst schufteten und starben sie im Zinnbergwerk, das heute geschlossen ist. Lakonisch sagt die Chronik, warum: »Nach der großen Amnestie von 1953 entstand in der Erzindustrie eine krisenhafte Lage, die zur Schließung der Grube führte.« Tatsächlich waren die Zinngruben von Batagai nur rentabel gewesen, solange der KGB sie mit Gefangenen betrieb, die keinen Lohn bekamen und wenig Kosten verursachten.

Man sieht, daß sich Batagai von der Grubenschließung nie wieder erholt hat. Das Heizkraftwerk und eine kleine Fabrik für Limonade und Mineralwasser sind die einzigen Industrieanlagen. Über den kleinen Wohngebäuden ragt das steinerne, gelbe Kulturhaus mit dem großen Säulenportal hervor. Das hatten die Gefangenen für ihre Bewacher gebaut. Für die Einwohner, die nach der Auflösung der Gulag-Verwaltung blieben, war es immer viel zu groß, und nun schickt auch keine kommunistische Kultur- und Bildungsbehörde mehr Musikgruppen, Schauspieler oder Polit-Agitatoren.

Daß es ein Restaurant mit Musik gebe, war auch nur ein Gerücht. Wir sitzen im Nebenraum der öffentlichen Kantine, in dem sonst die Chefs ihre Konferenzen abhalten. Es kommt wieder mal gute Hausmannskost auf den Tisch. Die drei jungen Männer, die hier manchmal Musik gemacht haben, treten nicht mehr auf, sie haben keine Kundschaft anlocken können. An diesem Samstagabend sind wir die einzigen Gäste. Nur drei junge Frauen schauen herein und gehen wieder. Wohin? In die Disko gegenüber der Ortsverwaltung, da ist ab zehn Uhr was los.

Als wir zur Disko gehen, ist es noch taghell: Nördlich des Polarkreises wird es im Juli nie dunkel. Junge Leute kommen in kleinen Grüppchen die hölzerne Außentreppe herauf in das Holzhaus, in dem die Lautsprecher dröhnen. Die Jungen in Hose und Hemd mit aufgekrempelten Ärmeln, die Mädchen feingemacht und kräftig geschminkt. Der erste Eindruck drinnen ist eher abschreckend: Da ist eine Art Saal mit mehreren großen Spiegeln, an Holztischen sitzen einige ernste Trinker. Drei jüngere Jakuten, die als Bauarbeiter nach Batagai gekommen sind, haben schon schwer getankt.

Am Nebentisch wird Geburtstag gefeiert. Das Geburtstagskind, eine junge Frau, schwankt auf uns zu und redet weinerlich auf mich ein. Das sei nun ihr fünfundzwanzigster Geburtstag, in diesem trüben Nest lebe sie nun mit ihrer kleinen Tochter, und hier komme sie nie wieder weg, erzählt sie immer wieder. Ihre Geburtstagsgäste am langen Tisch, sechs russische Mädchen und zwei Jungen, hören ihr nicht mehr zu, singen und schwatzen. Ein Junge mit kahlgeschorenem Kopf hat seine Freundin auf dem Schoß. Erst zeigt er mir den Stinkefinger, dann will er mir unbedingt etwas erzählen. Das paßt der Freundin nicht, sie redet laut über seine Worte hinweg, erzählt mir allerlei Allgemeines über Jakutien: »Bei uns in Jakutien ist es sehr kalt, aber im Winter gibt es schönes Nordlicht. Wenn alle Farben am Himmel leuchten, ist das sehr schön. Wir haben viele Rentiere und Bären, und wir leben mit einem Volk zusammen, das man Jakuten nennt. Warte doch, warte«, sagt sie zu ihrem Freund, der sie unterbrechen will. »Wir kriegen hier nichts bezahlt, wir arbeiten ohne Geld, aber Sie sehen ja, die Jugend amüsiert sich.«

Jetzt schiebt ihr Freund sie weg und will auf mich einreden. »Sie sind doch Ausländer. Kennen Sie Jelzin? Wissen Sie, was der ist? Der ist ein Päderast. Jelzin, der Päderast«, sagt er lallend. Das meint er nicht so wörtlich, Päderast ist einfach ein Schimpfwort unter russischen Männern. Seine Freundin will ihn nicht reden lassen. Nun spricht sie laut und wie ein Wasserfall über Eichhörnchen und Blaubeeren, damit ihr betrunkener Freund nicht zu Wort kommt.

An der Theke im Nebenraum drängen sich junge Männer. Entlang der Wände stehen Tische, durch hölzerne Zwischenwände voneinander getrennt. An einigen sitzen Männer und Frauen, aber meistens sind junge Frauen zusammen. In der Mitte des Raums wird getanzt – allein oder in Paaren, auch das sind meistens Frauen.

Die drei, die uns den Tip mit der Disko gegeben haben, haben sich zusammen eine Flasche Wein bestellt und erzählen mir ein bißchen über sich. Die Braunhaarige im Jeansanzug ist nur in den Ferien da. Sie studiert Zeitungswissenschaften in Moskau, ihr Vater ist Chefredakteur der örtlichen Zeitung, die früher kommunistisches Parteiorgan war. Ich will eine kleine Umfrage machen, was sich die Leute in der Diskothek für ihre Zukunft erträumen, und fange bei den dreien an, die wir schon kennen.

Die Tochter des Redakteurs antwortet wie gedruckt: »Daß unser Jakutien das wirtschaftliche Niveau erreicht, das es verdient«, sagt sie. »Im Prinzip haben wir große Möglichkeiten, Gold, Diamanten. Darum haben die Menschen hier ein besseres Leben verdient. Heute leben die Menschen bei uns von der Hoffnung. Wir alle träumen davon, daß wir besser leben werden, und wir hoffen, daß es so kommt.«

Ihre Freundin ist eine der wenigen Jakutinnen in der Disko. »Ich wünsche mir, daß ein Besuch eines deutschen Fernsehteams bei uns nicht ein exotisches Ereignis bleibt, daß auch wir zu Ihnen reisen können wie Sie zu uns und daß das ganz oft und regelmäßig geschieht. Gebe Gott, daß wir dahin kommen.« Sie ist bei der Gemeinde als Bibliothekarin und Kindergärtnerin angestellt, aber weil das Gehalt so unregelmäßig bezahlt wird und sie davon nicht leben kann, fliegt sie alle paar Monate nach Nowosibirsk, und einmal war sie sogar in Istanbul. Dort kauft sie preiswert Frauen- und Kinderkleider, wie es sie im Norden Sibiriens sonst nicht gibt und die hier deshalb teuer sind.

Die hübscheste der drei Freundinnen, eine Blondine, die fast wie ein Model aussieht, hat einen Wunsch: »Daß in unserem Land endlich finanzielle Stabilität einzieht. Davon hängt das Glück für jeden von uns ab.« Auch sie handelt mit Kleidung und elektrischen Haushaltsgeräten. Ihren Eltern, so scheint es, geht es nicht schlecht. Sie sind nach Wladiwostok gezogen und haben dort eine Wohnung gekauft, aber da hat man sie betrogen, sie mußten die Wohnung noch einmal bezahlen, und schon deshalb hofft die Tochter, daß endlich geregelte Verhältnisse einkehren.

Die Mädchen auf der Tanzfläche haben kürzere Antworten. Manchen fällt kein Zukunftstraum ein. Eine sagt: »Daß meine Eltern ihr Gehalt bekommen.« Eine andere möchte einmal ins Ausland reisen, die nächste meint: »Einen Traum habe ich nicht. Hier geht es mir gut.« Die Frau, die mit ihr tanzt, sieht das anders: »Ich möchte mein Kind großziehen und ihm eine Zukunft geben und es irgendwohin bringen, möglichst weit weg von hier.« – »In Batagai kann es keine Träume geben«, ruft eine Rothaarige dazwischen. Andere wollen einfach glücklich sein. Ein junger Mann an der Theke sagt: »Ich würde gern als normaler Mensch leben und etwas Vernünftiges erreichen. Jetzt ist es nicht normal.« Sein Freund sagt: »Ich träume vom guten Leben, wie Sie es in Deutschland haben. Unser Leben ist auch nicht so schlecht, aber leider gibt es zu viele Umbrüche.« Ein großer Blonder mit Sonnenbrille sagt, er habe einen ganz großen Traum, aber darüber will er nicht reden. »Jeder

Mensch muß seinen Traum für sich behalten, damit er wenigstens in Gedanken wahr wird.«

Fast alle, die wir in der Disko trafen, sind bei der Verwaltung angestellt: Im Kraftwerk, beim Fuhrpark, als Buchhalterinnen und Lehrerinnen. Nur drei oder vier sind Verkäuferinnen in einem der wenigen kleinen Privatläden. Die bekommen ihr Gehalt. Die Stadt Batagai, die sich hauptsächlich selber verwaltet, kann nur zahlen, wenn Geld aus Jakutsk oder Moskau kommt. Als wir zu unserem Häuschen zurückgehen, kommt mir ein junger Mann nach, ein Polizeileutnant in Zivil. Er hat mein Gespräch mit den Betrunkenen gesehen, und ihm ist das peinlich. »Denken Sie nicht so schlecht von Batagai. Morgen früh sind die Jungen nüchtern und ganz normal. Die würden alle ordentlich arbeiten, wenn es etwas zu verdienen gäbe.«

Ehe wir am Morgen nach Werchojansk weiterfahren, bedanken wir uns beim Chef des Bezirks für Unterkunft und Auto. Da erzählt er ein wenig von der Lage in diesem Gebiet, das 134 000 Quadratkilometer groß ist, doppelt so groß wie Bayern, und in dem nur 19 000 Menschen wohnen. Ohne staatliche Zuschüsse würden sie hier auf die Dauer nicht leben können, meint er. Dabei sei dies der wichtigste landwirtschaftliche Bezirk im ganzen Norden. »Alle denken, wir können nur Rentiere züchten, und es ist wahr, wir haben Herden mit siebentausend Stück im Bezirk. Aber es gibt hier auch Rinder- und Pferdezucht, fast muß ich sagen: Es gab sie. Die vier Sowchosen sind aufgelöst worden. Die Leute halten nur noch Vieh für den eigenen Verbrauch. Unser Fleisch läßt sich kaum noch verkaufen, weil die Versorgung aus Mitteljakutien billiger ist. Trotzdem: Warum müssen die Leute Wurst essen, wenn es hier frisches Fleisch gibt? Aber wir haben nicht mal eine kleine Wurstfabrik. Nur den kleinen Betrieb, der Mineralwasser auf Flaschen zieht. Der wird nun auch Makkaroni herstellen, vielleicht werden sie auch Bier brauen. Die Felle unserer Rentierzüchter und Jäger werden nicht verarbeitet, statt dessen kaufen die Leute Lederwaren aus Korea. Hier muß sich psychologisch allerlei ändern, ehe es besser wird.«

Der Bezirkschef Gorochow meint, private Landwirtschaft sei hier nicht überlebensfähig. Deswegen müßten die Fragen der Eigentumsformen neu erörtert werden. Er wirkt wie ein tatkräftiger Mann, ein Verwaltungschef, der am liebsten alles allein machen möchte. »1991«, sagt er, »zog hier die Demokratie ein, da ging alles durcheinander.« Und ich erinnere mich an meinen Besuch im Jahre 1992: Damals hatten die Leute in Batagai eine Lehrerin und einen Koch ins Bürgermeisteramt gewählt, und angeblich klappte nichts mehr. Ehe das Jahr zu Ende ging, hatte der Präsident von Jakutien ein Machtwort gesprochen und persönlich einen neuen Bezirkschef eingesetzt, eben Gorochow, weil der Erfahrung in Verwaltung und Parteiapparat gesammelt hatte. Er setzte sich in Batagai durch, und 1995 machten ihn die Wähler gegen zwei andere Kandidaten zum Chefadministrator.

Das war eine Personenwahl, denn im ganzen Bezirk gibt es keine Parteien, und Gorochow kandidierte als Unabhängiger. Eigentlich sei das frühere System besser gewesen, meint er. Die Leute seien auch müde vom vielen Wählen – für die Bezirksorgane, die zwei Kammern der Republik, den Präsidenten von Sacha, die Duma der Föderation und den Präsidenten von Rußland. Zwei Kammern im Parlament der Republik findet er jedenfalls zuviel. Ihm reiche es, wenn sich Abgeordnete einer einzigen Kammer mit Nachfragen und Sonderwünschen an ihn wenden. Er hofft auf eine neue Verfassung, die den dauernden Diskussionen ein Ende setzt und das Regieren leichter macht.

Gorochow hat seine Karriere in der kommunistischen Partei gemacht, aber die Kommunisten und ihre Ideologie interessieren ihn nicht besonders. Er war immer ein Mann der Verwaltung. Die muß funktionieren und die Entscheidungen treffen. Von politischer und wirtschaftlicher Eigeninitiative erwartet er keine Erfolge. So wie er denken viele der Verwaltungschefs, die ihre Erfahrungen in sowjetischer Zeit sammelten und nun in ihren großen und fernen Bezirken kleine Fürsten sind.

Kurz hinter Batagai endet die Asphaltstraße. Wir sind auf dem Weg nach Werchojansk. Dort wollte ich einen alten Bekannten besuchen, einen Lehrer und Schuldirektor, den ich vierzig Jahre zuvor in dem kleinen Ort kennengelernt hatte. Aber Aitalina Tarabukina von der Kulturabteilung hat herausgefunden, daß er in der Hauptstadt Jakutsk einen Herzanfall auskuriert. Wir fahren trotzdem, denn mich interessiert, was aus dem Ort, den ich in vierzig Jahren viermal besucht habe, geworden ist.

Die Straße aus Sand, Schotter und tiefen Lastwagenspuren ist nicht gut, aber der Fahrer Boris kennt den Weg und weiß, wie man schlechte Stellen umfährt und geländerlose Holzbrücken überquert. Zuerst fahren wir durch Nadelwald, vorbei an Sümpfen mit weißblühendem Wollgras und kleinen Teichen, auf denen Möwen schwimmen. Neben der Straße steht eine kleine Herde von stämmigen Pferden im Wasser. Da biegen wir an der nächsten Kreuzung ab, sehen noch eine Pferdeherde durch ein Dorf galoppieren und fragen uns zu dem Besitzer der Pferde durch. Er steht mit zwei Hirten auf einer eingezäunten Koppel vor einem Schuppen. Er ist hierhergeritten, sein gesatteltes Pferd steht an einen Pfosten gebunden hinter ihm.

Nikolai Gorochow, ein vierschrötiger Jakute, war früher der Vorsitzende einer Sowchose, eines Staatsguts für Pferdezucht. (Er heißt wie der Chef der Bezirksverwaltung und viele andere in diesem Gebiet: Orthodoxe Priester, die im 18. Jahrhundert die Jakuten bekehrten, gaben oft allen Täuflingen den eigenen Familiennamen.) Gorochow ist immer noch Chef, auch wenn es keine Sowchosen mehr gibt. Jetzt nennt sich das kleine Gestüt im Dorf Kollektivunternehmen. Der Name mache eigentlich keinen großen Unterschied, aber das Leben sei anders geworden.

»Früher hat uns der Staat subventioniert, da haben wir in unseren zwei Dörfern die ganze Bevölkerung beschäftigt, Schulen und Kindergärten unterhalten. Das können wir heute nicht mehr. Von dreitausend Pferden sind nur sechshundert beim Gestüt geblieben. Damals brachte das Pferdefleisch doppelt soviel, und junge Pferde haben die Japaner für sechs- oder siebentausend Dollar aufgekauft.«

Die Pferde, die die Jakuten vor tausend Jahren aus

Zentralasien mitbrachten, sind eine ganz besondere Rasse. Selbst im kältesten Winter leben sie frei in den Wäldern. Nur manchmal muß man, ehe das Frühjahr kommt, etwas Heu zufüttern. »Wenn die Herden zu klein werden, kann man sie nur schwer beobachten und versorgen«, sagt der Gestütsleiter. »Anfang der neunziger Jahre, als unsere Sowchose aufgelöst wurde, haben wir kollektive Unternehmen gegründet, aber das hat nichts genützt. Immer mehr Leute haben sich als Bauern selbständig gemacht. Das war auch richtig: Wir können keine Gehälter mehr zahlen. Große Wirtschaftseinheiten können wir aus eigener Kraft nicht unterhalten. Früher hatten wir noch fünfhundert Kühe – nun stehen die großen Ställe seit zwei Jahren leer. Die Leute arbeiten in Kleinbauernwirtschaften, produzieren dreißig bis vierzig Kilo Fleisch. Viel bekommt man dafür nicht, es reicht fürs Brot. Für mich geht in Rußland heute etwas Unverständliches vor. Irgendwas muß anders werden. Aber was, wird die Zeit zeigen.«

Gorochow denkt, daß auch die neuen Kleinbauern es nicht lange machen werden. Wir schauen einer Gruppe von Pferden nach, die am Gebüsch in einer sumpfigen Wiese grasen. »Jakutische Pferde«, sagt Gorochow, »können hier überleben. Für Menschen, für so viele Menschen, wie heute in unseren Dörfern wohnen, ist das viel schwieriger.« Bei fünfzig, sechzig Grad minus im Winter, mehr als acht Monaten in Eis und Schnee, haben die meisten Menschen hier früher als nomadische Hirten gelebt, bis der Staat mit hohen Subventionen Sowchosen gegründet hat, um die Bevölkerung kleiner Bergwerkssiedlungen zu ernähren.

Nicht weit vom Flußufer ist eine Familie bei der Heuernte. Vater, Mutter und Sohn, der Semesterferien hat, mähen mit der Sense und beladen einen Lastwagen. Sie haben vier Kühe und zwei Pferde. Aber Bauern sind sie nicht. Der Mann ist bei der Gemeinde angestellt, die Frau Verkäuferin in einem staatlichen Laden. Sie haben ein Haus von den Eltern geerbt, die auch schon Vieh hielten. Damit und mit dem kleinen Gemüsegarten helfen sie sich weiter, wenn keine Löhne gezahlt werden. Schlecht geht es ihnen nicht, sagen sie, aber früher sei es doch besser gewesen.

Eine Schar Ferkel läuft über die Wiese zu einem windschiefen Holzhaus. Zwei Jungen hocken davor, streicheln ein Kälbchen und geben ihm Milch. Eine alte Frau sitzt mit einem Kleinkind am offenen Herd vor dem Haus. Dies sei nur die Sommerhütte, sagt sie, von der aus ihre Söhne das Vieh betreuen. Zwei Söhne sind es, und vor drei Jahren haben sie Weideland von der alten Sowchose gepachtet. Der Vertrag gilt nur für fünf Jahre, deswegen wollen sie kein Geld in den Ausbau der Sommerställe stecken. Selbständige Bauern sind sie geworden, weil die Sowchose die Löhne nicht mehr zahlen konnte. Und eine andere Arbeit haben sie im Dorf nicht gefunden. Im Winter wird sich zeigen, ob sie in diesem Jahr vom Fleischverkauf leben können.

Von hier aus steigt der Weg nach Werchojansk an. Auf Kiefern folgen weite Lärchenwälder. Die Bäume stehen mit großem Abstand auf den rollenden Hügeln. Manchmal sind große Flächen tot. »Abgebrannt«, sagt unser Fahrer Boris. »Das geht in den trockenen Sommern sehr schnell. Aber das wächst auch wieder nach.«

Er zeigt uns die kleinen Bäumchen, die nun zu wachsen beginnen, und die Himbeerbüsche neben rotblühenden Pflanzen, die er Iwantschai nennt, ein Heilkraut, das gut für fast alles ist. »Die Natur hilft uns«, sagt Boris, der viele Teekräuter kennt. Am Straßenrand zeigt er uns Autos oder ein Motorrad mit Beiwagen im Gebüsch. Jetzt ist die Zeit zum Blaubeerensammeln. Und alle paar Kilometer sind Leute mit Eimern unterwegs – Arbeiter, Ingenieure, Lehrerinnen. Boris kennt die meisten von ihnen.

Bei einem roten Lada hält er an, und Aitalina Tarabukina sagt: »Diesen Mann müssen Sie unbedingt kennenlernen. Das ist einer von unseren Poeten.« Stepan Jumschanow steht mit aufgekrempelten Ärmeln in den Blaubeeren. Die Mückenschwärme scheinen ihn nicht zu stören. Er ist mit seiner fünfzehnjährigen Tochter da, einem Mädchen mit langen Zöpfen und geringeltem T-Shirt. Der kleine Neffe hat eine Baseballmütze tief in den Nacken geschoben. Seine Schwester trägt einen Jeansanzug. Sie ist von der Uni gekommen, und in den Semesterferien hilft sie jetzt mit beim Blaubeerensammeln. Das ist Wintervorsorge und lebensnotwendig, aber es ist hier auch ein bißchen ein Volksvergnügen.

Stepan Jumschanow zeigt mir die Ernte: Eine Milchkanne und noch einen Eimer voll haben sie schon gesammelt, zwanzig Kilogramm, das gibt Marmelade für den Winter, sagt er. »Wir brauchen die Vitamine. Obstbäume wachsen hier nicht. Aber die Natur hilft uns, ernährt uns. Mit Beerensammeln, Angeln und Jagd. Hier gibt es Elche und wilde Rentiere.« Er zeigt auf sein Jagdgewehr, das hat er auch für den Fall dabei, daß ein

Bär vorbeikommen sollte. Ich hätte gehört, daß er ein Dichter sei, sage ich. Da winkt er ab. »Ein Dichter, wieso? Nein, ich halte mich nicht für einen Dichter. Große Menschen werden Dichter. Ich halte mich nicht für einen. Nur weil einer Gedichte schreibt, ist er doch noch kein Dichter. Eigentlich bin ich mehr Journalist. Ich schreibe Gedichte, wenn einer mich darum bittet.« Aber die Kulturreferentin hat doch gesagt, er habe schon sechs Gedichtbändchen veröffentlicht? Das gibt Jumschanow bescheiden zu.

»Mein Hauptthema ist die Natur, die heimatliche Natur. Und ich schreibe über den Glauben und die Legenden unseres jakutischen Volkes, über unsere Traditionen und wie sie verlorengingen. Jetzt wollen wir sie wieder beleben. In den Jahren der Sowjetmacht ist unser Volk russifiziert worden. Die meisten reden und leben jetzt russisch. Aber wir haben eigene Traditionen. Es gibt eine reiche jakutische Folklore, mit schönen Märchen und Epen. Unsere Kultur, die Sitten, die Kleidung waren ganz einmalig. Aber in jenen Jahren waren sie schwer zu erhalten. Erst in den letzten fünf Jahren haben wir begonnen, sie wieder herzustellen. Früher durften wir sogar unsere alten Feiertage nicht begehen, das Ysyach-Fest im Hochsommer war verboten. Aber jetzt machen wir, was wir wollen.«

Das ist eine Veränderung, die dem Dichter Hoffnung gibt. Aber ein gutgläubiger Optimist ist er nicht: »Offen gesagt, im Vergleich zu den siebziger und achtziger Jahren ist das Leben nicht besser geworden. Es gibt viele Schwierigkeiten mit Transport und Versorgung, mit den Gehältern, die die Menschen nicht bekommen, aber wir meinen, das ist eine Übergangszeit. Bessere Zeiten stehen bevor, weil wir doch die Freiheit bekommen haben. Irgendeine Art Freiheit, die ich noch nicht richtig beschreiben kann. Sie sehen ja, daß wir uns selbst versorgen: mit Treibhäusern, Gemüsegärten, ein paar Stück eigenem Vieh. Die Natur hilft uns. Wir sterben nicht, wir werden am Leben bleiben.«

Am höchsten Punkt der Straße nach Werchojansk steht wieder ein Schamanenbaum – Opferstätte für den unsichtbaren Schamanen, der diese Berge beschützt. Eine offene Hütte mit Holztisch und Bank steht daneben, da machen wir Rast und betrachten verwundert, was für seltsame Opfergaben andere Reisende dem Schamanen hinterlassen haben. Da hängen nicht nur Tuchfetzen am Baum, sondern auch leere Bierdosen, ein Feuerzeug, eine Kinderpuppe, ein Tonband. Ein Wagen hält, und ein Mann kommt herüber. Er steckt eine Zigarette in eine Astgabel. Warum macht er das? »Ein Geschenk für den Geist des Schamanen«, sagt er ernsthaft. »Der soll unserer Fahrt seinen Segen geben, damit wir viele Blaubeeren pflücken können.« Er winkt noch einmal und fährt mit dem Geländewagen davon. Ganz ernst sieht mir dieser Schamanenbaum nicht aus. Aber sogar Aitalina, die Kulturreferentin, zieht einen kleinen Geldschein aus der Tasche und schiebt ihn in die Borke des Stammes. Glaubt sie an diesen Baum? Sie sei Jakutin, sagt sie, und Jakuten ehren die Schamanen.

Wo die Straße Werchojansk erreicht, steht ein Bogen aus zwei gewaltigen Mammutzähnen – keinen echten, sondern aus Zement gegossenen. Das Denkmal, der Stolz des Örtchens von zweitausend Einwohnern, verkündet, daß sich hier der »Kältepol« befindet. Fast hundert Jahre galt Werchojansk als der kälteste bewohnte Ort der Welt. 67,8 Grad unter Null hat man hier gemessen. Die Sache mit dem Kältepol ist nicht mehr ganz wahr: Inzwischen hat Oimakon, einige hundert Kilometer weiter östlich und höher gelegen, eine Temperatur von minus 70 Grad gemeldet, aber in Werchojansk nimmt man das nicht zur Kenntnis.

Das kleine Dorf an der Jana darf sich auch immer noch Stadt nennen: Nachdem es 1638 von dreißig russischen Kosaken und Pelztierjägern gegründet wurde, war es lange eine der größeren Ansiedlungen Sibiriens, wo bis zum Beginn dieses Jahrhunderts ein Ort mit fast vierhundert Menschen als Stadt galt. Die alten, aus dikken Stämmen gebauten Blockhäuser an der langen Dorfstraße lassen immer noch erkennen, daß Werchojansk, anders als Batagai, eine Geschichte hat. Aber seine Bedeutung hat es längst verloren, sogar die Bezirksverwaltung ist nach Batagai verlegt worden, und an der Autobusstation am Dorfrand, wo nur noch einmal am Tag ein Bus nach Batagai abfährt, grasen Pferde. Als ich vor vierzig Jahren zum erstenmal hier war, gab es nur eine einzige Straße, die Stalinstraße. Kein Schild zeigt an, wie sie heute heißt, aber dafür gibt es ein paar Sträßchen mehr mit einstöckigen Häusern und einigen zweistöckigen Gebäuden, in denen mehrere Familien wohnen.

Wir fahren zu einem der größeren Häuser an der Hauptstraße, denn dort war ich 1992 bei meinem vierten Besuch untergekommen, damals war es ein Gästehaus mit sechs Zimmern. Aber nun stehen Parabolantennen auf dem Balkon: Jetzt sind hier Post und Fernmeldezentrum eingezogen. Unsere Begleiterin Aitalina geht, um sich zu erkundigen, kommt mit einem Schlüssel zurück, und wir fahren zwischen kleinen Häusern in Richtung eines hohen Schornsteins. Neben dem kleinen Kraftwerk liegt das, was jetzt das Gästehaus des Dorfes ist: hinter der Tür mit Vorhängeschloß eine Küche und zwei durch Sperrholz getrennte Zimmerchen. Für Dieter Perschke, Christian Neher, Sascha Tschischenok, meine Frau und mich reicht das. Aitalina Tarabukina wird bei einer befreundeten Lehrerin unterkommen. Boris, der Fahrer, hat beschlossen, lieber nach Batagai zurückzufahren. Das schafft er in vier Stunden, und dann kommt er morgen zurück. Unser Häuschen ist wirklich sehr einfach: eine Kochplatte, eine Wasserschüssel und ein Blechfaß mit Wasser. Mit einem großen Schöpflöffel kann man daraus einen Behälter an der Wand füllen. Wenn man da einen Zapfen hereindrückt, fließt Wasser. Die Plumpsklos hinter den Kohlehaufen wirken abschreckend.

Also haben sich die Hoffnungen von 1992 doch nicht erfüllt. Damals hatte mir der Bürgermeister gesagt, man wolle Werchojansk zum Touristenort machen: Berühmt als Kältepol, könne es Besucher aus aller Welt anlocken. Am Dorfteich sollte ein Pavillon entstehen, mit Ruderbooten. Die ausländischen Gäste würden in der Jana fischen und auf die Jagd gehen. Vor vierzig Jahren war sogar ein Bruder des persischen Schahs in der Tundra bei Werchojansk mit dem Flugzeug gelandet und hatte vom Hubschrauber ein trophäenwürdiges Bergschaf erlegt. Das sei natürlich eine Seltenheit, aber die Jagd sei gut. Es gebe ja Wölfe und Bären, und im letzten Winter seien drei Männer mit dem Geländewagen losgefahren und hätten innerhalb von zwei Tagen dreihundert Schneehasen erlegt – in der Polarnacht und vor den Scheinwerfern ihres Autos.

Meine Zweifel an der touristischen Zukunft von Werchojansk, achthundert Kilometer vom nächsten größeren Flughafen Jakutsk entfernt, hatte ich damals zurückgehalten. Das kleine Häuschen, das jetzt Durchreisende beherbergt, zeigt mir, daß auch der Bürgermeister diese Hoffnung aufgegeben hat. Aber Werchojansk war ein ordentliches, beinahe gemütliches Dorf geblieben. Gleich neben der Hauptstraße ließen die Leute Kühe weiden. Die Holzhäuser waren in gutem Zustand, mit kleinen Gärten und Treibhäusern. Ein paar Jungen spielten Fußball am Rande einer verwilderten Grünfläche, auf der eines der fünf oder sechs kleinen Denkmäler steht, die an die Geschichte von Werchojansk erinnern.

Zu Zarenzeiten hatten hier verbannte Sozialrevolutionäre und Sozialdemokraten, dann auch Kommunisten gelebt, kluge Leute darunter, die später berühmt wurden und die hier Schule und Krankenhaus ausbauten und die Traditionen der jakutischen Rentierzüchter beschrieben. Werchojansk war anders als die verfallenden Industriesiedlungen und Verwaltungsstützpunkte aus Gulag-Zeiten, auch wenn es in der Sowjetperiode von vierhundert auf zweitausend Menschen angewachsen war. Es war nicht nur Verwaltungszentrum von KGB-Lagern gewesen, sondern Standquartier für Geologen und Meteorologen, Versorgungsbasis für weit verstreute Pelztierfarmen und Siedlungen von Rentierhirten, die damals in Kolchosen und Sowchosen organisiert wurden – mit Sparkasse, Schulinternat, Sport- und Musikschule für die Kinder, Bibliothek und Kulturhaus, einem Flughafen und seit den dreißiger Jahren mit elektrischem Strom und Telefon. Werchojansk hat immer noch Selbstbewußtsein, auch wenn man nicht weiß, was aus dem Ort werden wird, wenn der Staat kein Interesse mehr an ihm hat.

Hier bauten sich Familien sogar noch neue Holzhäuser. Zwei Männer und eine Frau arbeiteten an einem Balkengerüst. Mich wundert, daß jemand in der heutigen Lage ein neues Haus bauen kann. »Na ja, was man so einen Neubau nennt«, sagt einer der Männer. »Das meiste sind Stämme aus einem zusammengefallenen Haus. Neues Baumaterial bekommt man nur schwer. Aber dies ist mein eigenes Haus.« Und wie verdient er sein Geld? »Ich bin arbeitslos, aber vielleicht nur vorübergehend. Ich habe kürzlich ein Versorgungsschiff entladen. Und wenn es Herbst wird, muß die Gemeinde die Fernheizung wieder instand setzen. Es gibt schon Arbeitsmöglichkeiten.«

Seine Frau ist Lehrerin, die wird auch wieder mal einen Gehaltsabschlag bekommen, und jetzt in den Sommerferien arbeitet sie am eigenen Haus mit. »Ich bin hier geboren«, sagt sie. »Wir wohnen mit meinen Eltern zusammen, aber wir haben zwei Kinder, Sohn und Tochter, und die Tochter geht schon zur Schule, da muß man auch an deren Bedürfnisse denken. Wenn wir arbeiten, werden wir auch wieder Geld bekommen, und im Prinzip habe ich ja ein gutes Gehalt, auch wenn es jetzt manchmal monatelang zu spät ausgezahlt wird.«

»Das ist ja überall so, im ganzen Land wird verzögert gezahlt«, sagt ihr Mann. »Ich bin hier fast ein Einheimischer, weil ich vor acht Jahren herkam, als Verladearbeiter am Flußhafen. Aber dann wurden Arbeitskräfte entlassen, ich auch. Das ist schwer, aber ich denke, Gott wird helfen. Jetzt fangen überhaupt alle Leute an, an Gott zu glauben.« Glauben Sie auch an die Zukunft in Werchojansk? »Man hilft uns, so gut man kann«, sagt die Frau. »Die Ortsverwaltung hilft ein bißchen, die Schulverwaltung auch. Wie man so sagt: Von jedem ein Fädchen gibt auch ein Hemd für den Armen. So bauen wir unser Haus.«

Am Ufer der Jana, beim kleinen Hafen, ist kein Mensch zu sehen. Eine hölzerne Lagerhalle steht offen, drinnen liegt nur ein Stapel Säcke mit Zement oder vielleicht Kunstdünger. Über eine Planke balanciere ich auf den Schwimmkran hinüber, das einzige Schiff, das hier liegt. Ein Hund kommt mir bellend entgegen. Da steht eine Waschwanne mit lebenden Fischen, daneben wachsen Tomaten und Gurken unter einer Plastikplane. Ein braungebrannter Mann mit bloßem Oberkörper kommt an Deck, der Kapitän und Chef der dreiköpfigen Mannschaft. Jedes Jahr fährt er mit seinem Kranschiff von Nischnejansk herauf. Das ist ein Hafen am Eismeer, achthundert Kilometer Luftlinie entfernt, aber auf dem mäandernden Fluß viel weiter. Anfang Juli, wenn der Fluß eisfrei ist, legt er in Werchojansk an und wartet auf die Schiffe, die vom Eismeer mit der Versorgung fürs ganze Jahr kommen sollen. Ehe sich im Herbst die Eisdecke schließt, müssen die Schiffe wieder abgefahren sein. »Die bringen Nahrungsmittel und Kohle zum Heizen«, sagt er, »aber nun ist schon bald August, und nur ein Schiff war da. Im Hafen von Nischnejansk soll gestreikt werden.« Das scheint ihn nicht aufzuregen. Wie lange der Streik dauern könnte, falls überhaupt gestreikt wird, weiß er nicht. »Ich muß da mal über Funk anrufen. Das Eis kommt wahrscheinlich im September, dann müssen wir wieder zu Hause sein.«

Neben dem Heizkraftwerk liegen zwei Kohlenberge vom vorigen Jahr – ob das für den nächsten Winter reicht? Ein paar Arbeiter sitzen davor. Einer donnert auf seinem Motorrad mit Beiwagen davon, die anderen lassen sich fragen. »Geld haben wir keins«, sagt einer. »Na ja, manchmal gibt man uns einen Abschlag. Im Geschäft haben sie eine Liste, da sind unsere Namen aufgeschrieben. Je nachdem, wieviel du gearbeitet hast, kriegst du was im Geschäft, und das wird eingetragen.«

Vor dem Geschäft dirigiert eine kräftige Frau ein halbes Dutzend Männer, treibt sie auf einen Lastwagen, damit sie zu Straßenarbeiten fahren. Sie bewegen sich langsam und nehmen sich Zeit, mit mir zu reden. Einer erzählt, daß er im Heizkraftwerk arbeite. Eigentlich hat er jetzt Urlaub, zum Beerensammeln und um für den Winter vorzusorgen. Deshalb paßt es ihm nicht, daß die Frau aus der Verwaltung sie heute zur Arbeit geholt hat. »Seit einem Jahr gibt's kein Bargeld, so leben wir«, sagt er mürrisch. »Ich weiß nicht, was ich hier soll. Aber dies ist meine zweite Heimat, und ich bleibe hier.« 1968 sei er hierhergekommen, aus dem »Mutterland«. So drükken das viele Leute hier aus, als ob der Westen Rußlands ein anderer Kontinent sei.

Das Geschäft an der Hauptstraße nennt sich »Univermag«, Universalmagazin. So hieß es schon zu sowjetischer Zeit, und das Angebot ist seitdem nicht viel größer geworden. Hauptsächlich Konserven: drei Sorten Fisch, zwei Sorten »Rindfleisch im eigenen Saft«, Brot, Mehl, Salz und Wodka. Zwar hängen jetzt auch Kleider, Windjacken und einfache Anzüge da, aber im Verkaufsraum ist viel leerer Platz. Die Versorgung mit dem Flußschiff klappe nicht mehr so richtig, die Leute hätten auch weniger Geld, sagt die Verkäuferin des staatlichen Geschäfts, und außerdem kämen jetzt gelegentlich Händler mit dem Lastwagen aus Batagai, die ihre Waren billiger anbieten. Nur eine alte Frau mit Krückstock prüft im Laden die Angebote, überlegt, was sie sich leisten kann, und zieht mißtrauisch an den Fäden eines Knäuels Strickwolle. Mit einem Ausländer, einem Fremden will sie nicht reden. »Ich bin eine alte Großmutter, und ich bin taub«, sagt sie zu mir, um jedes Gespräch abzublocken. Aber die Verkäuferin versteht sie sehr gut. Der sagt sie exakt, was sie nicht will und daß die Preise zu hoch sind.

Vor der Bäckerei stehen drei Motorräder mit Beiwagen vor der Tür, drinnen ist der Laden voll. Es gibt frisches Brot, außerdem liegt im Regal ein Stapel mit Kekspackungen aus Deutschland. Ein junger Mann will lieber nicht mit mir reden. Er ist Arzt in Batagai, sagt er, nur zu Besuch in Werchojansk. »Wenn ich Ihnen erzähle, wie wir hier leben, dann verhaftet mich der KGB.« Ob es den KGB denn überhaupt noch gäbe, frage ich. »Natürlich«, antwortet er. »Wenn Sie mich in Deutschland im Fernsehen zeigen, dann sieht das der KGB, und dann kriegen sie mich an den Ohren. Aber, offen gesagt: Ich arbeite schon fünf Monate ohne Gehalt. Wir arbeiten für den Kommunismus, hieß das früher. Aber den Kommunismus bauen wir nicht mehr auf.« Er ist der einzige, der auf dieser Reise mit mir von sich aus über Kommunismus und KGB spricht, aber er ist auch nicht mehr ganz nüchtern. Zwei Männer mit Angelruten kaufen sich ein Brot. »Denen geht's gut«, sagt der Arzt. »Die haben sich selbständig gemacht, als das mit der Kolchose zu Ende ging. Der Teufel weiß, wie, aber die haben nun eigene Kühe und Rentiere, und dann gehen sie auf die Jagd, schießen Fleisch und bringen auch manchmal Zobelfelle zurück, die sind wie bares Geld.«

Das größte Gebäude im Ort ist die Schule. Sie war noch ein kleines, verwittertes Holzhaus, als ich 1958 dort den jungen Lehrer Innokenti Roschin traf. Inzwischen ist er Direktor geworden. Er hat die Schule vergrößern und ausbauen können, und vor einigen Jahren wurde sie zur besten Landschule Rußlands gewählt, eine Schule mit Internat für die Kinder von Rentierzüchtern und Jägern, die oft weit entfernt wohnen. In den Sommerwochen steht die Schule leer. Im kalten Winter gelten besondere Regeln: Bei 52 Grad unter Null haben die Kleinen der vier unteren Klassen frei, bei minus 56 Grad bekommen auch die großen Schüler Kälteferien. Mir tut es leid, daß Innokenti Roschin nicht da ist. So frage ich mich zu seiner Frau durch. Im zweistöckigen Mehrfamilienhaus ist ihre Wohnung verschlossen. Sie arbeitet in ihrem Gemüsegarten, sagt eine Nachbarin.

Am Rande des Orts führt ein Steg über einen kleinen, mit Entengrütze bedeckten toten Flußarm. Hinter den Holzzäunen liegen kleine Häuschen und viele Treibhäuser. Da finde ich Innokenti Roschins Frau Swetlana in einem großen Garten mit breiten Kartoffelbeeten. Sie hat einen blauweißen Kittel an und die Haare unter einem weißen Kopftuch verborgen. Wir haben uns nie kennengelernt, aber ihr Mann hat von mir erzählt. Schade, daß er gerade zur Behandlung in Jakutsk sei, sagt sie, und lädt uns in ihr Treibhaus ein. Es ist zwei Meter hoch, verglast, fast hundert Quadratmeter groß, mit einem Holzofen in der Mitte. Da zieht sie Tomaten und Gurken, auch ein paar Kürbisse und Paprikaschoten. Das ist ihre Winterversorgung, die wird sie in Gläsern einmachen, sagt Swetlana, für sich, ihre Tochter mit den drei Enkelkindern in Werchojansk und für die Tochter, die in Jakutsk an der Uni arbeitet. Sie pflückt für uns so viele Tomaten und Gurken, daß wir sie kaum tragen können und kaum noch die Hände für Mikrophon und Kamera freihaben. »Da haben Sie heute abend zu essen.« Auch ihre Kartoffelbeete sind liebevoll angelegt. Sie liegen aufgeschüttet zwischen fünfzig Zentimeter hohen Holzbohlen. »Bei uns taut der Boden nie auf, sogar im Sommer bleibt er fünfzehn oder zwanzig Zentimeter unter der Oberfläche gefroren«, erklärt mir Swetlana Roschin. Deswegen müssen Kartoffeln im Hochbeet wachsen. Anfang Juni hatte sie sie endlich pflanzen können.

Auf einer Telefonleitung über uns sammelt sich ein Schwarm von Uferschwalben für den Flug nach Süden. Mit dem Juli geht auch der Sommer zu Ende. Wir machen uns auf den Weg zu Innokenti Roschin in der Hauptstadt Jakutsk.

JAKUTSK UND FJODOROW

Es gibt drei Möglichkeiten, von Werchojansk nach Jakutsk zu kommen. Entweder man fährt mit einem Schiff die Jana hinunter, dann auf dem Eismeer nach Westen und die Lena aufwärts. Diesen Weg nehmen die Versorgungsschiffe im kurzen Sommer, über eine Strecke von 2800 Kilometern. Wenn alles gefroren ist, gibt es die Winterstraße über Flüsse, gefrorene Sümpfe und Ausläufer der Gebirge. Die Lastwagen fahren im Konvoi: Wenn einer allein eine Panne hätte, würde er schnell erfrieren auf der 1000 Kilometer langen Strecke, an der kein Mensch lebt und kein Haus steht. Wir haben es leichter, wir fliegen 800 Kilometer über Tundra und Bergtaiga.

Swetlana Roschin hat mir die Telefonnummer der Wohnung gegeben, in der ihr Mann auf die Untersuchung im Krankenhaus wartet. Innokenti ist von meinem Anruf nicht sehr überrascht. »Eigentlich«, sagt er, »sehen wir uns ja alle zehn Jahre. Diesmal waren es nur fünf.« Wir treffen uns am Sonntagnachmittag am Eingang des Parks hinter dem Sportstadion. Dort ist er mit alten Freunden verabredet, die kommen im Sommer zusammen, um dort Chochai, den jakutischen Reigen, zu tanzen. Von weitem schon hören wir die Stimme eines Sängers, und die anderen fallen ein. »Der Vorsänger improvisiert. Meist ist das ein Lobgesang auf die Natur und auf die Menschen, die in ihr leben. Er dichtet und singt zugleich«, sagt Innokenti. Er nimmt mich an der Hand und reiht sich mit mir in den Reigen ein. Es ist kein schwieriger Tanz, eigentlich nur vier oder fünf Schritte, und die Tanzenden bewegen sich langsam um drei der großen Pfähle mit Pferdekopf, die mich an Totempfähle erinnern. Auf dem Dorf kann ein Chochai-Tanz stundenlang dauern; hier machen wir nach einer halben Stunde Pause. Zwar sind die Vorsänger noch gut bei Stimme, aber andere Männer wollen eine Zigarettenpause und miteinander reden. Es gibt viel mehr Tänzerinnen als Tänzer, und die Frauen sind tanzfreudiger als die Männer.

Es sind nur ältere Leute gekommen. Innokenti Roschin kennt fast alle von ihnen: Da sind pensionierte Lehrerinnen und Schuldirektoren, Leiterinnen kleiner Krankenhäuser, Frauen, die Bezirke verwaltet haben. Manche waren Partei- und Staatsfunktionäre, eine weißhaarige Frau sogar Abgeordnete des Obersten Sowjet in Moskau. Sie kann immer noch gut organisieren und die Männer in dem Reigen dirigieren.

Innokenti zieht sich mit mir auf eine Parkbank zurück und wir bereden, was sich geändert hat, seit wir uns vor neununddreißig Jahren kennenlernten. Wir saßen damals in seinem Zimmer in Werchojansk, an der Decke hing eine nackte Glühbirne und beleuchtete Stapel von Büchern: Marx, Engels, Lenin, Stalin, ein Band mit Heine-Gedichten und pädagogische Schriften, Lehrbücher und Schulhefte. Der magere junge Lehrer wollte von mir wissen, ob man in Westdeutschland Marx, Engels und Lenin studiere und was man von Kautsky halte. Er argumentierte ziemlich eng in den Grenzen der Sowjetideologie. Über Unterschiede zwischen den Schriften des jungen und alten Marx etwa wollte er nichts von mir hören.

Aber ich merkte auch, daß ihm Fragen des jakutischen Volkstums wichtig waren, weil er wissen wollte, ob an der Universität von Jakutsk unter den Professoren mehr Russen oder Jakuten seien. Als ich ihn in der Breschnew-Zeit wiedertraf, sprach er häufiger von der künftigen Entwicklung des sibirischen Nordens, von der Natur, den Umweltproblemen und dem besonderen Verhältnis der Jakuten zur harten, eigenartigen Welt, in der sie leben. Da war er schon Schuldirektor und hatte begonnen, seine Schüler an solche Themen heranzuführen. Es war die Zeit, als viele Intellektuelle in der Sowjetunion in Diskussionen über Umwelt und Tradition Werte zu suchen begannen, die der Partei-Ideologie fehlten. 1992 war Roschin Abgeordneter im jakutischen Parlament, ein enthusiastischer Verteidiger jakutischer Traditionen und natürlicher Reichtümer gegen die Begehrlichkeit Moskaus. Noch in der Sowjetzeit hatte er für den Aufbau seiner Schule allerlei Auszeichnungen bekommen. Nun hatte ihn die Russische Föderation als »Schuldirektor des Jahres 1996« geehrt.

»Neununddreißig, fast vierzig Jahre – da hat sich viel geändert«, sagt Innokenti Roschin. »Ich wohne noch in Werchojansk, das ist gleich geblieben, und ich spreche jetzt nicht von den Veränderungen des persönlichen Lebens, von Kindern und Enkeln. Das Leben, die Gesellschaft haben sich verändert und mit dem Alter die Ansichten, auch die persönlichsten. Was Politik und

Philosophie angeht, so sind meine Prinzipien vielleicht gleich geblieben, aber viele Ansichten ändern sich doch mit den Erfahrungen, die man in der Gesellschaft macht. Das muß so sein. Als ich jung war, wollte ich an die Hochschule, um die Wahrheit zu lernen und für sie zu kämpfen. In dieser Hinsicht haben meine Prinzipien sich nicht verändert.«

Aber damals, erinnert sich Innokenti Roschin, war es eine andere Welt, die ihn und sein Denken formte. »Als ich klein war und in die Schule ging, als Student und als junger Lehrer, da besprachen wir alles vom Standpunkt der kommunistischen Ideologie. Das ganze Leben lag unter dieser Kuppel. Ich will diese Lehre auch heute nicht völlig wegwerfen. Darin steckten ja auch Ideen der Gleichberechtigung, der politischen Gleichheit von Menschen und Völkern. In diesem Sinn bin ich nicht gegen die marxistisch-leninistische Lehre, in der ich erzogen wurde. Aber natürlich war die Doktrin ganz einseitig, dann wurde sie auch noch entstellt, und Sie wissen ja selbst, was das unter Stalin für ein Prozeß der Deformierung war. Also bin ich dafür, daß sich unsere Gesellschaft in Richtung Demokratisierung bewegt, trotz all der Schwierigkeiten, die wir heute haben. Die Ideologie hat uns eingeengt. Das trug nicht zur Entwicklung bei, weder zur Entwicklung der Persönlichkeit noch der Nation. Freiheit ist natürlich besser. Früher wurde alles nivelliert. Es gab nur den Sowjetmenschen. Aber die Menschen sind doch verschieden, mit unterschiedlichen Interessen und Begabungen, ganz abgesehen von ihrer nationalen Herkunft. Heute sind die Entwicklungsmöglichkeiten besser, darum steht nun auch jakutische Kultur auf dem Lehrplan. Man muß doch seine Muttersprache sprechen können. Gerade in einem Staat mit vielen Nationalitäten.«

Innokenti Roschin ist aufgefallen, daß viele junge Leute heute nicht mehr das Russische als zweite Muttersprache betrachten, und daß viele lieber Englisch lernen, die Sprache der Computer und der Technik. Ihm wäre es lieber, wenn sie sich auch für das Russische, Französische und Deutsche interessierten und die Kultur vieler anderer Völker. »Unser Planet ist so klein. Es sind die Unterschiede der Kulturen, die das menschliche Leben reich und vielfältig machen. Andrej Sacharow, der Friedensnobelpreisträger, hat das dargestellt. Daß man Ausgeglichenheit und Harmonie in den nationalen Beziehungen braucht, war ein wichtiger philosophischer Gedanke von Sacharow, der mir überhaupt sehr gefiel und imponierte. Sein früher Tod hat mir weh getan.«

Der Jakute Roschin steht da mit seinen Vorstellungen in der Tradition russischer Lehrer des vorigen Jahrhunderts, die nicht verdrängt werden konnte – er würde sagen, in der Tradition ernsthafter, ehrlicher Lehrer überhaupt. »Vieles ändert sich, das muß so sein. Wir beide werden uns nicht mehr entwickeln«, sagt er zu mir. »Wir sind ja gleich alt, und wir halten uns aufrecht. Sie arbeiten, ich arbeite, das ist das beste dabei.« Noch zwei oder drei Jahre wird er Schuldirektor bleiben, das ist der Plan des Ministeriums, dann wird er sich etwas anderes suchen, weil er zur Rente dazuverdienen muß. »Ich befasse mich nicht mit Business und Kommerz, dafür ist es für mich schon zu spät. Aber da ist eben auch die materielle Seite. Meine Kinder verdienen wenig, und ich habe viele Enkel, denen ich helfen möchte.«

Dann gehen wir an der Leninstraße in ein neues Restaurant, das »Antalja« heißt, nach dem türkischen Urlaubsort, der heute in Rußland so beliebt ist wie in Deutschland. Es ist das einzige, das zu dieser Stunde geöffnet hat, und obwohl es uns viel zu fein ist, trinken wir da einige Gläschen auf unsere Erinnerungen.

An der Universität von Jakutsk sitzen in diesen Sommertagen überall junge Leute auf den Stufen der Fakultätsgebäude und büffeln. Die Aufnahmeprüfungen haben begonnen. Die Universität hat 9000 Studenten, und aus den Schulen der Städte und Dörfer sind 6000 Abiturienten gekommen, die sich um 1500 Studienplätze bewerben. Es ist gar nicht leicht, mit ihnen ins Gespräch zu kommen: Viele arbeiten konzentriert ihre Lehrbücher durch; andere, besonders Mädchen, die aus den Dörfern kommen, sprechen wenig Russisch und brechen in Kichern aus, wenn ich mit dem Mikrophon auf sie zugehe. In der Fakultät für jakutische Philologie und Kultur kann ich mich nur mit Mühe durch die Wartenden vor den Prüfungsräumen drängen. Um jeden Studienplatz bewerben sich hier acht Kandidatinnen und Kandidaten, die Lehrer werden wollen. »Dies ist ein wichtiges Studium für uns. Wir sind doch Jakuten, wir müssen unsere eigene Sprache kennen, und außerdem macht es Spaß«, sagt ein Mädchen. Vielleicht will sie Lehrerin werden, aber sie denkt auch an einen Job bei der Zeitung oder beim Rundfunk. Heute muß sie die jakutische Sprachprüfung bestehen, dann noch zwei Examen über jakutische Kultur und die Geschichte der

Turksprachen, deren nördlichste Entwicklungsvariante das Jakutische ist.

Vor dem Gebäude warten Mütter und Tanten auf die Rückkehr der Prüflinge. Ältere Studentinnen und Studenten haben für Freunde schon hoffnungsvoll Blumensträuße mitgebracht. Zwei Mädchen und drei Jungen schwatzen locker zusammen. Sie stellen sich mir als Abiturienten vor, die froh sind, die Prüfungen schon bestanden zu haben. Sie wollen Psychologie studieren. Die beiden Mädchen sind auffallend hübsch und flott angezogen, weniger zurückhaltend als die drei Mitstudenten.

Ich frage, ob sie sich an die Jahre des Kommunismus erinnern. Sie schauen sich an und kichern verlegen. »Wir erinnern uns an die Perestroika«, sagt ein Mädchen, »an das, was vorher war, 1986 oder 1984, erinnere ich mich nur ein bißchen.« Kein Wunder, damals waren sie alle fünf oder sechs Jahre alt. »Ich glaube, damals waren die Preise niedriger«, meint ein Junge. »Einen Unterschied gab es natürlich doch«, sagt die zweite Studentin, »jetzt gibt es mehr Freiheit, die Freiheit der Rede zum Beispiel. Der Entwicklungsstand wird allmählich höher, langsam kommt die Zivilisation auch hier an.«

Ihre Freundin sagt: »Die Menschen sind anders geworden, die Jugend ist entspannter, lockerer und wird zielbewußter. Sogar die Stadt hat sich bedeutend verändert. Sie ist viel lebendiger.« Ein Mathematikstudent hat sich zu uns gestellt. »Früher konnte man Pfirsiche und Äpfel kistenweise kaufen. So kaufst du heute nicht mehr ein.« Da haben die anderen Zweifel, daß es wirklich mehr Waren gegeben habe, und der künftige Mathematiker räumt ein, daß es in den Geschäften viel weniger zu kaufen gab, aber, sagt er, dafür war immer genug zu essen da. Eine der Psychologiestudentinnen, die aus einem fernen Dorf kommt, glaubt einen anderen Unterschied zu kennen: »Damals waren die Leute irgendwie anders, netter und lebensfroher, auch hilfsbereiter. Heute ist die Zeit schwer, das hat die Menschen verändert.« Aber daß der Kommunismus noch einmal zurückkehrt, kann sie sich nicht vorstellen.

Auch ein Sportstudent glaubt nicht an eine Wiederkehr der Sowjetunion. Aber für ganz ausgeschlossen hält er es nicht. »Vielleicht schafft Sjuganow das mit der Kommunistischen Partei. Aber ob es was bringt? Eine Revolution ist nicht besonders gut. Wir leben normal, nur schlecht, daß die Gehälter nicht zur rechten Zeit bezahlt werden.«

Eine schwerfällige Abiturientin vom Dorf, die nicht gut Russisch kann, erzählt vom Landleben, von den Kühen und der Heuernte. Mir scheint, sie hat schon ein wenig Heimweh. »In der Landwirtschaft ist das Leben besser als in der Stadt. Das war früher wohl auch so. Soviel ich weiß, ging es den Menschen in der Stadt nicht besonders gut; es gab wenig zu kaufen, die Lebensmittel nur auf Karte. Jetzt kann man freier leben, eigentlich auch besser. Ich will den Kommunismus nicht noch mal haben.« Zwei Sportstudenten fällt zu meiner Frage gar nichts ein. Wahrscheinlich gibt es Unterschiede zu damals, aber sie können sich nicht erinnern. Für alle liegt die Sowjetzeit weit zurück. Das ist die Geschichte der Erwachsenen, eine Welt, die es nicht mehr gibt. Was sie darüber wissen, haben sie von Eltern und Verwandten gehört, aber es scheint, als hätten sie nicht viel nachgefragt.

Die Stadt Jakutsk hat sich wirklich verändert. Nicht nur im Vergleich zu meinem ersten Besuch vor vierzig Jahren, als die Hauptstraße ungepflastert war und es nur wenige zweistöckige Häuser aus Stein gab. Jakutsk ist auch wirklich bunter und lebendiger als 1992, da haben die Studenten recht. Nicht nur daß es Straßencafés gibt, private Restaurants, Verkaufsstände mit Obst. Auf der Leninstraße haben drei junge Männer einen Hamburger-Stand aufgebaut, da zeigen auch die ersten Inline-Skater bewundernden Passanten ihre neuen Künste.

Es wird viel gebaut. Das wundert mich nach allem, was ich über die Wirtschaftslage gehört habe. Banken renovieren ehemals staatliche Verwaltungsgebäude. Ein neues Stadttheater entsteht, ein modernistischer Kunstpalast aus Beton. Das neue Hauptgebäude der Universität aus Stahlbeton und Glas bauen jugoslawische Ingenieure. Türkische Firmen haben das Stadion erweitert und eine Sporthalle hingestellt. Den neuen Krankenhauskomplex errichtet eine Firma aus Österreich. Das Haus des Parlaments ist neu, das haben einheimische Firmen gebaut, wie auch das große Verwaltungsgebäude der Pensionskasse. Hinter den Springbrunnen am Leninplatz, wo an diesen heißen Tagen – 30 Grad – junge Frauen ihre Kinder und Hunde baden lassen, wird der Palast der Jungen Pioniere zu einem modernen Kongreßzentrum umgestaltet. Das macht eine Schweizer Firma, deren Bauleiter ein Albaner ist.

Das Hotel, in dem wir wohnen, ist neu und auch nach westlichen Maßstäben modern. Es gehört der jakutischen Republik, aber Schweizer haben es gebaut und das Personal geschult. Es ist bestimmt das beste Hotel zwischen Moskau und dem Pazifischen Ozean. Nur eine Enttäuschung erwartet uns, als wir einziehen: Ein Schild an der Rezeption teilt uns mit, daß es kein warmes Wasser gibt. Im Heizkraftwerk wird gestreikt, Protest dagegen, daß die Löhne seit acht Monaten ausstehen. Da zeigt sich ein Widerspruch, den ich mir gerne erklären lassen würde.

Ein Fernsehkollege bringt mich zum ersten Supermarkt, der am Stadtrand gebaut wird, flach und blau aus Stahl und Glas, große Parkplätze und ein Kinderspielplatz davor. Der Mann im karierten Hemd, der uns entgegenkommt, ist mir irgendwie bekannt. Natürlich, den habe ich einmal im hohen Norden in Batagai getroffen, damals war er Parteisekretär des Bezirks, später Direktor der staatlichen Goldwaschanlagen. Ich bedanke mich, daß er in Batagai das schöne Haus hinterließ, in dem wir gerade übernachtet hatten. Nikolai Okoneschnikow sei einer der ersten »Neuen Jakuten«, hatte mir mein Fernsehkollege gesagt, einer von denen, die reich zu werden beginnen. Er ist ein dynamischer Mann voller Enthusiasmus. Er schwärmt geradezu von seinem Supermarkt, den er im Herbst eröffnen will. Auf die Idee ist er in Deutschland gekommen, erzählt er mir. Da war er 1990 mit einer sowjetischen Delegation. »Damals sah es bei uns in Rußland sehr schlecht aus mit Lebensmitteln und Waren. In Hannover hat man uns gezeigt, wie ein Supermarkt funktioniert. Ich war einfach verblüfft, überwältigt von dem Angebot, und das ganze System hat mir sofort gut gefallen. Da hat sich in meinem Herzen der Traum festgesetzt, auch mal so einen Supermarkt zu errichten. Und nun habe ich ihn gebaut.«

Umgerechnet zwölf Millionen Dollar wird ihn das Projekt kosten. Das meiste Geld kam von den Banken. Es war schon eine Kunst, die Kredite zu kriegen, sagt er. »Da muß man zäh und stur sein und keinen Moment weich werden.« Ehe er mit dem Supermarkt anfing, hatte er seine postsowjetische Karriere mit Gold begonnen, da kannte er sich ja aus. Zuerst eröffnete er eine Schmuckfabrik, dann ein Juweliergeschäft an der Hauptstraße. Und daneben hat seine Firma eine Boutique, ein Lebensmittelgeschäft und ein Restaurant.

Dahin fahren wir mit seinem Geländewagen. Er sitzt am Steuer, Leibwächter hat er nicht dabei. Ich frage ihn, ob es heute nicht gefährlich sei, reich zu werden. Er weiß, was ich meine, aber die Mafia ist nicht sein Problem. Die Schwierigkeiten sind ziemlich gewöhnlicher Art. Er klagt über Behörden und ihre undurchsichtigen Vorschriften, über unberechenbare, rückwirkend veränderte Steuersätze, über Politiker, die Freundschaftsdienste erwarten. Anderthalb Millionen Dollar an Steuern habe er 1995 gezahlt, 1996 waren es zwei Millionen, und das Finanzamt weigere sich, Unkosten anzuerkennen und abzusetzen, sagt Okoneschnikow. »Es gibt keine richtige Wirtschaftspolitik. Es wird nur künstlich Druck auf die Geschäftsleute ausgeübt. Viele neue Unternehmen kommen nicht voran: Stillstand. Viele glauben nicht mehr an die Marktwirtschaft. Die Geschäftsleute versuchen, sich um die Steuern zu drücken, einfach weil die Steuern sie erdrücken würden.«

Das seien Knüppel zwischen die Beine von Leuten,

die unternehmerisch handeln wollen, und die eigentlichen Bremsen der Entwicklung. Ich hielt ihn für einen Mann, der mit solchen Problemen umzugehen versteht, aber mich wunderte doch, wie verbittert er war. Seine Schmuckfabrik hat er erst einmal stillgelegt. Es scheint, als sei hier wie in der ganzen ehemaligen Sowjetunion alles, was mit Produktion zu tun hat, am schwierigsten zu organisieren, während der Handel einträglich ist. Aber aufgeben wird Okoneschnikow nicht. »Das ist wahrscheinlich eine typische Übergangszeit, wie es sie in jedem Staat bei so großen Veränderungen geben kann.«

Über die Läden und das Restaurant an der Hauptstraße hat er lange mit dem Bürgermeister verhandelt. Die Räume waren als Geschäfte gebaut worden, aber sie hatten jahrelang leergestanden, weil es nichts zu verkaufen gab. Okoneschnikow hat sie selber renovieren lassen, aber erwerben konnte er sie nicht. So hängt er von Verträgen mit unklarer Laufzeit und dem guten Willen der Politiker ab. In der Boutique werden erstklassige Waren verkauft: Kostüme aus Frankreich, Bally-Schuhe und Kindermoden aus der Schweiz. »Die Kinderkleidung verkauft sich am besten«, sagt Okoneschnikow. »Alle wollen die Kinder verwöhnen.«

Da staunt man, wenn man die Preise sieht, und fragt sich, woher die Käufer kommen, die hier Millionen Rubel, einige tausend Mark, ausgeben können. Aber die Boutique ist voller Menschen. Die meisten Frauen allerdings tragen noch die bunten chinesischen Billig-Importe, die das Land nach dem Zusammenbruch der Sowjetunion überschwemmten. Freundinnen kommen gemeinsam, um zu gucken, nicht um zu kaufen. Allmählich entstehe eine neue Schicht von Käuferinnen, sagt die Chefin der Boutique. »Frauen mit Geschmack und Qualitätsgefühl. Sehr viele sind es noch nicht, aber es lohnt schon, Waren für sie aus Paris zu bestellen.«

Die elegante blonde Frau ist mit Nikolai Okoneschnikow verheiratet. Als er sie einmal mit nach Paris nahm, hat sie ihre ersten Kontakte zu französischen Modehäusern geknüpft. Das Café »Margarita« hat sie selber entworfen, mit modernen Tischen und Sesseln, einer italienischen Espresso-Maschine und einer Bar. Das Restaurant hat sich auf Salate und leichte Speisen spezialisiert, wie sie jetzt Mode werden, und gilt als eines der besten der Stadt. Nachmittags zwischen fünf und sechs sitzen da Geschäftsfrauen aus der Nachbarschaft, klatschen und diskutieren über das »Business«. Das sind Leute mit einer neuen Karriere, genauso wie Marina Okoneschnikowa. Sie erzählt gern und offen über ihr früheres Leben. Auch sie arbeitete in Batagai, wo sie ihren Mann kennengelernt hat. Damals war sie Organisatorin im Jungkommunistenverband des Bezirks Werchojansk. Das war eine interessante Zeit, meint sie. Da hat sie viel auf die Beine gestellt: Theateraufführungen, Fortbildungskurse, sportliche Wettkämpfe, sogar einmal die erste Fahrradrallye von Werchojansk nach Jakutsk, tausend Kilometer über die gefrorene Winterstraße. Selbst das Moskauer Fernsehen hat damals darüber berichtet. Nun sitzt sie im eigenen Restaurant, ißt einen Krebsschwanz-Salat, trinkt ihren Champagner-Cocktail und ist zufrieden, daß sie sich auch in der neuen Gesellschaft durchgesetzt hat.

Draußen auf der Hauptstraße heulen die Sirenen von Streifenwagen. Schwere Laster fahren auf, eine halbe Kompanie Soldaten nimmt Aufstellung. Sie legen Planken von der Straße in die Fenster eines gelben vierstökkigen Hauses und klettern hinein. Dann kommen die ersten zurück, die Arme voller Bücher. Einige Zivilisten begutachten die breiten Risse und Spalten, die sich vom Erdgeschoß bis zum Dach des Hauses ziehen. Die Stadtbibliothek droht zusammenzubrechen; die Mitarbeiter sind schon evakuiert. Der stellvertretende Bürgermeister taxiert die Schäden. »Das ewige Eis, unser ewiges Problem«, sagt er zu mir und fügt abgeklärt hinzu: »Immerhin ist das Haus einundvierzig Jahre alt geworden.« In der Stadt habe ich eine Reihe Häuser gesehen, die windschief oder schon eingestürzt waren. Die Gebäude stehen auf ewig gefrorenem Boden, dem Permafrost, und wenn der sich unter ihnen erwärmt, sacken die Fundamente ab. Deswegen hat man früher kaum steinerne Häuser gebaut. Die großen Neubauten der letzten zwei Jahrzehnte stehen auf Betonpfeilern, die acht Meter tief in den Boden gerammt sind, einen Meter hoch über der Erde wie auf Stelzen.

Ganz Jakutien liegt in der Zone des Permafrosts. Im Norden taut die Erde im Sommer nur bis in eine Tiefe von fünf oder zehn Zentimeter auf, im Süden können es zwei Meter sein. Der Boden ist stellenweise bis zu 500 Metern tief gefroren. In Jakutsk reicht die Frostschicht 350 Meter tief in die Erde. Das sind Verhältnisse, die zusammen mit den im Winter extrem niedrigen und im Sommer extrem hohen Temperaturen für jedes Bauprojekt ein enormes Problem darstellen. Wenn im

Sommer der Schnee und die oberen Bodenschichten auftauen, kann das Wasser nicht abfließen. Straßendekken beginnen zu schwimmen und zu zerbrechen. Eisenbahnschwellen verlieren den Halt, Häuser sinken ein. Erst seit den fünfziger Jahren wurden die Grundbedingungen solchen Bauens erforscht und neue Techniken entwickelt.

Die wissenschaftlichen Grundlagen dafür erarbeitete das Permafrost-Institut der Akademie der Wissenschaften. Vor seinen Gebäuden am Rande der Stadt steht die lebensgroße Skulptur eines Mammuts. Im ewigen Eis Jakutiens hat man immer wieder gefrorene Körper der sechs Tonnen schweren Verwandten der Elefanten gefunden. Im Keller des Instituts liegt, durch eine Glashaube geschützt, ein Mammutkälbchen in einer natürlichen Tiefkühltruhe zwei Meter unter der Straße. »Ein ganz, ganz kleines Tier«, sagt der Professor, der es uns zeigt, »tragisch ums Leben gekommen, eingebrochen und verschüttet – vor 39 000 Jahren. Wir haben es Dima getauft.«

Gleich hinter der Eingangstür des Instituts führen zehn vereiste Treppenstufen an schweren Doppeltüren vorbei in einen Stollen: das Permafrost-Laboratorium. Eben noch schwitzten wir bei 30 Grad Hitze, unten im Stollen aber herrschen das ganze Jahr minus vier Grad. Das Gewölbe, in dem wir stehen, hat glitzernde Wände: Es besteht aus gefrorenen Sandkörnern. »Vom Standpunkt des Ingenieurs ist das hochinteressant«, sagt Viktor Schepeljow, der stellvertretende Leiter des Permafrost-Laboratoriums. »Es gibt keine Träger und keine Bögen. Wenn der Sand nicht gefroren wäre, könnten Sie ihn mit der Hand verstreuen. Aber Gewölbe aus gefrorenem Sand sind stabil. Das ist die positive Seite des Permafrosts, etwa wenn Sie einen Schacht zu einem Kohlelager bauen wollen.« Aber der Sand ist empfindlich, sagt der Professor. Wenn er mit Salz oder organischen Stoffen in Berührung kommt, dann taut er auch bei zehn Grad unter Null auf, und die Stollen stürzen ein. Selbst Stahlbeton wird dann durch die Bewegungen zerstört, Wasser- und Kanalisationsleitungen zerbrechen.

Überhaupt ist das Ökosystem des arktischen Nordens empfindlich und immer gefährdet. In der Tundra kann ein einziger Traktor mit seinen Spuren die dünne Schicht der Flechten zerstören, dann taut die Sonne den dunklen Boden auf, und langsam entsteht ein Sumpf, weil das Wasser nicht abläuft, sondern über der vereisten Schicht stehenbleibt.

»Alles, was im Norden unternommen wird, muß man mit größter Vorsicht planen«, sagt Viktor Schepeljow. »Aber das ist nicht immer geschehen, weil man das Land schnell ausbeuten wollte. Wir haben gewarnt, aber allzuoft ohne Erfolg. Es müssen so viele Zusammenhänge, Möglichkeiten und potentielle Katastrophen erforscht werden. Früher ging es nur darum, schnell an Bodenschätze zu kommen. Jetzt fehlt das Geld für unsere Forschungsprojekte. Seit der Perestroika ist das schon so. Viele von den 300 Mitarbeitern des Instituts sind fortgegangen, manche in die Privatindustrie, und das waren nicht immer die schlechtesten. Wer weiß, wann Forschung wieder im großen Stil finanziert wird«, sagt der Wissenschaftler. »Wahrscheinlich erst, wenn hier dreißig Prozent der Bauten zusammengefallen sind.

Nach dem heutigen technischen Stand halten die Häuser nicht länger als vierzig Jahre.«

Das jakutische Parlament sitzt in einem drei Jahre alten Backsteinbau. 35 Abgeordnete der zweiten Kammer vertreten die regionalen Verwaltungsbezirke, die Ulus, und kommen nur in den Sitzungsperioden in die Hauptstadt. In der ersten Kammer arbeiten 21 Abgeordnete das ganze Jahr über an den Gesetzen der jungen Republik, die von der zweiten Kammer in Kraft gesetzt werden müssen. In einem Konferenzzimmer diskutieren vier Politiker, drei Männer und eine Frau. Als Parlamentarier haben sie demokratisches Neuland betreten. Doch in der Politik haben sie längst Erfahrungen. Die Abgeordnete hat eine Bezirksverwaltung geleitet und im Nationalitätensowjet der alten Union gesessen. Zwei der Männer waren Oberstleutnants im Dienste des sowjetischen Innenministeriums. Makar Makarowitsch Jakowlew, der Vorsitzende des Komitees für Gesetzgebung und Außenbeziehungen, ist Jurist, ein früherer Staatsanwalt.

Sie sitzen immer noch vor einer Leninbüste und vor anderen Symbolen der alten Zeit, aber nun vertreten sie die Interessen ihrer Republik, die nicht immer die der Regierung in Moskau sind. Ihr Parlamentskomitee hat viel damit zu tun, die Bestimmungen der Verfassung, die sich die Republik Sacha-Jakutien 1990 gab, mit der erst zwei Jahre später entstandenen Verfassung der Russischen Föderation abzustimmen. Inzwischen haben sich auch andere Teile Rußlands Verfassungen gegeben und zu selbständigen Subjekten der Föderation erklärt.

»Da kann ein ziemliches Durcheinander entstehen«,

sagt einer der Abgeordneten. »Ohne einen einheitlichen Rechtsraum wird es kein Rußland geben. Aber spezifische Lösungen müssen möglich sein. Da wollen wir unsere eigenen Vorschläge einbringen.« Als der Oberste Sowjet von Sacha-Jakutien die Souveränität ausrief, erklärte einer der Artikel dieser Deklaration die Bodenschätze, Tier- und Pflanzenwelt, Natur, den Luftraum, die Gewässer und den Boden zum Eigentum der Republik. Das paßt nicht zu den Ansprüchen, die die Bundesverfassung für Rußland erhebt.

»Der wichtigste Gegensatz besteht bei den Regelungen über das Eigentum an Ressourcen. Unser Standpunkt ist: Die Bodenschätze unserer Republik gehören uns. Rußland hält dagegen, daß sie sein Eigentum seien. Der Südwesten Jakutiens ist zudem reich an Holz. Auch da sagt Rußland: Es ist unser Eigentum, wir wollen unseren Anteil haben.«

Vor allem geht es um die Diamanten, die auf den Feldern im Nordwesten Jakutiens gefunden werden. »Wir sagen nicht, daß uns alle Diamanten gehören. Wir sind einverstanden, daß die Einnahmen aus der Diamantenförderung auch anderen Gebieten der Föderation zugute kommen. Aber wir wollen einen bestimmten Teil für uns haben. Schließlich werden 99 Prozent aller Diamanten Rußlands in unserer Republik gefunden.« So wollen die Abgeordneten in die russische Verfassung eingefügt sehen, daß diese Bodenschätze Rußland und ihrer Republik gemeinsam gehören. Aber Regierung und Duma in Moskau stellen sich quer und weigern sich, Rechtsansprüche Jakutiens oder anderer Republiken und Regionen in der Verfassung festzuschreiben.

Streit darüber gibt es schon lange. An dem Konzern, der die Diamantenminen betreibt, ist neben Rußland nun auch Jakutien beteiligt. Aber darum, wem welcher Anteil der Ausbeute gehört, wieviel der südafrikanische Diamantenkönig De Beers als Monopolist des Weltmarkts in Rußland aufkaufen darf und wie die jakutische Regierung ihren Anteil verwertet, wird hart gekämpft. 1992 sagte ein jakutischer Kollege in seiner Aufbruchsstimmung zu mir, die Republik Sacha sei so reich an Diamanten, daß die Jakuten in einigen Jahren so gut leben könnten wie die Leute in den Ölscheichtümern. Das steht wohl nicht bevor. Doch für die Republik geht es um Lebensfragen: 40 Prozent ihres Haushalts werden von den Zahlungen der Diamantenminen gedeckt. Die Diamanten aber werden roh und ungeschliffen abgeliefert, unverarbeitet wie die meisten Rohstoffe Jakutiens. Ein Teil wird in Rußland bearbeitet, 80 Prozent gehen in den Export zu den Diamantenschleifern in Antwerpen oder Israel.

Nun ist auch in Jakutsk eine eigene kleine Schleiferei eröffnet worden. Maschinen wurden aus Antwerpen importiert, Facharbeiter aus anderen Teilen der früheren Sowjetunion bilden junge Jakuten aus. Die Eigentumsverhältnisse des Betriebs sind ungewöhnlich: Ein Drittel der Anteile hält die Regierung von Jakutien, fünfzehn Prozent der russisch-jakutische Staatskonzern, der die Diamantengruben betreibt, ein kleiner Teil ist im Besitz von Einzelaktionären. Den größten Block hält das staatliche Komitee für Arbeit und Gesundheit, das die Renten verwaltet.

Das drei Jahre alte Unternehmen verarbeitet nur einen Bruchteil der Rohdiamanten Jakutiens. Es ist in seiner Konstruktion ein Experiment. Aber es scheint mir ein Beispiel dafür, wie das System funktioniert, und macht mir etwas verständlicher, warum die Regierung in diesem Teil Rußlands die Renten pünktlich auszahlen, weshalb sie Sportstadien, Theater, Regierungs- und Flughafengebäude, ein Luxushotel und das große neue Krankenhaus bauen lassen kann.

Das Krankenhaus ist ein imponierender Bau. Eine österreichische Firma hat es schlüsselfertig mit moderner Ausstattung an die Regierung übergeben und die Fortbildung des Personals durch Mediziner aus Österreich und Deutschland organisiert. Zwei weitere große Komplexe sind noch nicht bezogen. Jetzt hat das Krankenhaus 300 Ärztinnen und Ärzte und 500 weitere Angestellte. Gegenwärtig können sie 210 Betten belegen, die meisten Patienten betreut die Poliklinik. Weil viele Kranke von weither kommen, gibt es ein »Pensionat«, in dem die ambulanten Patienten übernachten. Behandlung und Aufenthalt sind für alle kostenlos. Viele haben in ihren Dörfern lange auf medizinische Behandlung gewartet, ehe sie mit dem Flugzeug oder dem Flußschiff weite Reisen zurücklegten. Dann hat man ihnen in der Empfangshalle des Krankenhauses weiße Überschuhe angezogen und sie in die ungewohnte Welt der modernen Medizintechnik und Hygiene eintreten lassen.

Es beeindruckt diese Leute sehr, daß die Regierung so viel für ihre Gesundheit tut. Eine alte Frau lobt die Sauberkeit der Bettwäsche, die freundlichen Krankenschwestern und die Ärzte, die ihre Gallensteine so schmerzlos entfernt haben. Sie nimmt eine durchsichtige Dose vom Nachttisch und hält sie mir entgegen – ihre Gallensteine. »Das sind unsere Diamanten!« sagt sie lachend.

Doch nicht alle Ärzte in Jakutien sind von diesem Projekt begeistert. Daß in Jakutsk eines der modernsten Krankenhäuser Rußlands, sicher das beste jenseits des Ural entstanden ist, beurteilen sie vor dem Hintergrund ihrer Erfahrungen mit der Gesundheitsversorgung in den weiten ländlichen Regionen. Die ist in den letzten Jahren eher schlechter geworden, und das, obwohl kleine Krankenhäuser und Gesundheitsstützpunkte auch früher schon in schlechtem Zustand waren – Holzhäuser mit unzureichender Ausrüstung und Plumpsklos. Die Notfallversorgung ist schlechter geworden, dazu fehlt es heute an Geld für Medikamente. Ärzte und Krankenschwestern, deren Gehälter ausblieben, haben sich andere Arbeit gesucht. Bei der neuen Führungselite aber schlägt die Begeisterung für eindrucksvolle Großprojekte durch, wie in der alten Sowjetunion – nur mit modernerer, oft importierter Technik. »Das ist in Jakutien wie in jedem Entwicklungsland«, meint ein Kinderarzt, der lange auf sein Gehalt wartet und Zweifel hat, daß die Regierung in Zukunft Unterhalt und Reparaturen des Klinikums bezahlen kann.

In der Hotelhalle fällt mir eine Ausgabe der Wochenzeitung *Nasche Wremja* (*Unsere Zeit*) in die Hand, ein Hauptstadtblatt in russischer Sprache, und ich entdecke auf Seite fünf das Foto eines Mannes, den ich aus Deutschland, Moskau und von der Halbinsel Sachalin kenne. »Ein Held unserer Zeit« steht am Kopf der Seite und darunter noch dicker die Schlagzeile: Professor,

Politiker, Poet. Etwas von alledem ist Walentin Fjodorow tatsächlich. Und nun erfahre ich, daß Präsident und Parlament ihn am 14. Januar 1997 zum Vorsitzenden der Regierung der Republik Sacha-Jakutien gemacht haben. Das Foto zeigt ihn vor vielen Mikrophonen bei einer Pressekonferenz, anscheinend im Parlament, und er lächelt ein wenig melancholisch, distanzierter, als ich ihn in Erinnerung habe. Was ich aus dem Lebenslauf, wie ihn die Zeitung abdruckt, zum erstenmal erfahre, ist sein Geburtsort Zhataja in Jakutien. Also ist er in seine Heimat zurückgekehrt, nachdem er in Moskau, Bonn und im feinsten Osten Rußlands, auf Sachalin, tätig war.

Als Vertreter der Sowjetischen Akademie der Wissenschaften war Walentin Fjodorow sechs Jahre lang in Bonn stationiert gewesen und hatte ausführliche Berichte über das deutsche Wirtschaftssystem an seine Kollegen in der Sowjetunion gesandt. Im Institut für die Wirtschaft der Sozialistischen Staaten, dessen Prorektor er später wurde, nahm man sich die Freiheit, über eine Reform der eigenen Wirtschaft nachzudenken. In seinem Buch *Die BRD – Land und Leute* hatte Fjodorow wenig später ausführlich über die Wirtschaftsentwicklung in Westdeutschland seit dem Zweiten Weltkrieg und Ludwig Erhards Theorie und Praxis der sozialen Marktwirtschaft geschrieben. Auf solchen Überlegungen und der besonderen Lage in der Sowjetunion baute dann sein Konzept der wirtschaftlichen Reorganisation auf, das er »Fünfhundert Wochen« nannte und das sich entschieden von Gorbatschows Reformprogramm der Fünfhundert Tage und Jelzins schneller Privatisierungspolitik absetzte.

Daß er die Wirtschaftspolitik Jelzins und der jungen Reformer in einer kleinen Schrift als übereilt, undurchdacht und zerstörerisch kritisiert hatte, machte ihm weder bei der Regierung noch bei der kommunistischen Opposition Freunde. Ihm selber war es allerdings auch nicht gelungen, auf der Halbinsel Sachalin als Verwaltungschef des Regierungsbezirks die Wirtschaft umzubauen und in Gang zu setzen. Berühmt geworden war er dort eher, weil er sich als erster Regierungsbezirkschef seit der Zarenzeit als Gouverneur bezeichnen ließ, was ihm viele Kollegen schnell nachmachten, und weil er mit Moskau in Streit geriet, als Jelzin vor einer Japanreise bereit schien, über die Rückgabe der Kurileninseln zu verhandeln. Die gehörten zu seinem Regierungsbezirk, mit ihnen verteidigte er russisches Territorium, und von da an nannte er sich Fjodorow-Sachalinski.

Gouverneur von Sachalin blieb er nicht lange, aber er wurde in Moskau Vizepräsident des russischen Verbands der Industriellen und Unternehmer. Mitglied im Journalistenverband und im Schriftstellerverband war er schon, denn er hatte immer viel veröffentlicht – nicht nur wirtschaftswissenschaftliche und politische Texte, sondern auch Gedichte, Lieder und Dramen. Mir hatte er einmal eine Schallplatte geschenkt, die »Die Romanzen des Gouverneurs« hieß und auf der bekannte Künstler seine Lieder sangen, finanziert von dem größten Fischereikonzern auf Sachalin.

Natürlich wollte ich Walentin Fjodorow treffen und hören, was der 58jährige Allroundman als Ministerpräsident von Jakutien in Sibirien, weit von Moskau, erlebte und plante. Das Treffen war schnell vereinbart: Sonntag vormittag in seinem Büro im Haus der Regierung am Leninplatz. Die großen Glastüren sind verschlossen, erst nach einigem Klopfen schlurft ein Wächter heran. Er weiß von nichts, der Ministerpräsident ist nicht da, aber wir dürfen schon in der Halle neben dem Aufgang zum Chefbüro warten. Alles ist ganz informell, auch die Ankunft von Walentin Fjodorow, der mit seinem Auto vorfährt und auch an die Glastür klopft.

Wir gehen in sein großes Büro. Erst reden wir einmal über Deutschland, Moskau, Jelzin und seine Mitarbeiter und auch danach eher mehr über die großen Trends der Wirtschaftsentwicklung als über die Lage in Jakutien. Mir scheint, der große Enthusiasmus, mit dem Fjodorow nach Darstellung des Zeitungsreporters im Januar mit der Arbeit begann, ist inzwischen schon etwas gedämpft. Als ich nach den Diamanten frage und ihrer Bedeutung für das Budget von Jakutien, entfährt ihm der Satz: »Diese verdammten Diamanten.« Die Diamantengruben und der Konzern, der sie ausbeutet, bringen Jakutien Geld ein, und sie sind zugleich sein größtes Problem. Warum? Das würde ich in Mirny erleben. Auf der großen Karte zeigt er mir eine Region im Südwesten Jakutiens, wo man bedeutende Erdölvorkommen gefunden habe, nicht allzuweit von den Verkehrsverbindungen nach Westen entfernt. Von dieser Einnahmequelle erwartet er, scheint mir, mehr Einnahmen als von den Diamantengruben.

Der Ministerpräsident bereitet gerade eine Zweitagesreise nach Chandyga vor, da wird die Verwaltung mit ihren Wirtschaftsproblemen nicht fertig. Genauer gesagt: Da unterdrückt der Bezirkschef alle Eigeninitiative.

»Natürlich darf man die bestehenden Organisationsformen der Wirtschaft nicht zugunsten einer Chimäre der freien Marktwirtschaft einfach zerschlagen, dieser Fehler ist nun schon oft genug gemacht worden. Man muß aber den staatlichen und kommunalen Betrieben neue Privatunternehmen an die Seite stellen. Das ist gegen den Widerstand der Verwaltungen schwer durchzusetzen.« Ohne selbständige Geschäftsleute, kleine Unternehmer – von Mittelstand könne man da noch lange nicht sprechen – werde sich Jakutien auf die Dauer nicht entwickeln können und ohne neue Industrien kaum aus der Krise und Stagnation herauskommen.

So viel verstehe ich: Es sind mindestens sosehr die Probleme mit den Politikern in Moskau, in Jakutsk und in den Bezirksstädten wie mit der Wirtschaftslage, die nach Fjodorows Auffassung einer vernünftigen Entwicklung im Wege stehen. Ohne Hoffnung sieht er die Zukunft nicht. 1997, meint er, sei das schlimmste Jahr – schlimmer als 1996. »Bis Januar müssen wir durchstehen, dann wird es leichter werden. Die Produktion liegt danieder, aber sie kann nicht immer am Boden bleiben. In einem halben Jahr, Anfang 1998, wird sie sich ein bißchen nach oben bewegen. Das Wichtigste ist: Moskau hat jetzt verstanden, daß es aufhören muß, die Menschen zu quälen, und versprochen, bis Ende des Jahres den Lehrern, Medizinern, Angestellten, allen, die vom Staatsbudget abhängig sind, ihre Gehälter zu zahlen.«

Fjodorow hofft, daß das wahr wird, aber sicher ist er natürlich nicht, daß Moskau die großen Summen anweist, die es Jakutien schuldet. So bereitet er ein Ersatzprojekt vor: Die Regierung Jakutiens wird allen Staatsangestellten anbieten, ihre Gehälter ganz oder teilweise in Regierungsschuldscheinen zu zahlen. Mit diesen Schuldscheinen könnten sie Flugkarten, Mieten, Steuern und viele andere Dinge bezahlen. Auch private Geschäfte könnten das Ersatzgeld annehmen. Nach einem Jahr werde die jakutische Regierung die Schuldscheine zurückkaufen. Daß man niemanden zwingen kann, solche Papiere zu akzeptieren, ist Fjodorow klar. Aber er meint, so ein Notbehelf sei besser als gar kein Geld. Natürlich weiß er, daß es aus Moskau Druck geben wird, daß ihm die Privatisierer in Jelzins Stab, mit denen er sowieso Schwierigkeiten hat, den Vorwurf machen werden, Jakutien drucke verbotenerweise sein eigenes Geld. Sie werden Zahlungen an Jakutien stoppen, erwartet er, man wird verhandeln müssen, aber es ist immerhin den Versuch wert, den staatlichen Angestellten, die gar kein Gehalt bekommen, übergangsweise Bargeldersatz anzubieten.

Fjodorow stellt manche Überlegungen an, wie man die Lage auf informelle Weise, nicht immer mit dem Gesetzbuch unter dem Arm, verbessern kann. Im Süden Jakutiens, sagt er, fließe eine Menge Gold illegal nach Wladiwostok und Moskau ab. Es sei viel mehr Gold in Umlauf, als nur die Schmuckstücke, die wir als Zahlungsmittel in Aldan kennengelernt haben. Der Verkauf von unverarbeitetem Gold sei gesetzlich verboten, deswegen hätten es Schwarzhändler und Aufkäufer leicht, es den Einwohnern zu Spottpreisen abzunehmen. Das schade der Wirtschaft Jakutiens. Deshalb wolle er ungeachtet der russischen Gesetzgebung in Jakutien die

Regelung einführen, daß staatliche Kassen und Banken dieses Gold aufkaufen können, und zwar ohne daß die Besitzer nachweisen müssen, woher sie es haben.

Wahrscheinlich muß man sehr viele Ansatzpunkte suchen, weil es kein Generalrezept gibt für ein Land mit einem so unübersichtlichen Netzwerk von politischen, wirtschaftlichen und persönlichen Verbindungen und Interessen, ehe neue Strukturen tragfähig werden.

Fjodorow versteht, daß es für Deutsche fast unvorstellbar ist, wenn monatelang keine Gehälter bezahlt werden, und daß Arbeiter und Angestellte nur Abschlagszahlungen, Gutscheine und Waren bekommen. Das sei natürlich schlecht, aber unter den gegebenen Bedingungen doch eine Art Alternativlösung zur Überbrückung der größten Schwierigkeiten. Denn in Rußland gebe es immer noch kein System der sozialen Sicherheit und keine Sozialpläne, wenn Betriebe schließen müßten. Dafür sei einfach kein Geld da. Wenn die Betriebe und Verwaltungen gezwungen würden, sofort alle Gehälter und Löhne auszuzahlen, müßten sie sich für bankrott erklären und alles bräche zusammen. »Würde man die Betriebe zwingen, alle Gehälter auszuzahlen, gehen sie kaputt und die Menschen hätten gar nichts mehr«, meint Fjodorow. »Insofern haben die Zahlungsverzögerungen, die keiner bei Ihnen in Deutschland und kaum einer bei uns versteht, durchaus ihren Sinn. Aber so wie das heute gemacht wird, kann man es nicht durchziehen. Wenigstens für Ärzte, Lehrer, Krankenschwestern, Verwaltungsangestellte, die nicht in Waren bezahlt werden können und nichts zu tauschen haben, muß die Regierung Gelder finden. Moskau muß aufhören, diese Leute zu quälen.« Das ist ein Gedanke, der in Fjodorows Ausführungen häufig wiederkehrt.

Bei Gesprächen mit Kollegen in Jakutsk bekam ich den Eindruck, daß sie es nicht für opportun hielten, noch einmal über den Ministerpräsidenten unter der Schlagzeile »Ein Held unserer Zeit« zu berichten. Sie waren wohl auch von seinen Erfolgsaussichten nicht mehr recht überzeugt und erzählten von Spannungen mit dem Präsidenten der Republik, der, ähnlich wie der russische Präsident in Moskau, die wirkliche Macht in seinen Händen hält. So habe Präsident Michail Nikolajew eines Tages seinen Ministerpräsidenten aufgefordert, ein großes Gebäude für einen staatlichen Zirkus zu errichten. Fjodorow habe abgeraten: Solange man die Artisten nicht bezahlen könne, würde man besser kein Geld für einen teuren Zirkusbau ausgeben. Präsident Nikolajew habe daraufhin dem stellvertretenden Ministerpräsidenten den Auftrag gegeben, den Zirkus bauen zu lassen. Darüber war nichts in den Zeitungen zu lesen gewesen. Die Verleger in Jakutien wissen, daß die Macht beim Präsidenten und nicht beim Ministerpräsidenten liegt, und hüten sich, die wirtschaftliche Grundlage ihrer Zeitungen in Gefahr zu bringen.

Präsident Nikolajew hat bemerkenswerte Artikel über die Zukunft des hohen Nordens veröffentlicht, in denen sowohl Probleme der Umwelterhaltung wie des Schutzes überlebensfähiger sozialer Strukturen beschrieben werden. Ein Reformer, der der wirtschaftlichen und politischen Entwicklung Anstöße gebe, sei er nicht, meinten jakutische Kollegen. Dagegen spricht auch seine Biographie, der Lebenslauf eines geschickten Funktionärs in der alten Sowjetunion. Daß er Mitglied der kommunistischen Partei und ihres Apparats war, spielt dabei nur eine Nebenrolle. Das waren ja fast alle, die nach dem Zusammenbruch der Sowjetunion auf durchaus unterschiedliche Weise Karriere machten. Es ist eher die jahrzehntelange Einübung von Herrschafts- und Gehorsamsverhalten und das Mißtrauen gegen Entwicklungen außerhalb seiner Kontrolle, die bei einem Mann wie Nikolajew auch heute noch durchschlagen.

Als Sohn eines jakutischen Vaters und einer armen russischen Mutter geboren, hatte Nikolajew zuerst Veterinärmedizin studiert. Aber mit 22 Jahren schon arbeitete er 1961 im Apparat des Jungkommunistenverbandes, in dem er es zum ersten Sekretär für die Hauptstadt Jakutsk brachte. Dann wechselte er in den Parteiapparat und stieg als erster Sekretär von kleineren zu größeren Verwaltungsstädten auf, wurde 1979 stellvertretender Ministerpräsident, dann Landwirtschaftsminister, schließlich Chef der kommunistischen Partei in Jakutien. Als die Sowjetunion sich auflöste, war er Vorsitzender des Präsidiums des Obersten Sowjet der Jakutischen Republik, sozusagen ihr Präsident, und im Dezember 1991, zehn Tage vor dem Ende der Sowjetunion, wurde er in allgemeinen Wahlen tatsächlich zum Präsidenten der neuen Republik Sacha-Jakutien gewählt.

Fünf Monate später bekam Jakutien eine Verfassung, die ihrem Präsidenten großzügige Rechte einräumt und ihn bei Übergabe aller politischen Vollmachten praktisch von Verantwortung und Strafe freistellt. Einige der Paragraphen der Verfassung lesen sich, als seien sie vorweggenommene Begründungen für einen Austritt aus der Russischen Föderation. Ausdrücklich heißt es, Sacha-Jakutien habe freiwillig und auf begrenzte Zeit Teile seiner souveränen Rechte an die Russische Föderation abgetreten. Präsident kann nur werden, wer von Geburt Bürger der Republik ist oder mindestens 15 Jahre dort gelebt hat und die jakutische Sprache fließend beherrscht. Die natürlichen Ressourcen der Republik, Wasser, Wald, Bodenschätze, der Luftraum und die Uferzone des nördlichen Meeres, werden zum Eigentum des Volkes der Republik Sacha-Jakutien erklärt. Das Territorium der Republik hat frei zu bleiben von Forschungen für atomare, chemische und bakteriologische Waffen und der Lagerung atomarer Abfälle. Die Verfassung bezeichnet Jakutien als einen selbständigen Teilnehmer an internationalen und außenwirtschaftlichen Beziehungen mit dem Recht, internationalen Organisationen beizutreten.

Der stellvertretende Chefredakteur einer der kleineren Zeitungen, der mit seinen Ansichten nicht gern zitiert werden will und nicht daran denkt, sie zu drucken, machte sich seine Gedanken über die Zukunft. Er ist russischer Abstammung, vor einem Vierteljahrhundert aus dem Westen Rußlands nach Jakutien versetzt worden und findet, in dieser Verfassung sei schon alles für die volle Souveränität und den Austritt aus der Russischen Föderation vorbereitet. »Noch sind die jakutische und die russische Sprache gleichberechtigt, aber gefördert wird das Jakutische. Russen werden bei der Besetzung wichtiger Stellen übergangen, und die Spezialisten werden früher oder später in ihre Heimat zurückkehren müssen, auch wenn dies die Wirtschaftsentwicklung behindert«, sagt er. »Jakutien wird sich letztendlich nach Asien orientieren, die Verbindungen mit Japan, Korea und besonders mit China pflegen, die Erdgasleitungen werden nach China führen, nicht nach Rußland und dem Westen. So jedenfalls wird die Entwicklung in zehn oder zwanzig Jahren aussehen, wenn Moskau weiterhin wenig Interesse an Jakutien zeigt. Eines Tages, Anfang des nächsten Jahrhunderts, löst sich Jakutien dann aus dem russischen Verbund und macht sich zum eigenen Staat. Die privaten Geschäftsleute denken weniger nationalistisch-jakutisch. Aber es ist nicht viel in der Republik privatisiert worden, das meiste ist staatlich, und was staatlich ist, liegt heute in der Hand des Präsidenten und seiner Leute.«

Immer wieder hörte ich solche und ähnliche Überlegungen in privaten Gesprächen, aber in den Zeitungen und Zeitschriften fand ich nichts darüber. Sieben Jahre nach dem Zerfall der Sowjetunion gibt es auch in Jakutsk keine ernsthafte, öffentliche Diskussion über die politischen und wirtschaftlichen Strukturen der Zukunft. Vorläufig etabliert sich eine neue Verteilung von Macht und Einfluß auf der Basis eines urrussischen Beharrungsvermögens, das Reformen und tiefgreifende Veränderungen zurückhält.

AUF DER LENA, FREILICHTMUSEUM

Am Hafen von Jakutsk, einem breiten Nebenarm der Lena, stehen die meisten Kräne still. Früher gab es hier 340 Arbeiter, jetzt sind es noch 35. Der Frachtumschlag ist auf zehn Prozent gesunken. Nur ein Schiff lädt an diesem Tag eine Ladung Baumstämme ab. Zwei Privatunternehmer haben sie aus den großen Wäldern, 3000 Kilometer entfernt am Oberlauf, geholt. Früher brachten Versorgungsschiffe Güter aus den Häfen von Leningrad und Murmansk, aus dem Westen Rußlands, hierher.

»Jetzt gibt es andere, kommerzielle Strukturen«, sagt einer der Unternehmer, »die machen das schneller und billiger. Die bringen die Waren mit der Eisenbahn bis Njerungri und dann mit Lastwagen weiter. Sie beobachten die Nachfrage, und wenn es sich lohnt, schaffen sie auch Lebensmittel mit Flugzeugen heran. Das ist billiger als der Schiffstransport.« Die Bundesautostraße, die aus dem Süden kommt, müsse ausgebaut werden, und sie dürfe nicht auf der anderen, der Jakutsk gegenüberliegenden Seite der Lena enden. Statt der Fährtransporte sollte es eine Brücke geben, meinen sie, aber das habe die Hafenverwaltung immer eigennützig verhindert. Das klingt einleuchtend, aber dann blicke ich auf den Fluß, dessen anderes Ufer ich kaum erkennen kann: Über fünf Kilometer ist die Lena hier breit, mit sumpfigen Ufern auf gefrorenem Boden. So bald wird es die Brücke nicht geben.

Der Hafen Jakutsk, in dem die Schiffe sechs bis sieben Monate im Jahr festgefroren im Eis liegen, war immer ein schwieriger Standort, aber er hatte ein Monopol. Die Güter aus dem Westen Rußlands brachten Schiffe über die Eismeer-Route. Im späten Frühjahr stachen sie in Leningrad an der Ostsee oder in Murmansk in See. Wenn das Eis im Juli aufbrach, liefen sie in den Hafen von Tiksi ein, luden auf Flußschiffe um, warteten auf Rückfracht und folgten den Eisbrechern, die ihnen schon im frühen Herbst den Weg freimachen mußten, nach dem Westen zurück. Von Tiksi aus fuhren die Flußschiffe zwei bis drei Wochen durchs Lenadelta und den Fluß hinauf nach Jakutsk. Immer war die Zeit zum Umladen auf die kleineren Frachter, die die Güter über Nebenflüsse an ihre Zielorte brachten, kurz: Bald kam der nächste Frost. Deshalb wurden so viele Kräne an den großen Hafenanlagen gebraucht. In früheren Jahren mußten sie die Arbeit in wenigen Wochen bewältigen. In diesem Sommer haben sich die meisten noch gar nicht bewegt.

Nun sind hauptsächlich Tanker und Kohleschiffe auf der Lena unterwegs, selbst die riesigen, vierhundert Meter langen Flöße, die Holz aus Südsibirien zum Eismeerhafen bringen, sind selten geworden. Aber für die Grundversorgung mit Heizmaterial bleiben die Flußrouten lebenswichtig, und sie sind mit Raddampfern und Tragflügelbooten bedeutende Reisewege. Kapitän Georgi Pawlowitsch Gostjew befährt mit seinem Boot »Padrudni IV« vom ersten Tag der Schiffahrtssaison den

Mittellauf der Lena, um Bojen und Navigationszeichen zu kontrollieren. Im breiten Fluß verschieben sich ständig Sandbänke und Fahrrinnen, jedes Jahr müssen die Karten neu gezeichnet und gedruckt werden, und immer wieder muß Georgi Gostjew sie korrigieren. Er nimmt uns einen Tag und eine Nacht lang auf seine Reise mit.

Die Lena ist ein gewaltiger Fluß, 4400 Kilometer lang, der im Süden Sibiriens nahe dem Baikalsee entspringt und zum Eismeer fließt. 300 Nebenflüsse führen das Wasser heran, aus einem Einzugsgebiet von 2,5 Millionen Quadratkilometern, was – kaum vorstellbar – einem Viertel der gesamten Landfläche Europas entspricht. Der Gebirgsfluß erreicht nach 400 Kilometern breitere Täler zwischen den tiefen, unwegsamen Wäldern der Taiga, bis er Ust-Kut passiert, das Ende der Eisenbahnlinie aus Moskau. Von hier bis zum Meer können Passagier- und Frachtschiffe fahren. Bei Jakutsk fließt er als fünf Kilometer breiter Strom durch die Ebene.

Unser Boot fährt flußaufwärts immer wieder zwischen Sandbänken hindurch, von einem Ufer zum anderen wechselt das Fahrwasser. Manchmal sehen wir Menschen am Ufer, vielleicht ein-, zweimal in der Stunde. Da stehen dann Holzhütten oder Zelte, auch einmal ein Lastwagen oder Traktor: die Leute sind in diesen Wochen zur Heuernte aus ihren entfernten Dörfern gekommen. Einige Kilometer weiter ziehen sich Stromleitungen an riesigen Stahltürmen über den Fluß. Dann wechseln sanfte Hügel mit steilen Hängen, von denen der Sand in großen Brocken herabstürzt, wenn das Wasser des Flusses den gefrorenen Boden der Uferzonen aufgetaut hat. Am Ostufer taucht eine mächtige

Wanderdüne auf, abgestürzte Bäume liegen auf ihrem Hang, wo der scharfe Wind vom Fluß den Sand hinauftreibt. Hoch oben sieht man einen Saum von halbbegrabenen Wipfeln und Baumkronen, und dahinter – aus der Entfernung streichholzgroß – hohe Nadelbäume, die der Sand gerade zu begraben beginnt.

Nach einem halben Tag steht am Westufer eine Rauchsäule am Himmel: Das ist Pokrowsk, ein Industriestädtchen mit einer Zementfabrik. Holzhäuser mit Gärtchen liegen am Fluß, höher am Ufer die Plattenbausiedlung der Arbeiter und ganz oben, dramatisch und ausladend, das Gebäude, das einmal Sitz des Parteisekretärs dieses Bezirks war. Was es jetzt ist, weiß unser Kapitän auch nicht. Erst hieß es, es solle ein Krankenhaus werden, aber nun dient es wohl wieder Verwaltungszwecken. Pokrowsk ist die einzige Industrieansiedlung von hier bis Ust-Kut, 2000 Kilometer flußaufwärts. Deshalb kann man das Trinkwasser mit dem Eimer schöpfen, so sauber sind die gewaltigen Wassermassen – 15 000 Kubikmeter pro Sekunde fließen hier vorbei, sagt Gostjew, und ich staune, ohne mir unter der Zahl etwas vorstellen zu können.

Nur zwei Tanker und einen Schlepper, der einen flachen Kahn mit drei Lastwagen und einem Berg von Säcken zieht, haben wir auf der Fahrt eines halben Tages passiert. Dann liegt vor uns ein Frachter vor Anker. Kapitän Gostjew legt bei ihm an, damit wir mit der Besatzung reden können. Unser Boot kontrolliert nicht nur die Schiffahrtszeichen. Der Kapitän hat das Recht, Schiffe zu inspizieren, die Papiere einzusehen und, sagt er, auch zu kontrollieren, ob der Kollege nüchtern ist.

Aber diesmal ruft er nur ein paar erklärende Sätze zur Kommandobrücke hinauf. Wir werden freundlich empfangen, als ich von Deck zu Deck klettere. Der Frachter heißt »Njerungri«, wie die Bergwerksstadt, in der wir waren. Er ist vor Jahren in Rumänien gebaut worden, erzählt mir der Ingenieur Afonin, und hat einen weiten Weg hinter sich: von der Donau durchs Schwarze Meer, durch Mittelmeer, Atlantik, Nordsee und Eismeer in die Lenamündung. Wegen der kurzen eisfreien Zeit hat die Fahrt zwei Jahre gedauert. »Es ist ein gutes Schiff«, sagt der Ingenieur, »nicht nur für das Meer, besonders auch für diesen Fluß geeignet. Weil es eigene Ladekräne hat, kann es auch Orte anlaufen, die keine Hafenanlagen haben.« Aber nun liegt es schon seit acht Wochen im Fluß vor Anker und wartet auf Aufträge.

Normalerweise hat die »Njerungri« eine sechsköpfige Mannschaft. Gegenwärtig sind der Ingenieur und ein Funker an Bord – und der kleine Sohn des Ingenieurs, der beim Vater Ferien macht. Und da ist noch eine Köchin, die hat eine Freundin mit an Bord gebracht, damit die sich auch erholen kann. Der Frachter ist angenehm eingerichtet, mit Armsesseln im Aufenthaltsraum, einem holzgetäfelten Eßzimmer und einer großen Küche, wo die Köchin gerade Pfannkuchen mit Hackfleisch füllt. Sie ist gern auf dem Schiff.

»Hier haben wir immer das halbe Jahr gelebt, wenn der Fluß eisfrei war. Aber das war etwas anderes. Jetzt liegen wir mitten im Sommer zwei Monate fest, und Lohn bekommen wir auch nicht. Ab und zu schickt mir die Reederei Geld, mit dem ich hier in den Dörfern Gemüse und Kartoffeln kaufen kann, und dann schicken sie uns auch andere Nahrungsmittel. Davon leben wir.«

Der Funker arbeitet im fünften Jahr auf dem Frachter. Eigentlich habe sich nicht viel verändert, meint er. »Ein Schiff ist ein Schiff. Aber jetzt haben wir nicht immer Arbeit, und das wird nach einiger Zeit langweilig.« Bis Anfang Oktober bleibt er an Bord, auch wenn der Frachter hier weiter vor Anker liegt. Dann werden sie den Hafen von Jakutsk anlaufen, die »Njerungri« wird im Eis einfrieren, während der Funker zu seiner Frau nach Hause fährt. Und dann wird er sehen, ob es im nächsten Mai wieder losgeht. Er ist davon überzeugt. »Es gibt so viele Orte, die Massengüter brauchen, und die können sie nur über die Flüsse erhalten. Das weiß jeder, und jeder weiß auch, daß es im Winter in den kleinen Städten schwere Krisen geben kann, wenn die Schiffahrt nicht in den nächsten Wochen wieder in Gang kommt. Jetzt ist August, und die Schiffe mit Öl, Kohle und Grundnahrungsmitteln haben noch nicht alle Fracht aufgenommen.«

Früher ist die »Njerungri« die Lena hinab und über das Eismeer zu anderen Flüssen und Häfen gefahren. So lange Fahrten hat er schon seit zwei Jahren nicht mehr übernommen, sagt der Ingenieur, weil es da keine Fracht mehr gibt. Seitdem arbeitet das Schiff jeweils nach Auftragslage. Es ankert irgendwo im Fluß und wartet auf Anweisungen. »Erst kommt ein Funkspruch, dann kommen Kapitän und Mannschaft angereist, und dann fahren wir flußaufwärts oder -abwärts, wo es gerade Fracht gibt.«

Woran liegt es, daß es heute so wenig Arbeit für sein

Schiff gibt? »Früher brauchte die Industrie nicht zu rechnen«, meint der Ingenieur. »Da haben sie einfach drauflos produziert und es irgendwohin geliefert. Um die Kosten hat sich keiner gekümmert. Heute müssen alle ihr Geld sehr genau zählen, da geht es um die Wirtschaftlichkeit. Und vielleicht hängt es auch damit zusammen, daß jetzt weniger Bargeld da ist. Die Bevölkerung leidet darunter und wir auch. Vorläufig kriegen wir Geld fürs Essen. Dafür reicht es, wir leben.«

Irgendwie haben die Menschen hier ein anderes Verhältnis zum Geld, denke ich. Wenn sie ihre Gehälter und Löhne nicht bekommen, sprechen sie gelegentlich verärgert darüber, aber meistens mit bemerkenswertem Gleichmut. Da lebt man eben in einem System, in dem das Lebensnotwendige in Naturalien bezahlt wird, in dem man mit anderen tauscht oder für andere Arbeiten erledigt. Aus dem System des Geld-Leistung-Ware-Kreislaufs haben sie sich ausgeklinkt. Das macht manches schwierig, aber eine Katastrophe ist es nicht, sagen sie.

Sergej, der Steuermann unseres Patrouillenboots, erzählt, wie sie auf der letzten Fahrt zwei halbe Liter Wodka gegen zwanzig Kilo Kartoffeln getauscht haben. Wodka, Zucker, Fleischkonserven bekommt er im staatlichen Laden: Da hat man ihm einen Kredit eingeräumt, für den die Wasserschutzbehörde garantiert – als Abschlagszahlung auf sein Gehalt. Eigentlich verdient er 3,5 Millionen Rubel im Monat, ungefähr 1000 Mark, aber seit drei Monaten hat er keine Kopeke Bargeld gesehen. Seine Frau Ira arbeitet seit fünf Monaten ohne Lohn am Flughafen. Er spricht von den hohen Preisen und meint, die 200 Rubel im Monat, die er zu Sowjetzeiten verdiente, seien doppelt soviel wert gewesen wie das Gehalt, das er jetzt nicht bekommt. Dafür nimmt er seine Frau Ira jetzt öfter mal auf eine Fahrt mit. Ihre zwei Kinder sind in einem Sommerlager, erzählt er, das allein kostet 300 000 Rubel. Woher sie die nun wieder haben, begreife ich nicht.

Oben an Deck trocknen selbstgeangelte Fische an einer Wäscheleine. Im kleinen Glashaus und in Blumentöpfen reifen Tomaten und Gurken. Unser Kapitän Gostjew sieht eigentlich nicht wie ein Gartenfreund aus, eher wie ein begeisterter Macho, wenn er mit bloßem Oberkörper auf der Brücke hinter dem Ruder steht. Er hat uns Soja vorgestellt, die die Reise mitmacht. Wir dachten, es sei seine Frau, aber dann fällt uns auf, daß sie das Schiff überhaupt nicht kennt. Den Kapitän, so erzählt Soja uns schließlich, kennt sie auch noch nicht lange. Sie sieht gut und intelligent aus, etwas über vierzig Jahre dürfte sie alt sein. Sie erzählt, daß sie eine Tochter hat, die gerade zur Universität nach Moskau abgereist ist. Da hat sie ein Stipendium bekommen und studiert Ökologie. »Sie ist selbständig und klug, sie wird in Moskau schon zurechtkommen, und wenn das Stipendium nicht reicht, wird ihr die Großmutter zu helfen versuchen. Ich habe Sehnsucht nach ihr, aber ich werde sie nicht in Moskau besuchen können, das kostet heute zuviel.«

Auch wenn die Tochter sich schon als Schülerin für die Umweltprobleme Jakutiens interessiert hat, wird sie wohl nicht nach Sibirien zurückkehren, meint ihre Mutter. »Hier will sie nicht arbeiten, hier ist es einfach zu schwer. Sie wird im Westen bleiben, und irgendwann gehe ich auch weg, irgendwohin. Noch muß ich hier arbeiten, aber für immer bleibe ich nicht. Das Leben im Norden bringt keine Vorteile mehr. Früher war die Bezahlung besser als im Westen, jetzt leben wir schlechter. Mit der Zeit werden wir alle Richtung Westen ziehen, spätestens wenn wir unsere Rente bekommen. Die Rentner fahren schon jetzt fort, weil viele im Westen noch eine Wohnung behalten haben. Junge Leute, die Verwandte mit Wohnung haben, gehen auch. Es lohnt sich nicht mehr, im Norden zu leben.«

Soja ist Kartographin. Da gab es früher viel Arbeit, als Geologen immer neue Teile des weiten Landes erforschten. Jetzt ist im Kartographischen Institut und seiner Druckerei nicht mehr viel los. Da kam ihr die Einladung zu einer Schiffstour gerade recht. Wir teilen unsere Konserven und Kartoffeln, Würste und Fische. Soja und Ira arbeiten in der Kombüse. Es sei doch immer nützlich, Frauen an Bord zu haben, sagt Kapitän Gostjew.

Wir stehen auf der Brücke. Eben hat Gostjew mir einen Tanker gezeigt, der leer den Fluß hinabfährt. Nun taucht in der Ferne ein größerer Dampfer auf. »Das ist die ›Krasnojarsk‹«, sagt Georgi. »Mit dem Schiff bin ich 1968 hierhergekommen.« Georgi hatte es schon immer zur Schiffahrt gezogen. In seiner Heimatstadt war er jedoch durch die Aufnahmeprüfung der Binnenschifffahrtsschule gefallen. »Da haben meine Eltern gehört, daß es auf der Schule in Jakutsk noch freie Plätze gab und daß da strenge Disziplin herrschte. Das fanden sie gut für mich. Streng war es tatsächlich, schlimmer als beim Militär. Aber da mußte man durch. Das hat noch keinem geschadet.«

Gostjew war fünfzehn, als er mit zweiunddreißig anderen Jungen auf dem Raddampfer die Lena hinab nach Jakutsk fuhr. Damals war die »Krasnojarsk« noch fast neu und hatte die zwei Jahre lange Reise von einer Werft in Österreich bis an den Fluß in Sibirien erst fünf Jahre zuvor zurückgelegt. Nun ist dies das letzte Schiff der Raddampferflotte, das noch auf der Lena Dienst tut. Unser Boot geht längsseits, legt an, und als die Taue festgemacht sind, klettern wir an Bord.

Vier Tage und Nächte ist der alte Dampfer unterwegs: Von der letzten Bahnstation am Oberlauf der Lena bis nach Jakutsk sind es 2000 Kilometer. Der Rückweg flußaufwärts wird sieben Tage dauern. »Wir fahren Tag und Nacht, auch bei Nebel«, sagt der Schiffsoffizier auf der Brücke. »Jetzt ist das kein Problem, aber im Frühherbst wird es schwierig. Da rutschen hier die Schiffe auf dem Sand.«

Ungefähr 200 Passagiere hat die »Krasnojarsk« an Bord. Die erste und zweite Klasse sind voll ausgebucht, in der dritten und vierten Klasse gibt es noch einige freie Plätze, sagt der Offizier. »Je mehr Passagiere bezahlen, um so eher kriegen wir unser Gehalt.« Vorne sehe ich durch die Fenster in einen Salon mit Kronleuchtern und einem Piano, aber das sieht verstaubt und unbenutzt aus.

Auf den Decks vor den Kabinen haben die Passagiere ihre Wäsche aufgehängt, sie sitzen auf langen Bänken und spielen auf dem Achterdeck Karten. Die meisten haben Verwandte und Freunde besucht oder sind zu ihnen unterwegs. Eine junge Frau kommt aus Olekminsk und macht die 650 Kilometer lange Schiffsreise, um im neuen Krankenhaus von Jakutsk ihr Kind auf die Welt zu bringen.

Ein alter Mann, der seinen Sohn in Jakutsk besuchen will, hat noch einen längeren Weg zurückgelegt. Acht Tage ist er schon unterwegs. »Fast vierzig Jahre habe ich in Jakutien gearbeitet. Seit ich pensioniert bin, wohne ich in Wolgograd, aber die Kinder sind hiergeblieben. Also bin ich von Wolgograd über den Ural mit dem Zug bis zur Station an der Lena gefahren, aber wir kamen zu spät, und der Raddampfer war schon weg. Da habe ich ein Billett für das Tragflügelboot gelöst, das ist natürlich teurer, aber damit habe ich den Dampfer eingeholt.« Seine Tochter ist Schwester im neuen Krankenhaus, sein älterer Sohn habe etwas mit Maschinen für die chemische Reinigung zu tun, die aus dem Ausland stammen. Der sei ein »Businessman«, sagt der Alte, und man merkt, daß er das nicht für eine anständige Beschäftigung hält.

Durch das Fenster einer Kabine spreche ich mit einer Familie, zwei Kinder, ein Mann und eine junge Frau, der man ansieht, daß sie nicht vom Dorf kommt. Sie sind auf dem Weg nach Hause, nach Moskau. In Olekminsk waren sie bei der Oma, ihrer Schwiegermutter, zur Erholung. Die junge Frau schwärmt geradezu davon. »Im Sommer ist es so warm und schön, und die Luft ist so rein. Ich habe viele Städte im Westen Rußlands besucht, nirgends gibt es da solche Luft. Rundherum ist hier Taiga, das ist sehr gut für die Kinder – vielleicht besser als in Europa.« Deswegen findet ihr

Mann, daß die Reise sich lohnt, auch wenn sie teuer ist – 400 Dollar kostet allein der Flug.

Von so etwas könne sie nicht einmal träumen, sagt eine Frau, die das Gespräch mitgehört hat, zu mir. Sie fährt mit ihren zwei Töchtern zu Freunden nach Jakutsk: Ferien in der Großstadt findet sie anregend für die beiden Teenager. »Bei uns im Dorf haben wir eine Schule, aber keine Lehrer mehr. Keiner will zu uns kommen, das Leben ist schwierig und teuer.« Fremdsprachen hätten die Kinder schon seit Jahren nicht mehr lernen können, bedauert die Mutter. Sie ist Hausfrau und hat keinen Mann mehr, sagt sie. Aber als ich sie frage, wovon ihre Familie auf dem Dorf lebt, kommt die übliche Antwort: »Wir leben normal. Wir haben unsere Landwirtschaft, deswegen können wir leben. Eine Kuh haben wir nicht, wie soll eine alleinstehende Frau im Dorf Kühe halten? Aber wir haben reichlich Hühner und Enten.«

Die Leute aus Jakutsk, die auf der Rückreise sind, erzählen, wie schön es war, Beeren und Pilze zu sammeln, und wie reich die Natur sie beschenkt habe. Ein Professor und seine Studenten kommen aus der Taiga. Sie waren auf einer archäologischen Forschungsfahrt. »Wir wissen noch keine zwanzig Jahre, daß es hier uralte menschliche Siedlungen gab, daß in diesem überaus harten Klima schon primitive Menschen überleben konnten, die das Feuer nutzten und Werkzeuge machten«, sagt der Archäologe. Früher habe man geglaubt, die ältesten Menschen Sibiriens seien jene, die vor 3500 Jahren unweit der Lena ein Grab aus aufrechtgestellten Steinplatten errichtet hatten. Nun haben sich Werkzeuge aus

Stein und Quarz gefunden, die 300 000 bis 370 000 Jahre alt sind.

»Wir wissen sehr wenig über die Menschen jener Zeit, nicht einmal genau, welche frühe menschliche Spezies es gewesen sein könnte«, sagt der Professor und rät uns, weiter flußaufwärts einen Abstecher zu einer der Grabungen zu machen, wo Forscher eine kleine Blockhüttensiedlung angelegt haben. »Früher haben wir mehr geforscht, jetzt sind die Etats gekürzt. Aber manches ist auch besser geworden. Der Kontakt mit Archäologen im Ausland hat unsere Arbeit bereichert. Wir tauschen Erkenntnisse aus, per Post oder Internet, und Anfang des Sommers haben Kollegen aus Amerika mit uns an der Fundstelle Diring Juriach gearbeitet.« Das habe Spaß gemacht und sei auch sehr lehrreich gewesen, sagen seine Studenten.

Für eine archäologische Extratour aber hat unser Kapitän keine Zeit. Kurz vor Mitternacht wird das Licht gerade noch reichen, um einen Tanker auszumachen, der auf eine Sandbank gelaufen ist. Gestrandeten Schiffen zu helfen, gehört zu ihren Aufgaben. Jetzt arbeiten Kapitän und Steuermann angespannt und mit höchster Aufmerksamkeit. Mit dem Scheinwerfer suchen sie nach Baken am Ufer, die ihnen die Fahrrinne zeigen. Mit dem Echolot prüft der Kapitän die Wassertiefe. Am gegenüberliegenden, linken Lenaufer sieht man im grauen Licht eine Schiffssilhouette. Der Bug ragt deutlich höher aus dem Wasser als das Heck, an dem ein Licht hinter einem der Fenster zu sehen ist. Unser Steuermann fragt kopfschüttelnd, wie die ihren Tanker wohl dorthin gebracht haben. Er läßt ein Dingi zu Wasser und rudert hinüber. Wir verlieren ihn schnell aus den Augen und warten fast eine Stunde, bis ein Uhr nachts, als es schon wieder ein bißchen heller wird.

Der Steuermann hat kräftig rudern müssen, um mit der Strömung fertig zu werden. Dafür weiß er nun, daß zwar nicht viel zu machen ist, aber auch keine akute Gefahr besteht. Zwei Mann halten auf dem gestrandeten Tanker Wache, damit keine Diebe an Bord gehen, die Ausrüstung rauben oder das Öl abpumpen. »Der Tanker liegt gut«, sagt der Steuermann. »Er ist nicht in Gefahr zu zerbrechen. Aber von nun an sinkt der Wasserspiegel, deshalb ist das Schiff schwer freizubekommen. Erst im Frühjahr steigt das Wasser wieder, und zuvor kommt das Eis.« Was geschehen soll, müssen andere in der Stadt Jakutsk entscheiden. In acht Stunden, wenn sie in ihre Büros gehen, wird Kapitän Gostjew seinen Bericht durchgeben.

Jetzt wäre Zeit zum Schlafen und dann zur Rückfahrt, aber der Kapitän hat andere Pläne für uns. Er startet die Dieselmotoren und nimmt Kurs auf die Lenafelsen. Die müßten wir als ausländische Gäste unbedingt bei Sonnenaufgang sehen.

Das ist wirklich ein unerhört schönes Bild. Hinter uns liegt die Lena, weit wie ein Meer zwischen flachen Ufern, über dem sich der Horizont aufhellt. Und dann treffen die ersten Sonnenstrahlen auf die Spitzen der Lenafelsen, die unvermittelt über hundert Meter hoch aus der weiten, ebenen Landschaft aufragen. Rot und golden leuchtet eine kilometerlange Felsenkulisse auf: Türme, Nadeln, tiefe Schründe und Höhlen, enge Schluchten und Spalten. In Jahrtausenden haben Wasser, Wind und Sand das Kalksteinmassiv zerfressen und ausgefurcht. Es ist eines der großen Naturwunder dieser Welt.

Am Fuß der Felsen sieht man noch die Reste einer Anlegestelle. Vor einigen Jahren noch kamen im Sommer täglich Tragflügelboote mit Touristengruppen an Bord aus Jakutsk herangebraust. Die Zeit des Tourismus aber ist vorerst vorbei. Das Geld ist zu knapp, der Treibstoff und damit auch die Fahrkarten sind zu teuer geworden. Der Weg zu den Gipfeln der Felsen hinauf wird allmählich überwuchert, Schotterhalden machen den Aufstieg schwierig. An einigen Stellen hängt oder liegt noch eines der Seile, an denen die Besucher sich hinaufzogen. Man muß steil emporklettern und nach über zwanzig Minuten, nicht ganz der halben Strecke, merken wir, daß wir trotz der schweren Kameraausrüstung schneller steigen müssen. Die Flußseite der Felsen und den Sonnenaufgang können wir von unserem Weg nicht sehen, aber hinter uns ziehen dicke Nebelwolken heran.

Als wir keuchend oben ankommen, ist es schon zu spät. Der Nebel hüllt die Felsen ein, auf denen einige Büsche und Nadelbäume noch sichtbar sind. Es sieht wild und romantisch aus, aber es ist nicht, was wir von hier filmen wollten: der unvorstellbar weite Blick durch Felsentore auf den großen Fluß und das unendliche Sibirien. Ich hatte ihn einmal genießen können, vor einigen Jahren, als ich auf einem großen Floß hier auf der Lena vorbeifuhr. Nun haben wir keine Zeit abzuwarten, ob der Nebel sich hebt oder ob er dichter wird. Wir müssen schnell zum Ufer am Fuß der Felsen zurück, solange der steinige und glitschige Weg sich noch gut erkennen läßt. Unten liegt »Patrudni IV« in der Morgensonne. Wir legen uns müde und faul aufs Deck, während Sergej nach Jakutsk zurücksteuert, über das blaue, schimmernde, wunderbar saubere Wasser.

Von Jakutsk nach Norden fahren wir an einem grauen, düsteren Regentag, zuerst auf der schmalen Asphaltstraße an weidenden Kühen vorbei, dann auf einem unbefestigten Fahrweg, in dessen tiefen Lastwagenspuren das Wasser steht. Sechzig Kilometer von der Stadt entfernt, wo wir eine Fähre finden sollen, ist das kaum noch eine Straße, die vom hohen Ufer an den Fluß führt, sondern nur Schlamm und Wasser. Aber Slawa Botschkowski, der Fernsehkollege, der uns in seinem japanischen Kleinbus mitnimmt, ist ein Künstler im Einsatz des Vierradgetriebes und genießt Geländefahrten. Er ist ein Mann des Abenteuers, der mit Freunden von Murmansk über das Eismeer zur Beringstraße gesegelt ist. Straßenverhältnisse, die uns erschrecken, machen ihm gar nichts aus.

Aber nicht alle sibirischen Fahrer kommen damit so gut zurecht: Auf anderthalb Kilometern treffen wir fünf Wagen, die im Schlamm stecken und denen das Wasser bis zur Türhöhe reicht. Die Fahrer stehen im Wasser daneben, sie haben das Schleppseil am eigenen Auto schon festgemacht und das andere Ende in der Hand: Der nächste Lastwagen, der vorbeikommt, wird sie herausziehen, das ist Routine und dauert nur Minuten. Zur Abfahrtszeit der Fähre sind dreißig oder vierzig Wagen unterwegs, da ist Hilfe nie fern.

Am schwersten haben es die Autos, die von der Fähre zum Steilufer hinaufmüssen. Ein Wagen rollt immer wieder zurück, die Räder drehen durch, er gewinnt ein paar Meter, und ein halbes Dutzend junger Männer schaut sich die Szene amüsiert an, ehe sie anpacken und schieben. Ein japanischer Wagen mit Vierradgetriebe gibt auf halbem Anstieg den Geist auf. Sein Fahrer hatte ihm mehr zugetraut: Vor acht Tagen hat er ihn als Gebrauchtwagen gekauft, und nun flucht er entsetzlich, weil der Motor wohl doch nicht so neu war, wie der Verkäufer behauptete. Da wird ihn ein Lastwagen nach Jakutsk schleppen müssen – eine Hilfeleistung, die nicht umsonst ist.

Es dauert gut eine Stunde, bis unser Wagen auf das flache Deck der Fähre »Paron III« rollen kann. Zwei junge Männer mit Baseballkappen und Anoraks stehen am Bug und blicken in den Regen. Sie wollen ein paar Tage zum Angeln, sagen sie, aber der Auftakt wird ja nun weniger schön. Sie fragen uns, wer wir sind und für wen wir filmen. Ob wir vom amerikanischen Network ABC seien – das können sie anscheinend zu Hause über Satellit empfangen. Die ARD haben sie noch nie gekriegt, sagen sie, aber weil es ein deutsches Programm ist, wollen sie ein paar Worte nach Deutschland durchgeben. »Gruß an Steffi Graf!« sagt der eine, und der andere ruft: »Boris Becker, Boris Becker!« Ein bißchen unerwartet, solche jakutischen Tennis- und Fernsehfans, die zeigen wollen, daß sie auch im fernsten Sibirien nicht ganz aus der Welt sind.

An den beschlagenen Scheiben eines alten Autobusses drücken sich Kindernasen platt. Ein Waisenhaus aus Jakutsk will mit Erzieherinnen und Helfern drei Wochen Ferien auf dem Lande machen. Auf einem Staatsgut werden sie helfen, Kartoffeln und Kohl zu ernten, rote Rüben und Radieschen, sagt die Lehrerin. Da gibt es Vitamine, frische Luft, da erholen sie sich. Und die Kinder rufen, daß sie baden wollen, angeln, Beeren sammeln. Sie sind vergnügt und reiselustig.

»Paron III« ist eine Fähre, die nicht einfach die Lena überquert. Die nächste geeignete Anlegestelle befindet sich über dreißig Kilometer flußabwärts, anderthalb Stunden entfernt. Der Kapitän auf der Brücke erzählt mir von der Arbeit auf dem breiten Fluß mit seinen sumpfigen Ufern, Inseln und Sandbänken. Viereinhalb Monate ist der Fluß hier eisfrei, einen Monat kann er danach noch fahren, wenn das Eis noch dünn ist, und dann liegt seine Fähre still: Winterpause für Reparaturarbeiten und zur Erholung. Aber so angenehm, wie das klingt, sei die Arbeit nicht. Die feuchten Nebel in der Tiefebene um Jakutsk, die eisige Kälte im Winter, die lange Dunkelheit – das seien Bedingungen, an die sich ein Mensch aus dem Westen Rußlands kaum gewöhnen könne. »Jedes Jahr, das du hier arbeitest, kostet dich drei Lebensjahre. Das ist der Polarstreß.«

Die Jakuten, die seit tausend Jahren hier leben, haben gelernt, mit so harten Bedingungen fertig zu werden. Aber das vergangene Jahrhundert, besonders die letzten fünfzig Jahre, haben auch ihr Leben verändert. Der Einfluß einer industriell geprägten russischen Zivilisation hat die alte Lebensweise teilweise schon verdrängt. Auf dem Weg zu einem Freilichtmuseum, das jakutische Traditionen, aber auch ihre Verflechtung mit russischer Kultur in Erinnerung halten soll, fahren wir am Ostufer der Lena an einer neuen Siedlung vorbei, die wie ein russisches Dorf aussieht, auch wenn hier nur Jakuten wohnen. Mein Fernsehkollege zeigt auf Kühe und Pferde, die in Weidengebüschen und unter Kiefern grasen. Das sei nicht mehr die reine jakutische Rasse, sagt er. Echte jakutische Kühe geben die fetteste Milch der Welt, das ist bei den Kreuzungen dieser Herden nicht mehr so, und während reinblütige jakutische Pferde den kältesten Winter im Freien überstehen, brauchten diese hier Zufutter und Pflege – eine andere Art von Landwirtschaft, für die der Norden nicht geschaffen sei.

Ein paar alte Gräber liegen am Straßenrand: verwitternde hölzerne Schreine, einige mit orthodoxen Kreuzen, andere mit dem Sowjetstern geschmückt. Aber auf dem Dorffriedhof haben die Gräber Metallkreuze. Hoch über dem Fluß sehen wir alte Grabstätten am Waldrand. Auf meterhohen Baumstämmen stehen schwere Kästen aus Holz. In solchen Särgen haben die Jakuten ihre Toten beigesetzt, ehe die russischen Priester kamen, der Staat die Erdbestattung zur Pflicht machte und die Jakuten nur leere Schreine über die Gräber setzen durften. Was wir hier am Waldrand sehen sind Rekonstruktionen, ein Teil des Freilichtmuseums, auf das wir nun hinunterblicken.

Da ist eine russische Holzkirche aus einer sibirischen Siedlung des 17. Jahrhunderts nachgebaut worden, daneben der Wachturm einer kleinen Kosakenfestung und eine Windmühle. Das erinnert an die Zeit, als Rußland das dünnbevölkerte Land kolonisierte. Aber als wir das Tor zum weiten Gelände passieren, steht da zunächst ein runder, zeltartiger Spitzbau aus hohen, schlanken Stämmen, die mit Birkenrinde verkleidet sind. Das ist die Urasa, die das Sommerhaus der jakutischen Viehzüchter war. Schräg gegenüber steht ein Winterhaus, ein rechteckiger Bau aus Holz, dessen schräge Wände mit Lehm und Erdreich verkleidet sind.

Vor diesem Balagan erwartet uns Suorun Omollon, der das Museum gegründet hat. Seinen russischen Taufnamen hat er gegen den jakutischen Namen ausgewechselt, als er anfing, die Legenden, Mythen und Epen seines Volkes zu sammeln und zu publizieren, als er die Zeugnisse der Kultur seines Volkes zu bewahren und zu restaurieren begann. Einundneunzig Jahre ist er alt, immer noch ein außergewöhnlich lebhafter Mann mit bemerkenswertem Charme, der uns in den Balagan einlädt. Es ist ein großer, ja großzügiger Raum mit Schlafnischen an den Wänden und einer riesigen offenen Feuerstelle als Mittelpunkt. An einem langen Tisch trinken wir Kumys, das Nationalgetränk aus vergorener Stutenmilch, das für mich ein bißchen wie Yoghurt mit Bier schmeckt, ungewöhnlich, aber ganz angenehm. Wir essen Waffeln mit Blaubeeren, Preiselbeeren, mit einem dicken Schlag Sahne und viel Zucker.

Suorun Omollon erzählt von dem Museum, in das er Jahrzehnte seiner Lebensarbeit eingebracht hat, von den Sammlungen jakutischer Volkskunst und den Geräten, Bildern und Fotografien der frühen russischen Siedler. »Viele Reisende und Wissenschaftler, auch deutsche Gelehrte, bemerkten schon im vorigen Jahrhundert, daß die Jakuten ein Volk sind, das neue Ideen schnell begreifen und übernehmen kann. Sie halten an Traditionen fest, aber sie sind auch bereit, alles aufzunehmen und anzuwenden, was für sie nützlich ist, alle Errungenschaften der Weltwissenschaft, der Zivilisation und Technik. Sogar an solchen Prozessen der Veränderung wie der Oktoberrevolution haben sie aktiv teilgenommen, und auch heute begrüßen sie den Wandel, der sich vollzieht. Sie wollen kein sterbendes Volk sein, sondern eines, das wieder aufersteht.«

Er ist also kein verstiegener Traditionalist, sondern macht sich Gedanken darüber, wie sich sein Volk mit den Einflüssen der modernen Welt auseinandersetzen kann. »Um hier im hohen Norden zu überleben, mußten die Jakuten besonders einfallsreich und zäh sein, sie mußten alle Möglichkeiten nutzen. Sie mußten sich tiefe Gedanken darüber machen, wie man das Leben in diesem schrecklich kalten Norden bewahren und schützen kann, wo selbst die Mammute nicht überleben konnten. Aber die Völker der Arktis werden weiterleben, wenn die zivilisierten Länder begreifen, wie schwierig die Lebensbedingungen sind, und sie bei der Lösung der sozialen Probleme unterstützen.«

Suorun Omollon hat seinem Freilichtmuseum den Namen »Freundschaft« gegeben, um hervorzuheben, daß Harmonie und Freundschaft zwischen Jakuten und Russen das Land geprägt haben. Manche seiner jakutischen Kritiker meinen, er habe dabei ein wenig übertrieben, denn ganz so freundschaftlich und gewaltlos sei die russische Herrschaft doch nicht gewesen. Vielleicht hat der Name »Freundschaft« seinem Freilichtmuseum in der sowjetischen Zeit genützt, als die Pflege nationaler Traditionen, von Moskau aus mißtrauisch beobachtet, in manchen Teilen der Union unterdrückt wurde. Aber richtig ist wohl auch, daß das Zusammenleben mit den Russen hier weniger Spannungen oder Feindseligkeit weckte als bei anderen Völkern des Zaren- und Sowjetreichs.

Suoruns Enkel Alexej, der in St. Petersburg Ethnologie studiert und in den Semesterferien im Freilichtmuseum arbeitet, redet schon anders als sein Großvater. »Unser Volk hat sehr alte Traditionen. Wir kamen von Süden, wir gehören zur Gruppe der Turkvölker. Darüber hat man in der Sowjetzeit nicht viel gesprochen. Die Fragen nach unserer Geschichte wurden unterdrückt, es galten nur die sogenannte Einheit und der Internationalismus. Gerade deshalb interessiert sich die Jugend heute für die Vergangenheit. Die Zeiten haben sich eben geändert. Nach der Perestroika und nach dem Fall der Berliner Mauer können sich junge Leute wieder offen für unsere Traditionen, für die eigene Kultur und Sitten interessieren.« Der einundzwanzigjährige Alexej formuliert, scheint mir, mit mehr Selbstbewußtsein als sein einundneunzigjähriger Großvater: »Ich denke, unser Volk sollte mit dem russischen Volk gemeinsam vorwärtsgehen, aber zugleich seine Sitten, Traditionen und die eigene Sprache bewahren.«

Eine Gruppe von Schülern wird über das Gelände geführt, fünfzehn Jakuten und drei, die wie Russen aussehen. Suorun Omollon spricht zu einer kleinen Gruppe von Männern und Frauen, die ganz städtisch gekleidet in Jackett und Schlips im Halbkreis um ihn herumstehen. Das Bezirksfinanzamt macht einen Betriebsausflug. Omollon erklärt den Beamten laut und deutlich, wie wichtig das Freiluftmuseum ist und besonders, daß das Museum kein Geld verdient und deshalb auch keine Steuern zahlen kann. Der alte Mann ist ein durchaus praktischer Idealist. Im Balagan, wo wir zusammensaßen, wird schon wieder der Tisch gedeckt. Eine Gruppe von Geschäftsleuten hat sich angekündigt. Die wird mit dem Hubschrauber einfliegen, und Suorun Omollon möchte sie als Sponsoren gewinnen – vielleicht für die Einrichtung eines Museumsshops.

ÜBER DEN POLARKREIS

Die Flußfahrten auf der Lena hatten uns verwöhnt. Nichts reizte uns, die 1200 Kilometer zu den Diamantengruben im Westen Jakutiens im Auto zurückzulegen. Selbst mein Fernsehkollege traute sich und seinem Geländebus schon den ersten Teil der Strecke nicht zu. Dieser Abschnitt, 600 Kilometer Straße bis Wiluisk, gilt nur im Winter als sicher befahrbar, wenn tiefer Frost eingesetzt hat. Auf den Karten ist die Straße nur als gebrochene Linie, als Winterstraße, eingezeichnet. Bis Wiluisk aber konnten wir fliegen, da war eine asphaltierte Landebahn. Ob es danach befahrbare Straßen gab, konnte uns in Jakutsk niemand sagen, es galt eher als unwahrscheinlich. Und die Flughäfen der nächsten Orte, die nur unbefestigte Landebahnen hatten, waren nach schweren Regenfällen geschlossen. Am besten schien es, sich von Wiluisk ab auf den Wilui zu verlassen, einen 2500 Kilometer langen Nebenfluß der Lena, auf dem es kleine Motorschiffe gibt, die die Orte verbinden und von den Leuten »Tramwai« genannt werden: Straßenbahn. Am Ende der Flußroute würden wir auf eine feste Straße nach Mirny stoßen, hieß es, und darauf verließen wir uns. Wenn es dort eine Straße gab, würde sich schon ein Auto finden, das uns ans Ziel bringen könnte. So meldeten wir uns bei der Verwaltung des Bezirks Wiluisk an und flogen los.

Wiluisk nennt sich Stadt – nicht weil es groß, sondern weil es alt ist: siebzig Jahre älter als St. Petersburg, was niemand in Wiluisk zu erwähnen vergißt. Als Peter der Große den Bau seiner Hauptstadt befahl, standen in Wiluisk schon zwanzig Häuser und eine kleine Kapelle. 1634 hatte der Kosak Iwan Tschachow hier das erste Haus gebaut. Aus der russischen Ansiedlung ist hier wie in den meisten Dörfern am Wilui ein fast ausschließlich von Jakuten bewohnter Ort geworden. In dieser Gegend beginnen jene Bezirke Jakutiens, in sowjetischer Zeit Rayon und heute Ulus genannt, von denen man sagt, hier habe die jakutische Tradition ihre festesten Wurzeln.

Am ersten Abend allerdings kam mir die Kleinstadt Wiluisk wie ein Museum russisch-sowjetischer Denkmäler vor. Da waren die Statuen und Reliefs heroischer Männer mit den spitzen Soldatenkappen der revolutionären Roten Armee, die Kanonen vor den Kriegerdenkmälern des Zweiten Weltkriegs, in dem sich zwei Offiziere aus dem Bezirk den Titel »Held der Sowjetunion« erkämpften, die Büsten und Gedenkplaketten mit den Namen von politischen Gegnern und Revolutionären aus fünf Generationen, die die Zaren in diese weltferne Gegend deportiert hatten. Keine Hinweise allerdings auf die verbannten Dissidenten, die Andrej Sacharow vor zwanzig Jahren hier besuchen wollte, ehe er selber unter Arrest gestellt wurde.

Gedenktafeln an einigen schönen alten Holzhäusern mit reicher Schnitzerei erinnern an polnische Denker und Schriftsteller, die im 19. Jahrhundert hier leben mußten. Das größte Denkmal steht am hohen Ufer über dem Fluß. Auf einer Stele thront in heroisch-sowjetischem Stil die Büste von Nikolai Tschernyschewski, dem Schriftsteller, Literaturkritiker und Demokraten, dessen Buch *Was tun?* vor hundertdreißig Jahren den Aufbruch des jungen Rußlands vorantrieb.

Dahinter steht der gelbgestrichene Betonblock des Kulturhauses, das seinen Namen trägt. Aber die Tür ist verrammelt, die Fenster sind zugenagelt. Wenn alles gutgeht, wird hier eine Diamantenschleiferei eingerichtet, sagt die Leiterin der Bezirkskulturabteilung, gleichzeitig bedauernd und hoffnungsvoll. Sie hat uns mit dem Wagen der Verwaltungschefin am Flugplatz abgeholt und ins Gästehaus gebracht: ein zweistöckiges hölzernes Gebäude mit einer großen Halle, von der auf einer Galerie sehr ordentliche, einfache Zimmer mit fließendem kalten Wasser abgehen. Heißes Wasser gibt es in der Küche, da gießen wir die Trockensuppen auf, Nudelgerichte aus Korea, wie sie auf jedem Markt in Sibirien zu kaufen sind, die Reserveverpflegung, die uns die ganze Reise über begleitet hat.

Das Gästehaus des Bezirks liegt nahe den großen hölzernen Kaufmannshäusern im ältesten Teil des Orts. Hier schaut man von der Höhe des Ufers über den breiten Fluß mit seinem in der Sonne leuchtenden Sandstrand und auf Uferwiesen, die sich bis zu den Wäldern hinziehen. Der Fluß hat sich in die fünfzehn Meter hohe Böschung hineingefressen und zwei Häuser bereits unterwühlt und heruntergerissen. Die nächsten Häuschen in ihren kleinen Gemüsegärten verfallen allmählich, weil die Besitzer auf den Absturz warten.

Gebaut wird am anderen Ende der Stadt. Da steht

eine Reihe neuer zweistöckiger Holzhäuser. »Früher hat man Häuser gebaut, um darin zu wohnen«, sagt unser Fahrer. »Jetzt fängt man an, auf die Schönheit zu achten.« Es sind keine architektonischen Prachtstücke, aber die Bauherren wollen durchaus, daß ihr Haus etwas hermacht, das kann man sehen. Einen Mann, der vor einem halbfertigen Gebäude Bretter hobelt, frage ich, wie er in dieser Zeit, in der kein Geld da ist, ein Haus bauen kann.

»Erst mal brauche ich keine Handwerker, das mache ich mit meinen Verwandten, die helfen umsonst«, sagt er. »Für das Baumaterial haben wir Kredit aufgenommen, Rückzahlung in sieben Jahren.« Er macht mir die Rechnung auf: 40 Millionen Rubel – 7500 Mark – hat ihm die Stadtverwaltung zu sieben Prozent Zinsen geliehen, zehn Millionen – 1800 Mark – hat er zum Zinssatz von zehn Prozent bei einer kommerziellen Bank bekommen. »Die Bankzinsen sind natürlich hoch«, sagt er. »Zehn Prozent der Summe behält die Bank gleich ein. Wenn man nicht pünktlich zurückzahlt, schlägt die Bank noch hohe Strafzinsen drauf. Außerdem muß man einen Bürgen bringen, am besten eine Organisation. Später muß man auf das Haus auch Steuern zahlen. Aber das alles schreckt keinen ab, für Baukredite muß man heute Schlange stehen.«

Alle Grundstücke sind hier 900 Quadratmeter groß. Die Stadt hat sie für jeweils 600 000 Rubel an Bürger von Wiluisk verkauft. Der Nachbar baut sich ein wesentlich kleineres Haus. Er rechnet für Material und bezahlte Arbeiten nur 25 Millionen Rubel und meint hoffnungsfroh, das fertige Haus lasse sich für 80 Millionen Rubel verkaufen. Einen halben Kilometer weiter nämlich liegen Neubauten, die freilich wesentlich größer sind, sogenannte »Kottedschi«, wie ihre stolzen Besitzer sie nach den englischen »Cottages« nennen, und die kosten 250 Millionen Rubel. Spätestens hier wird mir klar, daß der Wert, den ein Rubel für die Menschen in Sibirien hat, anders ist als für die Leute in Moskau, und sich schon gar nicht mit dem offiziellen Umrechnungskurs zur D-Mark erklären läßt. Die wirtschaftlichen Verhältnisse sind viel verwickelter, als wir uns das vorgestellt haben. Beim Preis der Häuser muß man zudem bedenken, daß selbst die teureren Cottages keinen Anschluß an Kanalisation, Wasserversorgung und Fernheizung haben.

Wasser bringen die Kesselwagen der Stadtverwaltung. Sie halten am Straßenrand, dann wird eine Klappe im Gartenzaun geöffnet und der Schlauch hindurch in eine metallene Tonne geschoben, meist ein gebrauchtes Ölfaß. Morgens bezahlt man das Wasser an der städtischen Kasse, 5000 Rubel pro Tonne, am Nachmittag wird geliefert. Im Winter spart man das Wassergeld. Da sägen sich die Leute von Wiluisk Eisblöcke aus einem nahen See und bringen sie mit dem Auto oder mit dem Handschlitten nach Hause.

Mit unverbaubarem Blick über den Fluß entsteht ein Rundbau, die übergroße Nachbildung eines traditionellen jakutischen Sommerhauses. Es soll ein Restaurant mit jakutischer Küche werden, aber daran wird seit zwei Jahren immer langsamer gearbeitet. Vielleicht hat die Aktionäre doch der Mut verlassen, spekuliert unser Fahrer, der über alles Bescheid weiß. Er zeigt uns noch eine

Baustelle, einen großen, festungsähnlichen Betonbau – die neue Pädagogische Hochschule. Hier ist Betrieb: Lastwagen mit Zementsäcken fahren bei den Betonmixern vor. Die Ingenieure und Arbeiter sind ukrainische Gastarbeiter, weiß der Fahrer. Warum sie aus der Ukraine hierhergeholt wurden – darüber hat er sich noch keine Gedanken gemacht.

Rund um die neue Hochschule liegen kleine dörfliche Häuser. Alle haben ihren Gemüsegarten, die meisten einen Heuhaufen im Hof und neben dem Stall einen Misthaufen. Gegen Abend kommen die Kühe zurück. Zwei kleine Jungen treiben die Herde bis an den Ortsrand, dann sucht sich jedes Tier seinen Hof und bleibt muhend vor dem Eingang stehen. Ein paar Kühe haben es besonders eilig und stoßen mit den Hörnern polternd gegen die Holztore. Sie warten, bis ihnen aufgemacht wird, und ihr Besitzer hat nichts dagegen, daß wir ihnen zum Stall folgen. Eine sehr alte Frau, seine Mutter, sitzt auf einem Bänkchen. Der Stall ist aus Balken und Lehm gebaut. Da wartet ein junges Mädchen mit dem Melkeimer – die Tochter des Hauses. Sie studiert in Nowosibirsk, hat das erste Examen auf dem Weg zur Tierärztin schon abgelegt. Jetzt, in den Ferien, hilft sie dem Vater mit seinen vier Kühen. Der hat heute den ganzen Tag am Fluß Heu gemacht. »Dies ist meine Hilfswirtschaft«, sagt er, »im Prinzip arbeite ich als Techniker am Flughafen.« Als die Gehälter noch regelmäßig bezahlt wurden, hat er sich das kleine Auto geleistet, das unter einer Plane neben dem Stall steht.

Auf der Straße treffen wir ein dick vermummtes Paar, Mützen auf dem Kopf, Schals um den Hals, Handschuhe – und das an diesem noch warmen Spätsommertag. »Wir waren in den Pilzen«, sagt die Frau, »da fressen die Mückenschwärme einen auf, wenn man sich nicht dick anzieht. Die stechen durch fast jeden Stoff hindurch.« Tatjana und Valentin Afanassjew haben vier Eimer Pilze aus dem Wald zurückgebracht. Er ist Mathematiklehrer, sie arbeitet als Krankenschwester. Die beiden nehmen uns mit zu ihrem Haus und stellen uns ihrer kleinen Tochter vor, die schon mit Schürze und Messer auf die Pilze wartet. Hinter dem hohen Zaun liegt ein großer Garten mit viel Obst und noch mehr buntblühenden Blumen. Die Afanassjews wohnen in einem Doppelhaus, das an jedem Ende eine Veranda hat, zusammen mit der Familie von Valentins Bruder. Die Brüder haben das Haus gemeinsam gebaut, natürlich mit Hilfe von Verwandten und Freunden. »Das Geld ist knapp«, sagt Tatjana, »aber wir bauen ja alles selbst an, mit eigenen Kräften. Die Kartoffeln kommen in diesem Jahr gut, die roten und schwarzen Johannisbeeren auch, nur im Wald gibt es in diesem Sommer wenig Preiselbeeren, das ist schade.« Durchs Fenster zeigt sie uns die Einmachgläser, das Zuckersäckchen auf dem Küchentisch und die fertigen Gläser mit Marmelade, Kompott und Konfitüre. Wir sehen, daß auch auf ihrem Hof ein Auto steht, ein japanischer Geländewagen, und hinter den blühenden Phloxstauden liegt ein kleines rotes Boot mit Außenbordmotor.

Tatjana Afanassjewa schickt uns zu einer Bekannten. Deren Haus sei etwas ganz Besonderes. Da steht tatsächlich ein traditioneller Balagan auf dem Hof von Efrasinja Petrowa, ein mit Lehm und Erde bedeckter

Holzbau, auf dessen flachem Dach Gras wächst. Im Sommer wohnt Efrasinja im Balagan, der traditionell das Winterhaus ist, im Winter in ihrem normalen russischen Holzhaus, das sich besser heizen läßt. Ihr Mann teilt ihr Faible für Tradition nicht: Er schläft auch im Sommer in seinem gewohnten Bett. Sein Hobby ist Fischen, und rund um den Hof hat er seine Netze aufgehängt, dazwischen baumeln die Fische zum Trocknen.

Sie könne nicht klagen, sagt Efrasinja Petrowa. Sie ist sechzig Jahre alt, ihre beiden Kinder sind erwachsen und aus dem Haus, und als pensionierte Verkäuferin bekommt sie 500 000 Rubel Rente im Monat. Ihr Mann war Chauffeur, der kriegt auch 500 000. Das wird immer noch pünktlich bezahlt, und das reicht ihnen. Efrasinja lebt nun ganz der jakutischen Tradition. Ehe wir in den Balagan eintreten, müssen wir mit der Hand an ein Glöckchen schlagen, um die Geister von unserem Besuch zu informieren. Der Raum ist voller Volkskunstarbeiten: schön geschnitzte hölzerne Gefäße zum Aufbewahren der Milch und zum Trinken, runde und eckige Kästen aus Birkenrinde, die mit schwarzem Roßhaar vernäht sind. Alles viel schöner als die Souvenirs, die in Jakutsk im Hotel zum Kauf ausgestellt waren. Manche Stücke sind alt und könnten gut in einem Völkerkundemuseum stehen. Aber natürlich hat Efrasinja hier auch ein Fernsehgerät und ein kleines weißes Telefon.

»Früher haben unsere Eltern so gewohnt, deshalb habe ich diesen Balagan gebaut. Im Sommer, wenn es im Haus zu warm ist, ist hier viel bessere Luft. Der Lehmboden ist gut für die Gesundheit. Wenn mein Bein schmerzt, ziehe ich den Schuh aus und stelle den Fuß auf den Boden, dann wird mir wohler. Sogar bei Herzschmerzen mache ich das so.« Sie hat über den Boden Kräuter und Gräser verstreut, als Zeichen des Respekts für die Gäste und weil es gut riecht. »Im Haus haben wir einen Läufer. Aber die Gräser sind besser.« Fast alles, was sie zum Leben brauchen, liefern Garten und Stall. Sie haben zwei Kühe, außerdem Schweine, Hühner und Kaninchen, und dazu die Fische, die ihr Mann fängt. »Wir laden gern Gäste ein, wir bewirten die halbe Stadt«, sagt Efrasinja. »Wenn sich die Gäste freuen, freue ich mich auch.«

Für uns stellt sie Quark und saure Sahne auf den Tisch, holt Gläser mit Konfitüre und heizt den offenen Kamin aus Lehm an, damit sie uns Pfannkuchen backen kann. Das geht nicht ohne Zeremonie. Sie wirft ein Stück Weißbrot in die ersten Flammen und beginnt einen Singsang, dessen jakutische Worte ich mir grob übersetzen lasse: »Leute dieser Welt, gute Leute, die ihr euren Ursprung in der Sonne habt, Menschenkinder, wir opfern dem Geist des Feuers dieses Stück Brot und bitten, daß unseren Gästen, die von weither gekommen sind, nichts Böses geschieht.« Dann läßt sie eine Handvoll Haare aus einem Pferdeschwanz ins Feuer fallen. »Der Duft des Haars möge den Gott des Pferdes herbeirufen, damit er das Böse vertreibt. Und die Geister unseres kleinen Feuers soll er erfreuen, damit das Glück unseren lieben Gästen folgt.« Etwas später, als sie uns nach dem Essen jakutische Handarbeiten zeigt, erschreckt mich Efrasinja für einen Moment. Sie hat ihr Hauskleid aufgeschlagen und rollt lange schwarze Haare auf dem nackten Oberschenkel. Aber das sind Roßhaare – so macht sie die Fäden, mit denen sie geflochtene Birkenrinde zu Gefäßen zusammennäht.

Einem anderen kleinen Gehöft sieht man von außen schon an, daß hier jakutische Traditionen gepflegt werden. Neben einem hohen Pfahl mit Pferdekopf steht fast meterhoch die Nachbildung einer Maultrommel. Mit seinem eigentümlich schwirrenden Klang gehört dieses Instrument seit Jahrhunderten zum festen Bestand der jakutischen Volksmusik. Hier wohnt der Silberschmied Iwan Fjodorowitsch Sacharow, ein kleines verhutzeltes Männchen von sechsundneunzig Jahren. Unter den sechzig Meistern des Maultrommelschmiedens in Jakutien gilt er als der beste. In seiner kleinen Werkstatt schmilzt und gießt er Metalle, hämmert und feilt. Außer Maultrommeln macht er reich ziselierten jakutischen Silberschmuck. In seinem Wohnzimmer sehe ich halb hinter dem Schrank eine fellbezogene Trommel stehen. Ob die einem Schamanen gehöre, frage ich. Aber die Trommel gehört Iwan Sacharow.

»Der Schamane bin ich«, sagt er. Er läßt seine Enkelin den ledernen Umhang holen und zeigt auf die Glöckchen und metallenen Symbole, die an ihm hängen. Für jedes Teil hat er einen Namen. Seit Generationen sei in seiner Familie der älteste Sohn immer Schamane geworden, erzählt er. Aber nun werde er wohl der letzte bleiben. Er hat elf Kinder von den drei Frauen, die er überlebte, ungefähr zwanzig Enkel und zehn Urenkel. »Aber von meinen Söhnen wollte keiner Schamane werden. Den jungen Leuten erscheint das heute zu schwierig. Man muß lange nachdenken, und das Herbeirufen der

Geister kostet viel Kraft.« Ein Schamane brauche ein besonderes Verhältnis zur Natur und zum Kosmos, erklärt er mir, und das fehle den jungen Leuten, jedenfalls in seiner Familie und wohl im ganzen Bezirk. Anderswo aber habe das Schamanentum größere Anziehungskraft. Vor drei Jahren war er zu einem Kongreß nach St. Petersburg eingeladen, da hat er seine Schamanenkunst gezeigt, und unter den beeindruckten Zuschauern seien viele gebildete Leute aus dem Westen gewesen. Sogar nach Amerika habe man ihn eingeladen, aber für so eine Reise sei er nun doch zu alt.

Einerseits denke ich, daß das Schamanentum im Westen heute eine bessere Konjunktur hat als im tiefen Sibirien. Andererseits hat man in der Hauptstadt Jakutsk gerade ein Ausbildungsinstitut für Schamanen gegründet, um verschüttete Traditionen und die alte Volksmedizin neu zu beleben – nicht zuletzt, weil sie im modernen Westen so hochgeschätzt werden.

Iwan Sacharow zieht für mich sein bestes Jackett an, mit Ordensspangen und vielen sowjetischen Medaillen, wie die älteren Leute sie heute noch gerne tragen. Der Staat hat ihn mehrfach als verdienten Kunsthandwerker ausgezeichnet. Dann sei er wohl auch in der Partei gewesen, sage ich. Durfte man das als Schamane? »Kommunist und Schamane«, kräht der Alte vergnügt. »Ich bin seit dreiundfünfzig Jahren in der Partei. Ich war Kommunist. Kommunismus ist Politik. Schamanentum aber ist eine jakutische Sitte, und Sitten muß man bewahren. Kommunist, das ist etwas ganz anderes. Das muß man genau trennen.« Der alte Iwan Sacharow kichert laut los: »Kommunist und Schamane, nach jakutischer Sitte. Natürlich gibt es Teufel und böse Geister. Die Kommunisten wollten das nicht glauben, die sagten, es gibt keine Teufel. Aber es gibt sie doch.«

In einem Blockhaus am Fluß befindet sich ein Museum, das Sacharows Namen trägt. Sein Ölporträt hängt über dem Eingang, an den Wänden reihen sich die Fotos berühmter jakutischer Silberschmiede, die meisten zeigen Iwan Sacharow. Aber auf keinem ist er als Schamane zu sehen. Erst nach seinem Tode werden die Museumsbesucher von seinem Schamanentum erfahren: Er wird seine Trommel und sein Schamanengewand dem Museum vermachen. Neuerdings kann man ja offen zugeben, daß Sacharow Schamane ist – Schamane und Kommunist. Daß er in der Partei war, interessiert keinen. Wer war das nicht? Daß er ein arktischer Zauberer ist, vielleicht einer der letzten, das hebt ihn heute heraus.

In den Vitrinen liegen Maultrommeln und Silberschmuck, die schönsten Stücke, scheint mir, stammen aus Sacharows Werkstatt. Ein Mann führt gerade eine Klasse mit vierzehnjährigen Mädchen herum, und zwei von ihnen sucht er aus, damit sie auf Maultrommeln Musik machen – Kinder- und Volkslieder, aber auch Kunststücke wie den Hufschlag von Pferden oder fallende Regentropfen. Der Mann, den ich für einen Lehrer halte, stellt sich mir als Arzt vor. Deutschland kennt er. Er sei in Freiburg zu einem Kongreß gewesen, erzählt er mir, da habe er über das Schamanentum und die Kunst der Maultrommelmusik berichtet. Die habe ganz besondere Eigenschaften und könne der Meditation und Heilung dienen. Darauf habe er eine besondere Musiktherapie aufgebaut.

»Heute ist die Musiktherapie enorm wichtig, ja notwendig. Im Zusammenhang mit den politischen Prozessen im Land und den finanziellen Schwierigkeiten gibt es in vielen Familien Probleme, mit denen die Menschen schwer fertig werden. Da benutzen wir die Maultrommel und die Meditation, damit der Mensch Abstand gewinnt, ruhiger wird und seine eigenen Kräfte wiederherstellen kann. Das Leben der Menschen im Norden ist immer besonders schwer gewesen. Die alten Schamanen haben auf ihre Art Therapien entwickelt, und wir wenden ihre Verfahren nun in den schwierigen Situationen von heute an.« Das habe seine Zuhörer in Freiburg auch deshalb interessiert, weil sie sich von dieser Musiktherapie ebenfalls Hilfe im Streß der modernen Welt erhofften.

In einem gelbgestrichenen Haus hat Anastasia Kyrillowna Pawlowa, die Chefin der Bezirksverwaltung, ein großes Büro im zweiten Stock. Sie ist eine selbstbewußte, gutaussehende Jakutin Ende vierzig in einem blauen Kostüm. Sie trägt schönen jakutischen Silberschmuck. Ihr schwarzes Haar hat sie hochgesteckt. Über den Rand ihrer Lesebrille sieht sie mich prüfend, aber nicht unfreundlich an. Ich darf mich in einen Sessel setzen und zuhören, wie sie ihre Geschäfte abwickelt.

Zuerst telefoniert sie mit Jakutsk, es geht um die Pensionierung eines Richters und die Einschätzung seiner Kollegen. Dann müssen die Vorbereitungen für den Winter geplant werden. »Letztes Jahr waren die Schwierigkeiten schon groß genug, aber noch normal. In diesem Jahr wird es sehr viel schlechter«, warnt sie ihren Gesprächspartner. Ich höre, wie schwierig es ist, Bau- und

Reparaturmaterial heranzuschaffen, und daß der Bezirk die Mittel dafür nicht aufbringen kann. Einerseits, soviel verstehe ich, hat der große Konzern Gasprom Schulden bei der Bezirksverwaltung: Die Zahlungen für Erdgaslieferungen über eine Pipeline nach Jakutsk sind ausgeblieben. Andererseits fordert die Finanzbehörde 1,2 Milliarden Rubel und hat schon einen Verspätungszuschlag angedroht. Die Administratorin berichtet, daß der Bezirk die Gehälter nicht auszahlen kann und daß die Renovierung der Klinik nur auf dem Weg des Barter, des Tausches von Naturalien, durchgeführt werden kann.

Es stört Frau Pawlowa nicht, daß ich höre, mit welchen Problemen sie kämpft. Sie verwaltet einen Ulus von 55 000 Quadratkilometern, der sich von Osten nach Westen und von Norden nach Süden jeweils über fast 250 Kilometer ausdehnt. 27 000 Einwohner wohnen in 24 Siedlungen dieses Gebiets, 9000 davon in Wiluisk. Außerhalb der Bezirkshauptstadt leben die meisten von der Landwirtschaft, Selbstversorger, die nur für sich selbst produzieren. Früher haben Bauern hier Weizen angebaut und 110 Zentner pro Hektar geerntet. Dann hat die Partei sie in Staatsgütern zusammengefaßt, die auf Viehzucht umgestellt wurden. Nun gibt es keinen Weizen mehr und auch keine Staatsgüter. Arm dürfte der Ulus eigentlich nicht sein, sagt Frau Pawlowa. Zwei Pipelines versorgen die Hauptstadt Jakutsk mit Erdgas aus Wiluisk. Von dem Gewinn bekommt der Distrikt einen kleinen Prozentsatz ab. Im nördlichen Teil des Bezirks hat man Quarzsand und Diamanten entdeckt, aber noch nicht erschlossen.

»Das Hauptproblem ist, unter den Bedingungen der

Krise zu überleben. Es gibt viele Schwierigkeiten, aber entscheidend ist die Vorbereitung auf den Winter. Wir müssen Vorräte an Viehfutter anlegen, und wir müssen die Wärmeversorgung vorbereiten. Kohle bekommen wir nicht geliefert, wir heizen mit Erdgas und Kondensat, einer Art kristallisiertem Benzin aus den Permafrostböden«, sagt die Verwaltungschefin. Am schwierigsten sieht es für sie bei den Finanzen aus. »Unsere Produktionsbetriebe können keine Gehälter auszahlen, sie versuchen, damit irgendwie fertig zu werden. Die Leute arbeiten weiter, sie sind schon daran gewöhnt. Früher wurde alles bar bezahlt, nun gibt es neue Arten finanzieller Transaktionen. Zur Zeit rechnen wir auf der Basis von Wechseln und Wertpapieren ab oder durch gegenseitige Verschuldung. Das ist ein System, das viele nicht verstehen.«

Ein Verwaltungsangestellter kommt herein und flüstert Frau Pawlowa etwas zu. Sie greift zum Telefon und beordert mit energischer Stimme weitere Mitarbeiter zu sich. Es sind lauter Männer, und ich sehe, daß Frau Pawlowa sie gut im Griff hat, Fragen stellt, Einwände zurückweist und Anweisungen gibt, aber die Argumente der Männer aufnimmt und diskutiert. Aus einem weit entfernten Gebiet des Ulus, anderthalb Flugstunden mit dem Hubschrauber und dann noch eine lange Traktorfahrt entfernt, ist ein Notfall gemeldet worden. Da waren zwei Frauen zum Beerensammeln gegangen und müssen sich in Wald und Sumpf verirrt haben. Das Dorf sucht sie schon seit über vierundzwanzig Stunden, und nun hat der Dorfbürgermeister gebeten, ihm einen Hubschrauber zu schicken. Aber Frau

Pawlowa hat keinen Hubschrauber an der Hand, er müßte aus Jakutsk gerufen werden und kostet mehr, als die Bezirkskasse hat. Also suchen die Bezirkschefin und ihre Mitarbeiter nach Auswegen. Sie raten dem Bürgermeister, Leute mit Traktoren in das Sumpfgebiet zu schicken – vielleicht würden die Frauen das Motorengeräusch hören und sich melden. Frau Pawlowa läßt auf dem Flughafen in Jakutsk anrufen und bittet, daß die Linienflüge nach Mirny und Moskau einen Umweg machen und über dem Gebiet möglichst tief fliegen, um nach Lebenszeichen Ausschau zu halten. »Die beiden Vermißten sind junge Frauen unter dreißig, sie haben Kinder zu Hause«, sagt Frau Pawlowa und drängt ihre Mitarbeiter, nach Lösungen zu suchen, vielleicht die Jäger zu alarmieren, damit sie in das Sumpfgebiet aufbrechen. »Man muß sie bald finden. In der Nacht wird es schon recht kalt.«

Es ist der 5. August, und für Wiluisk geht der Sommer zu Ende. Nach dem 2. August, dem Tag des Heiligen Iljin, badet niemand mehr in den Seen und Flüssen. Anfang September kommt der Schnee, Mitte Oktober setzt der schwere Frost ein. Und dann dauert es bis Anfang Mai, ehe der Schnee wieder schmilzt. In so einem Gebiet ist es nicht leicht, das Leben zu organisieren, sagt die Verwaltungschefin, als wir mit ihrem Wagen zum Flugplatz fahren. Sie muß die Landebahn inspizieren. Die hat einige große Risse, und vor dem Wintereinbruch muß das repariert sein. Im Umkreis von über 500 Kilometern hat kein anderer Ort eine asphaltierte Piste, und zur Zeit sind all diese Flughäfen geschlossen, weil die Landebahnen unter Wasser stehen. Frau Pawlowa will dem Ingenieur und seinen Arbeitern Beine machen, und das tut sie ganz überzeugend. Schließlich hat sie Bauingenieur studiert. Dann war sie als Jungkommunistin beim Bau der Baikal-Amur-Eisenbahn, bevor sie Abteilungsleiterin im Erziehungsministerium wurde. 1994 hat der Präsident von Jakutien sie zur Leiterin der Verwaltung von Wiluisk ernannt, danach haben die Einwohner sie wiedergewählt. Die neue Aufgabe kam ihr auch persönlich entgegen: Ihr Vater war hier schon Chef der Verwaltung gewesen.

Auf der Flughafenpiste winkt uns der Ingenieur aufgeregt zu: Gleich wird hier eine Maschine starten, wir müssen die Bahn räumen. Aber Anastasia Pawlowa erzählt weiter. »Man muß jetzt mit außerordentlich vielen neuen Bestimmungen und Gesetzen zurechtkommen. Neulich hat Rußland ein Bürgerliches Gesetzbuch eingeführt, das dem bei uns geltenden Arbeitsrecht überhaupt nicht entspricht. Dadurch entstehen grundsätzliche Konflikte zwischen Betrieben und Organisationen. Und dann gibt es die zwei Verfassungen, die der Russischen Föderation und die der Republik Sacha-Jakutien, da sind auch Differenzen entstanden. Wir verabschieden einen Erlaß, der im Einklang mit unserer Verfassung steht, und Moskau setzt einen in Kraft, der mit unserem nicht zu vereinbaren ist. Wir hatten Bestimmungen über Wein- und Wodkaproduktion, und gerade jetzt hat ein Erlaß aus Moskau sie einfach abgeschafft.«

Ihr Wagen ist jetzt auf die Startbahn gerollt, direkt neben uns reißt der Ingenieur die Tür auf. Noch beim Einsteigen ruft mir Anastasia Pawlowa zu: »Das sind vorübergehende Probleme. Jetzt müssen wir erst mal den Winter überstehen.« Da rollt auch schon ein Doppeldecker an mir vorbei, der Reisende in ihre Dörfer bringt. »Der kann auf jedem Fußballplatz landen«, sagt unser Chauffeur bewundernd.

Am nächsten Mittag stehen wir am Steilufer des Flusses und halten Ausschau nach dem kleinen Schiff, das uns mitnehmen soll. Ein paar Familien warten mit uns, einige Autos sollen Reisende und ihre Lasten abholen. Wir warten auf das Schiff, und die kleinen schwarzen Fliegen haben auf uns gewartet. Sie krabbeln auf der Landkarte herum, auf der wir am Flußlauf die nächsten Orte suchen. Sie sitzen auf Mützen und Kleidern, auch auf der Stirn und den Händen. Sie stechen uns nicht, weil wir uns mit scharf riechendem Öl eingerieben haben, aber angenehm sind sie nicht. Einige ältere Frauen haben ein anderes Abwehrmittel mitgebracht: Pferdeschwänze an Holzgriffen, mit denen sie in gleichmäßigem Rhythmus um sich wedeln.

Ein Tragflügelboot, ein »Meteor« von der kleinen und langsameren Sorte, kommt den Fluß herauf, macht eine Wende und nähert sich dem Ufer. Einen Anleger können wir nicht erkennen. Das Schiff fährt an uns vorbei, und die Leute laufen ihm am Ufer nach, kriechen mit ihren Lasten durch einen Stacheldrahtzaun. Da können wir mit Gepäck und Ausrüstung nicht folgen, das merkt auch unser Chauffeur. Er fährt mit uns ein paar hundert Meter zum Eisentor eines Fuhrparkgeländes, trommelt so lange, bis ein Mann aufmacht, und fährt dann ohne viel Erklärungen durch. Am Ende des Fuhrparks hat der Maschendrahtzaun ein großes Loch – unser Fahrer weiß eben alles. Von hier brauchen wir nur das steinige, steile Ufer hinabzurutschen, unsere Kamerakisten und Koffer hinter uns her zu ziehen, dann sind wir direkt an der Planke zwischen Ufer und Boot. Da drängeln sich schon viele Leute. Wir sind nicht die ersten an Bord, aber zwei Bankreihen erwischen wir noch, und das Gepäck können wir auch verstauen.

Kurz vor zwei Uhr fahren wir ab, um neun Uhr abends werden wir den Anleger von Njurba erreichen. Dazwischen liegen 240 Kilometer und Stopps mit Namen wie Chomustach, Djulljuki, Namtsi und Chorintsi. Insgesamt stehen neun Anlegestellen auf dem Fahrplan, es können aber auch einige mehr werden. Dies ist ja die Tramwai, die Straßenbahn des Wilui-Flusses, und die hält schon einmal an, wenn am Ufer ein Angler winkt, weil er mitfahren will. An Bord sind fast ausschließlich Jakuten, erst gegen Ende der Fahrt steigen einige Russinnen zu. In den Bezirken am Wilui-Fluß gibt es keine größeren Industriebetriebe, also sind auch keine russischen Arbeiter hier angesiedelt worden.

Einen der Passagiere kennen wir: Das ist unser Chauffeur. Er will bis zur zweiten Station, 80 Kilometer, mitfahren, um Verwandte auf dem Dorf zu besuchen. Darum also hat er heute ein weißes Hemd und den feinen schwarzen Anzug an. Aber er wird ihn wohl bald wieder ausziehen, denn er will übers Wochenende bei der Heuernte helfen und vielleicht noch einen Tag dranhängen. Das hat er schon öfter gemacht, und so hat er auch seinen Urlaub verbracht. »Ich helfe ihnen, sie helfen mir. Im Winter hole ich mir von ihnen Fleisch und Milch.«

Auf der Flußfahrt von sieben Stunden gibt es nicht

viel zu sehen, jedenfalls nicht für Leute, die ständig hier leben. Selbst bei den Anlegestellen liegen die Dörfer versteckt hinter dem Steilufer. Wir genießen die wunderbare Landschaft mit Wäldern und Wiesen, den kristallklaren Fluß, auf dem uns nur ein Schlepper mit Frachtkahn begegnet. Die Einheimischen schauen kaum hin. So haben sie Zeit zum Erzählen, und sie erzählen gerne und offen. Daß wir Fremde, Ausländer sind, spielt keine Rolle. Von Wiluisk gesehen ist alles weit weg – Moskau 8000 Kilometer, München 10 000. Alles, was jenseits des Urals liegt, ist ferner Westen.

Es sind viele junge Mädchen an Bord, Studentinnen, die gerade ihre Examen an der Pädagogischen Hochschule in Wiluisk oder in Jakutsk an der Universität abgelegt haben. »Bei der Prüfung ist alles gutgegangen«, sagt eine. »Bessere Noten hätte ich gar nicht bekommen können. Von September an studiere ich Kulturologie, die Kultur Jakutiens.« Sie hat ein Baby auf dem Schoß, aber das ist nicht ihr Kind, sondern ein Neffe. Mit dem fährt sie zur Oma aufs Dorf. Ihre Schwester, die neben ihr sitzt, studiert im zweiten Jahr. »Wir bekommen ein Stipendium, aber das reicht natürlich nicht. Ohne Hilfe der Eltern ginge es gar nicht. Meine Eltern sind Rentner, und die Renten werden ja glücklicherweise bezahlt. Sie sammeln und sparen, und dann schicken sie mir Geld.«

Offenbar sind nur Studentinnen auf dem Schiff und keine Studenten. Auch in Jakutsk, fällt mir nun ein, habe ich vor den Prüfungszimmern fast nur Mädchen warten sehen – künftige Lehrerinnen. Die bildhübsche, etwas verträumte Achtzehnjährige in der Bankreihe hinter uns wird auch Lehrerin, aber das ist nicht ihr Endziel. Eigentlich will sie zur Bühne. »Wir haben Stadttheater in Njurba und Wiluisk. Ich schaue mir alle Vorstellungen an.« Eigentlich haben ihr alle gefallen, sagt sie auf meine Frage nach ihren Lieblingsstücken. Am schönsten fand sie das Drama »Der rote Schamane«, ein Stück in jakutischer Sprache. Sie kennt die Bühne von vorn und von hinten: Ihre Mutter ist die Buchhalterin des Stadttheaters von Njurba, da liegt die Theaterleidenschaft in der Familie.

Zwei Reihen vor uns sitzt ein kleiner Junge, der sich alles herausnehmen darf. Er haut Mitreisenden auf die Zeitung, zerrt seine Mutter an den Haaren, trampelt auf Vaters Knien. Die Eltern lächeln nur milde. Sie sind ein ungleiches Paar: Die Frau ist gut, aber konservativ angezogen, mit Brille und hochgestecktem Haar, Typ gebildeter Mittelstand. Der Mann neben ihr trägt ein offenes Freizeithemd, hat strubbelige Haare und sieht wie ein Arbeiter oder Handwerker aus. Sie findet wohl, daß sie etwas Besseres ist: eine Professorentochter, die in Jakutsk als Dozentin Russisch lehrt. Aber man sieht auch, daß sie ihren Mann bewundert, der sich ein bißchen bräsig, aber wie ein Ausbund von Tüchtigkeit auf dem Fensterplatz lümmelt. »Mein Mann ist im Handel tätig, ein Kaufmann«, sagt die Dozentin. Und er erzählt mir gerne genauer, was er macht. Früher war er im Heizkraftwerk angestellt, jetzt ist er selbständiger Autohändler in der kleinen Stadt Njurba, der Endstation unserer Schiffsfahrt. In diesem Jahr hat er schon sechs Autos aus Japan importiert, zusammen mit seinem Bruder und einem Freund. Leicht ist das nicht, denn man muß die Wagen von Wladiwostok nach Njurba bringen, solange die Winterstraße befahrbar ist. So ist sein Bruder im Dezember nach Japan gefahren und hat einen gebrauchten Geländewagen gekauft. Dann ist er mit dem Schiff nach Wladiwostok übergesetzt. »Die restlichen 10 000 Kilometer hat er mit dem Auto in fünf Tagen geschafft. Tag und Nacht ist er gefahren, er wollte Silvester zu Hause feiern, und das hat auch geklappt«, prahlt der Autohändler.

Ich frage ihn, ob man in Njurba viele Autos verkaufen kann und ob das Geschäft seinen Mann ernährt. »Jetzt im Sommer ist tote Saison. Im Herbst geht es wieder los«, erklärt er. »Jetzt sind wir mit dem Flugzeug von Jakutsk nach Wiluisk gekommen, nun fahren wir mit dem Schiff nach Njurba. Auf dem Fluß sind das sieben Stunden. Im Winter, wenn alles gefroren ist, schaffe ich das mit dem Auto in dreieinhalb Stunden.« Der Winter ist die Zeit der Autofahrer, weil die Straßen im Sommer zu schlecht sind. Für den Straßenbau sollte der Staat wirklich mehr Geld ausgeben, meint unser Autohändler. Er und sein Bruder haben zusammen drei eigene Autos. »Hier hat sich doch jeder Dritte schon einen Wagen angeschafft«, behauptet er. Wer sich denn leisten könne, bei ihm ein Auto zu kaufen, frage ich. Er erzählt mir ein Beispiel. »Die Straßenbauarbeiter in Njurba haben vorigen Monat ihr Geld bekommen, rückwirkend für ein Jahr und zwei Monate. Da hat jeder dreißig bis vierzig Millionen Rubel bekommen. Die haben sich davon Wohnungen und Autos gekauft.«

Die meisten Passagiere sind Angestellte der Gemeinden. Eine Buchhalterin hat ihren Sohn besucht, um ihr erstes Enkelkind kennenzulernen, eine Lehrerin hat sich mit ihren zwei Töchtern bei ihren Eltern erholt. Ein Kraftwerksingenieur fährt mit zwei Kollegen zu seinen Verwandten: Erntehilfe. Sie träumen schon von Stutenmilch und Fohlenbraten, ländlichen Spezialitäten, die es in Jakutsk nicht gibt. Ein Schweißer aus dem Fuhrpark von Wiluisk hat sich einen Sommerjob besorgt und wird ein Haus ausbauen. Was sie über die allgemeine Lage erzählen, klingt immer ziemlich ähnlich: unbezahlte Gehälter, überhaupt wenig Geld und hohe Preise, schweres Leben und das Warten darauf, daß es besser wird, und zum Schluß meistens die übliche Formel, wenn ich frage, wie sie so leben: »normal«.

Manchmal liegt eine halbe, manchmal liegen anderthalb Stunden zwischen den Stationen. Einmal wartet das Schiff, bis Mitreisende einen alten Mann das Steilufer hochgeschleppt haben, hinter dem wohl ein Dorf liegt. Beim nächsten Halt kommen Schuljungen an Bord, die im Ferienlager waren. »Gut war es«, sagt einer, »wir haben gebadet, gegessen, Spiele gespielt und Pilze gesammelt.« Einmal winken ein Mann und sein kleiner Sohn am Ufer, das Schiff fährt heran, und sie waten in ihren Gummistiefeln herüber. »Wir haben geangelt«, sagt der Junge zu mir. »Normaler Fang, Hechte und Barsche.« Der Vater ist nicht so zufrieden. Er hat einen nassen Sack voller Fische, aber die sind alle recht klein. Das Beerensammeln war auch nicht erfolgreich. Wilde schwarze Johannisbeeren haben sie gefunden, mit den roten war es schon vorbei, und die Preiselbeeren sind noch nicht ganz reif. Das sei eben ein Pechtag gewesen, sagt der Vater.

Anderthalb Stunden später balancieren drei Frauen laut schwatzend über die Planke aufs Schiff. Jede trägt außer dem Rucksack zwei schwere Eimer in der Hand. »Viele Beeren gibt's hier, schwarze Johannisbeeren und sehr viele Pilze. Jetzt sind wir ein bißchen müde, aber zufrieden«, sagt die jüngere und sinkt auf die Bank. Ihre sechzigjährige Freundin mit knallrot gefärbten Haaren zählt auf, was sie an Pilzen gefunden haben. Steinpilze, Butterpilze, Birkenpilze, Hallimasch – sie singt die Namen der Pilze wie eine Litanei. Pilzesammeln ist eben mehr als bloß Vorsorge für den Winter, es ist eine nationale Leidenschaft.

Ein Mann mit Aktentasche und Brille war auf Dienstreise in Jakutsk. Er ist der stellvertretende Verwaltungschef eines Ulus im Norden, zuständig für Wohnungswirtschaft, Energieversorgung und die Verbindung zur Industrie. Die Wirtschaftslage ist auch in seinem Bezirk schlecht, sagt er. Aber er hofft, daß es besser wird. »Ich glaube, in diesem Jahr haben wir den Tiefpunkt der Krise erlebt. Im nächsten geht es aufwärts.« Er redet wie jeder Politiker in der Hauptstadt Jakutsk.

Wo der Fluß Marcha in den Wilui mündet, soll laut Fahrplan ein Halt sein. Aber das Wasser hat den Anleger weggerissen, und hier kann der Kapitän sein Boot nicht ans Ufer bringen. Fünf oder sechs Leute aber wollen dennoch aussteigen. Der Fußweg von der nächsten Station zurück ist zu lang und zu beschwerlich, sagen sie. Also steigen sie ins hüfttiefe Wasser und bilden eine Kette, dann werfen sie sich ihre Gepäckstücke zu. Eine Frau hat sich nur schwer entschlossen, hier an Land zu gehen. Nun steht sie in ihrem schicken Kleid im tiefen

Wasser und findet das weniger lustig als die Mitreisenden. Vorhin hat sie mir noch erklärt, daß sie Privatunternehmerin in Jakutsk ist, daß sie die Universität absolviert und sich dann im Handel als Buchhalterin selbständig gemacht hat. Sie sagte, die wirtschaftliche Lage sei ziemlich normal. »Die Leute kaufen, jeder nach seinen Möglichkeiten. Früher war ich beim Staat angestellt, aber die Arbeit in der Privatwirtschaft ist besser. Bei Privatunternehmen kriegt man Geld oder Nahrungsmittel, wenn man arbeitet. In den staatlichen Betrieben gibt es immer nur Schwierigkeiten.« Man sieht, daß es ihr gutgeht, sie ist großstädtisch und nicht billig angezogen. Aber nun geht sie durchs Wasser. So fremd ist ihr das auch nicht, schließlich ist sie im nächsten Dorf, acht Kilometer vom Fluß entfernt, aufgewachsen.

Gegen neun Uhr sehen wir ein paar Dutzend Häuser am Ufer. Wir haben Njurba erreicht, fahrplanmäßig. Die zwanzig Minuten Verspätung zählen ja nicht. Hier gibt es eine hölzerne Brücke zum Anlegen und ein Häuschen mit Kassenschalter für Schiffsbilletts. Da steht ein Bus, der auf uns wartet, neben dem Geländewagen des Chefs der Bezirksverwaltung. Der wirkt ein wenig mürrisch. Eigentlich wisse er nicht, warum er uns abholen und ein Nachtquartier bieten solle, wenn wir in Njurba gar keine Aufnahmen machen, sagt er. Aber seine Kollegin aus Wiluisk habe ihn angerufen und überredet.

Und dann verabschiedet er sich auch schon. Wir fahren durch den kleinen Ort, auf Straßen mit tiefen Pfützen, vorbei am Flughafen, dessen Landebahn tatsächlich mit Wasser bedeckt ist. Nicht weit davon liegt das

Gästehaus: vier Zimmer, ein Aufenthaltsraum mit Fernsehgerät und die Küche.

Zwei Frauen haben uns erwartet, wir müssen polizeiliche Anmeldeformulare ausfüllen und die Übernachtung im voraus bezahlen. Die Frauen sind unsicher: Mit Ausländern haben sie solche Verwaltungsakte noch nie vollzogen. Aber sie sind auch vergnügt, denn beide haben beim Warten auf uns schon ein bißchen getrunken. Am nächsten Morgen werden sie nicht dasein, sagen sie. Wenn der Fahrer uns abholt, schließt er das Haus ab und nimmt den Schlüssel mit. Der Verwaltungschef hat unsere Weiterreise vorgeplant. Der Fahrer hält die Schiffsbilletts und eine mit Schreibmaschine geschriebene Rechnung bereit: ungefähr zwanzig Mark kostet die Fahrt pro Person, für sechs Stunden und 174 Kilometer. Das Schiff von gestern ist schon wieder nach Wiluisk unterwegs. Nun wartet ein anderes auf uns, das ganz genauso aussieht. Noch ein ruhiger Tag auf der »Tram«.

Auch in Suntar, der Endstation dieses Boots, wartet der Verwaltungschef auf uns. Anastasia Pawlowa, die Chefin von Wiluisk, hat offenbar gute Beziehungen. Die Verwaltung hat einen Privatmann angeheuert, der uns mit seinem Geländebus nach Mirny zu den Diamantenminen fahren wird. Am liebsten führen wir gleich los, man weiß ja nicht, wie die Straßenverhältnisse sind, aber der Bezirkschef läßt uns nicht einfach fahren. Wenn wir schon einmal da sind, müßten wir auch etwas vom Kulturleben sehen und filmen. So bringt er uns am großen Sportstadion vorbei zu einer Lichtung im Wald, wo die Leute von Suntar ihre Sommerfeste feiern. Gehorsam packen wir die Kamera aus und warten.

Aus einer Holzhütte am Waldrand kommt ein großer alter Mann: Er trägt einen Mantel aus rotem Leder, der mit gelbschwarzen Rautenmustern und Tiersymbolen bestickt ist. Der große Kragen und die Mütze sind aus dem Fell von Silberfüchsen. Mit schöner, kräftiger Stimme beginnt er zu singen. Ein wenig monoton klingt das für uns, aber eindrucksvoll. Er trägt ein Stück aus einem altjakutischen Heldenlied vor. Oloncho heißt diese Kunstform, eine Mischung aus Epos und Oper, erklärt mir der Verwaltungschef, immer gehe es um den Kampf zwischen Gut und Böse, und eine richtige Oloncho-Aufführung könne mehrere Tage und Nächte dauern. Nikolai Timofejew macht es viel kürzer. Der »verdiente Sänger des Volkes« und Ehrenbürger des Ulus sagt mir kurz, worum es bei seinem Gesang ging: um Götter, die es regnen und die Kräuter wachsen lassen. Dann verabschiedet er sich, höflich, aber eilig. Er muß zurück aufs Feld, sein Heu einbringen, ehe das Wetter umschlägt. Das sieht der Verwaltungschef ein, und er läßt ihn in seinem Geländewagen zurückbringen.

In den kleinen Orten und Dörfern am Wilui leben die meisten Oloncho-Sänger Jakutiens, und die von Suntar sind besonders berühmt. Deshalb hat der Bezirkschef für uns auch die alte Frau eingeladen, die mit zwei Enkelinnen in weißen Sonntagskleidern über die Lichtung kommt und sich vor den drei großen Totempfählen aufstellt. Maria Ekorowa trägt das schönste Nationalkostüm, das ich in Jakutien gesehen habe: ein grüner Mantel, mit rotem Stoff besetzt und mit Goldfäden bestickt, Zobelpelz auf den Schultern, eine reichverzierte rotgoldene Kappe, zwanzig Zentimeter lange goldene

Ohrgehänge und einen kunstvoll geschmiedeten Brustschmuck. Sie ist Lehrerin, aber zugleich eine berühmte und geehrte Volkssängerin.

Uns trägt die alte Frau singend und tanzend eine dramatische Geschichte vor: Eine Tochter der Unterwelt, eine böse Frau, möchte durch die Heirat mit einem reichen Mann in die mittlere Welt hinüberwechseln, aber der Mann liebt eine Schöne aus der oberen Welt. So kämpft der Held gegen das Böse, wie meist in den Epen und Mythen der Jakuten. Der jakutische Kosmos, erklärt der kulturbegeisterte Verwaltungschef, sei ein kompliziertes philosophisches Gebilde. Die obere Welt, das sind neun Himmelssphären, in denen höhere Wesen, Gottheiten und Geister leben. Die Mitte ist die irdische Welt der guten und bösen Menschen, und die Unterwelt bevölkern die bösen Abasy-Geister.

Wir wollen uns auf den Weg machen, aber so schnell läßt man uns nicht ziehen, und es wäre zu unhöflich, wenn wir nicht im Haus von Frau Ekorowa einkehrten. Da hat die ganze Familie schon ein Mahl vorbereitet. Fleischbällchen, Gulasch, Pfannkuchen mit Eingemachtem und saurer Sahne, zwei Torten, Tee, Kaffee, Wodka – alles steht auf dem Tisch. Frau Ekorowa hat ein helles, geräumiges Haus. Mir fallen die vielen Borde mit Büchern auf. Die gehören Frau Ekorowas Tochter, Galina, einer Jakutischlehrerin, und ihrem Mann, dem Mathematiklehrer Anatoli. Beide lesen sehr viel, und ihre Kinder haben das geerbt, sagt die Großmutter. Sie hat allen auch die Liebe zu jakutischen Traditionen weitergegeben. Die ganze Familie singt, während sie uns die Teller vollädt. Zum Abschied drücken sie uns Pakete in die Hand: Reiseverpflegung und drei große Plastikflaschen mit Kumys, die trinken der Fahrer und ich auf der Reise aus. Meine Frau, die Kameraleute und unser russischer Begleiter haben daran noch immer keinen Geschmack gefunden.

MIRNY, TSCHERNYSCHEWSK

Eine Fähre bringt unseren Kleinbus über den Fluß. Die Straße ist ziemlich gut: Schotter, aber wenig Schlaglöcher. Sie ist einer der wichtigsten Verbindungswege im westlichen Jakutien. Von dem Fluß Wilui führt sie in die Stadt Mirny, dort schließt sich eine andere Straße an, die nach 400 Kilometern in Lensk endet, einem Flußhafen an der Lena, den Frachtschiffe mit dem nächsten Eisenbahnanschluß nach Westen verbinden. Wir wollen es heute noch bis Mirny schaffen. Nachts um halb eins kommen wir an, sagt der Fahrer, als könne er das vorausberechnen. Iwan ist guter Dinge und läßt seine Lieblingsschlager von der Kassette dröhnen.

In den ersten Stunden geht es wirklich zügig voran. Wir fahren an einigen Dörfern vorbei und an den Schuppen der Straßenbauarbeiter. Aber dann kommt ein Stück, wo die Fahrbahn Rillen wie ein Waschbrett hat. Unserem Kleinbus reißt es den Auspuff ab, den schleppen wir scheppernd bei langsamer Fahrt bis zu einem Holzplatz mit. Unser Fahrer hält an und sucht zwischen den Stämmen herum. Da hat er schon ein Stück Draht gefunden; er liegt unter dem Wagen und macht den Auspuff wieder fest. Alles nicht so schlimm, wir haben nur eine Viertelstunde verloren und fahren noch immer nach Plan, sagt er.

Im nächsten Dorf ist die Straße aufgerissen. Wir müssen den Gegenverkehr vorbeilassen und kommen mit Straßenarbeitern ins Gespräch. Da sind die Nachrichten weniger gut. Die Furt am nächsten Fluß, die wir durchqueren müssen, sei schlecht zu befahren. Die Regenfälle der letzten Wochen haben das Wasser steigen lassen, anderthalb Meter sei es nun ungefähr tief. »Alles halb so schlimm«, sagt unser Fahrer wieder, »wir kommen schon rüber.« Wo die Straße aus dem Wald steil hinunterführt, kann man den Fluß schon sehen. Gerade fährt ein Schwerlastwagen hindurch, einer von den Dreiachsern mit den zwei Meter hohen Reifen, die wir in den Goldgruben gesehen haben. Der schafft es natürlich, aber das Trittbrett der Fahrerkabine ist überspült. Für Iwan ist das ein erfreulicher Anblick: So einer kann uns durch den Fluß schleppen.

An der Furt stehen zwei Geländewagen, ihre Passagiere packen das Gepäck aus und stellen es an den Straßenrand. Wir stellen uns hinter ihnen auf, und unser Fahrer fängt an, unsere Ausrüstung aus dem Kleinbus zu holen. Ein bißchen abseits der Straße scheint ein kleines Fest gefeiert zu werden. Sechs oder acht Männer haben sich aus Stämmen und Brettern Bänke und einen Tisch gemacht, da sitzen sie vor ihrem Wodka, und auf dem offenen Feuer brodelt eine Pilzsuppe. Sie sind mit dem großen Lastwagen gekommen, der eben durch den Fluß gefahren und nun wieder auf dem Weg zurück ist – mit großer Bugwelle und einem kleinen Lada im Schlepp, der wie ein Bötchen durchs Wasser gezogen wird.

Die Männer am Tisch reden und trinken weiter. Dies ist nicht die erste Überfahrt. Eigentlich waren sie alle mit dem großen Lastwagen gekommen, um Pilze zu sammeln und ein bißchen zu trinken. Als sie feststellten, wie tief das Wasser war, beschloß der Kollege, dem der Laster gehört, hier einmal richtig Geld zu verdienen. Schließlich ist er selbständiger Fuhrunternehmer. Für 25000 Rubel schleppt er Autos über den Fluß. Kleinbusse kosten 40000, aber weil wir ausländische Gäste sind, macht er es für uns umsonst. Als wir dran sind, lädt er uns und unser Gepäck auf den Lastwagen. Unser Kleinbus wird mit einem Stahlkabel festgemacht, Iwan sitzt hinter dem Steuer, und wir blicken hinunter zu ihm, als sein Wagen hinter unserem Laster herschwimmt. Mitten im Fluß haben die Räder keinen Kontakt mit dem Boden mehr. Am anderen Ufer macht er die Tür auf: Ein Schwall von Flußwasser schießt heraus, es hatte dreißig bis vierzig Zentimeter hoch in der Kabine gestanden. Jetzt wird der Boden mit einem Lappen trockengerieben. Wir laden unser Gepäck um, steigen ein und warten, ob der Motor trotz des Bads im tiefen Wasser noch anspringt. Kein Problem. Die Männer winken uns nach. Nun geht es weiter zum nächsten Fluß. Da soll die Furt gerade noch passierbar sein.

Aber dann ist es für unseren Kleinbus doch zu tief. Hier ist kein Mensch zu sehen, in der letzten Stunde ist uns auch kein Fahrzeug mehr begegnet. Es ist nach Mitternacht, die dunkelste Stunde. Im grauen Licht glauben wir fern am anderen Ufer ein Haus zu erkennen und überlegen, ob einer von uns durch den Fluß waten und Hilfe holen soll. Aber dann hören wir einen brummenden Motor, einen Lastwagen: Der Fahrer ist mürrisch. Er will keine Zeit verlieren, sagt er, er sei sowieso zu spät dran. Meine Frau redet mit ihm, um Zeit zu gewinnen. Iwan hat das Seil schon am Kleinbus festgemacht, es dauert nur eine Minute, bis er uns an den Lastwagen angehängt hat, und weil das Wasser an dieser Furt nicht so tief ist, können wir mit unserem Gepäck im Wagen bleiben. Soviel Zeit hat auch ein übernächtigter Fahrer.

Von nun an wird die Straße immer besser, schließlich rollen wir auf Asphalt dahin. Um halb zwei wird es schon wieder heller, und da liegt die Skyline von Mirny wie eine Fata Morgana am Horizont: So kommen die fünf- und sechsstöckigen Plattenbauten uns jedenfalls nach den letzten Tagen vor.

Im Zentrum parken wir neben der meterhohen Leninbüste vor dem Kulturhaus. Das Hotel ist schnell gefunden, es liegt gleich nebenan. Ein verschlafener alter Mann macht uns auf. Auf der Theke der Rezeption liegt eine Notiz für uns, dazu die Zimmerschlüssel und Meldeformulare. Die sollen wir am nächsten Morgen ausgefüllt abliefern. Sonst gibt es keine Formalitäten. Das ist gut organisiert: Die Presseabteilung des Konzerns ALROSSA hat Erfahrung mit ausländischen Gästen. Sie hat sich Mühe gegeben, obwohl sie sich noch vor einigen Tagen geweigert hatte, uns überhaupt zu empfangen. Ein russisches Fernsehteam aus Moskau hat kürzlich einen unverschämten Bericht aufgenommen, erzählt uns am nächsten Morgen der Fotograf der Lokalzeitung. Sie haben die soziale Lage negativ gezeichnet, die finanziellen Schwierigkeiten übertrieben und den Generaldirektor des Diamantenkonzerns so gründlich verärgert, daß er kein russisches Kamerateam mehr in Mirny sehen will.

Ich weiß nicht, ob der Fotograf, der am Morgen mit dem Leiter der Presseabteilung kam, uns als Führer und Überwacher zugeteilt war, oder ob er wirklich die Gelegenheit nutzen wollte, an unseren Drehorten Fotos für einen Firmenkalender zu machen. Jedenfalls fährt er mit uns zu einer der Diamantenminen am Stadtrand, die hinter einem Gebirge von Abraum, einer weiten steinernen Wüstenlandschaft, liegt. Der Fotograf hat einen faustgroßen Diamanten mitgebracht, in dieser Mine gefunden, aber natürlich ist das nicht der wirkliche Diamant, sondern eine Nachbildung aus Glas. Die stellt er auf einen Gesteinsbrocken oberhalb der Grube, am Horizont die Skyline von Mirny, und so schießt er sein Bild.

Wir blicken in den riesigen Krater hinab. Er hat einen Durchmesser von fast 400 Metern. Jetzt ist er 390 Meter tief, und man wird noch bis 520 Meter Gestein und Geröll abräumen, um Diamanten zu finden. Das sagt uns ein Ingenieur, den die Presseabteilung uns nachgesandt hat. Er zeigt auf graues Gestein, das sich an einer Stelle der Kraterwand nach unten zieht. Das ist die Trubka aus Kimberlit, der Gesteinsformation, in der man Diamanten findet. Trubka heißt Pfeife, und man erzählt, der Geologe, der die ersten Diamanten entdeckte, sei ein Raucher gewesen und habe den Fund telegrafisch mit dem Codewort Trubka nach Moskau gemeldet. Seither hat man in den westlichen Gebieten Jakutiens eine Reihe von Fundstätten erforscht. Einige werden gerade neu erschlossen. Wir stehen an einer Grube mittlerer Größe, sagt der Ingenieur. Die schweren Lastwagen fahren auf Straßen, die sich an der Kraterwand nach unten schrauben, wo Bulldozer und Bagger arbeiten.

Später dürfen wir uns die Ausbeute im Klassifizierungszentrum anschauen, wo die Steine nach Größe, Gewicht und Reinheit sortiert werden. Da muß der Pressechef schon selber mitkommen und uns an den bewaffneten Wachmannschaften vorbeilotsen. In jedem Zimmer sitzen Frauen in weißen Kitteln und Hauben an langen Tischen und betrachten Rohsteine mit bloßem Auge oder mit dem Vergrößerungsglas. Sie klassifizieren die Steine nach dem System des südafrikanischen Konzerns De Beers. Danach gleichen sie auch laufend die Preise an, sagt Direktor Jagupow, der Betriebsleiter. Ich frage eine Sortiererin, ob sie selbst Diamanten besitzt. Da schüttelt sie den Kopf. Das wundert mich. »Was es nicht gibt, das gibt es eben nicht«, sagt sie kurz angebunden. Aber ihre Kollegin hat welche zu Hause. »Die hat mein Mann gekauft und mir geschenkt. Aber das sind nur kleine, ganz kleine, ein bescheidenes Geschenk meines Mannes.« Sie kann sie uns nicht zeigen, denn niemand darf im Sortierzentrum Diamanten tragen.

Hier stehen wieder wie im Labor der Goldwäscher von Njerungri reihenweise emaillierte Kochtöpfe. Direktor Jagupow beobachtet mich, als ich seine Töpfe betrachte. »Dazu will ich Ihnen mal was erzählen. Sie sind ja nicht der erste Journalist, der zu uns gekommen ist, viele Besucher und Delegationen sind immer schrecklich schockiert, wenn sie dieses Leergut sehen, diese altmodischen Kochtöpfe. Aber das ist ganz festes Emaille. Die Oberfläche ist so hart, daß keine elektrische Aufladung möglich ist. Da sammelt sich an den Wänden kein bißchen Diamantenstaub. Der Topf läßt sich leicht ausschütten und abfegen. Wir haben mit verschiedenen Metallen experimentiert und sind bei diesen Töpfen geblieben. Sie sind die besten Gefäße für unsere Arbeit, weder Edelstahl noch Titan ist so gut. Also, lächeln Sie nicht über unsere Töpfe.« Ich lächle nicht, aber ich frage doch, was sie bei De Beers' Diamantenminen in Südafrika machen, wo es keine russischen Kochtöpfe gibt.

In der großen Halle des Verwaltungsgebäudes warten wir eine Stunde auf ein Gespräch mit dem Generaldirektor, aber dann kommt wieder nur der Mann von der Presseabteilung. Der Chef hat keine Zeit, er muß gleich nach Moskau fliegen. Einerseits tut mir das leid: Ich hätte den Herrn über Rußlands Diamanten gerne einmal gesehen. Andererseits hatte ich mir von dem Gespräch keine tiefen Einblicke erhofft. Diamantenkonzerne in aller Welt neigen nicht dazu, ihre Geschäfte, Verträge und Beziehungen für Journalisten durchsichtig zu machen.

Aus Moskauer Zeitungen hatte ich erfahren, welche Spannungen zwischen dem Bundesministerium für Bodenschätze in Moskau, der Regierung der Republik Jakutien und dem Konzern ALROSSA entstanden waren, nachdem Boris Jelzin durch einen Präsidentenerlaß ein neues Exportabkommen mit der den Weltmarkt beherrschenden Firma De Beers auf den Weg gebracht hatte. Nach dem alten Vertrag hatte Rußland jährlich 1,2 Milliarden Dollar von De Beers bekommen. Es ging also um viel Geld für alle Beteiligten. Die Regierung Rußlands und die Regierung Jakutiens halten zwei Drittel der Aktien von ALROSSA. Vor fünf Jahren war

ALROSSA von allen Bundessteuern befreit worden, nun kämpfte Moskau um einen höheren Anteil an den Profiten. Da gab es auch ein Dekret von 1992, nach dem die Republik Sacha zwanzig Prozent der Diamanten weit unter Weltmarktpreis von ALROSSA kaufen konnte, und angeblich Klagen des Exportpartners De Beers, daß ein Teil dieser Diamanten an den Verträgen vorbei zu Niedrigpreisen auf die Märkte im Westen gelange. De Beers und Rußland hätten durch solche illegalen Exporte Millionen Dollar verloren.

Der Pressesprecher von ALROSSA hielt sich im Gespräch mit mir ziemlich bedeckt. Man hoffe auf einen Kompromiß zwischen den beteiligten Regierungen, jedenfalls sei der gegenwärtige Zustand aus kommerzieller Sicht für seinen Konzern kein gutes Geschäft. Mehr hätte mir der Generaldirektor wohl auch nicht gesagt.

Einige der Probleme konnte ich mir nach Gesprächen mit Zeitungskollegen und Ingenieuren zusammenreimen. Die Stadt Mirny wurde 1955 gegründet, ein Jahr, nachdem die ersten Gesteinsschichten mit Diamanten gefunden worden waren. Sie war für 20 000 Menschen geplant: Verwaltung, Arbeiterschaft, Dienstleistungsbetriebe und Familienangehörige. Nun hatte Mirny schon 40 000 Einwohner – sie war viel zu groß und zu teuer geworden. »Kindergärten, Schulen, Theater, Fernheizung für alle Wohnungen, das kostet einfach zuviel«, sagte eine Mitarbeiterin der Stadtverwaltung. Wenigstens 10 000 Menschen, so schätzte man im Büro des Bürgermeisters, sollten in ihre Heimat zurückgeschickt werden. Aber die Leute weigerten sich, ihre kleine Stadt zu verlassen. Früher hätten ALROSSA und die Behörden diesen Menschen eine Wohnung im Westen Rußlands finanzieren können, nun sei das durch einen Erlaß des jakutischen Präsidenten verboten. Man werde die Menschen nicht los.

Ein Ingenieur meint, man müsse eine viel radikalere Lösung finden. Es sei völlig sinnlos, im fernen hohen Norden solche Städte zu unterhalten: »Das Diamantenkombinat hat 3300 Angestellte. Ähnliche Gruben werden in Australien mit 300 oder 400 Mann betrieben. Die werden schichtweise auf einige Wochen eingeflogen. Das ist so viel billiger, daß man es mit uns gar nicht vergleichen kann. Bei den neuen Ölfeldern östlich des Ural arbeiten wir ja auch schon so.« Aber so leicht ist es eben nicht, eine ganze Stadt zu schließen, wenn sie schon einmal dasteht. Weiter im Norden ist bereits wieder eine Stadt im Bau, bei neu erschlossenen Diamantenfeldern. Und für weitere Fundstätten läuft die Planung an.

Allmählich zeichnen sich für mich in Umrissen die Probleme des Diamentenkonzerns ab: Ein großes, fast nur sich selbst verantwortliches Management, das nach überkommenem sowjetischem Muster zu viel investiert und zuviel Kredite aufgenommen hat, bis es heute mit einer gewaltigen Verschuldung leben muß. Wie in der Vergangenheit bleibt die Ausbeutung der Umwelt das erste Ziel, Rekultivierung und Umweltschutz sind nicht eingeplant. Der Konzern finanziert eine Zeitung, um seine Interessen darzustellen, und kann zugleich die Gehälter der Journalisten sowenig wie die der anderen Angestellten zahlen. Nur solange der Weltmonopolist De Beers die Diamantenpreise hoch hält, kann der Konzern in Mirny weitermachen. Ein Unternehmen von dieser Größe hat in Rußland genug Einfluß, um sich die Unterstützung der Politiker zu sichern.

Die Gruben und ihre Städte brauchen viel Energie, Strom aus Wasserkraftwerken, deren Baumaterial und Ausrüstung aus dem Westen Rußlands über das Meer und die großen Flüsse herangeschafft werden müssen. Aus ihrer Bauzeit gibt es heroische Schilderungen von einem der großen, kostspieligen Kraftakte der Breschnew-Ära. Für das Kraftwerk Tschernyschewsk, das Mirny versorgt, mußten die riesigen Turbinen den Wilui hinauftransportiert werden, aber der war zu flach für so schwere Lasten. So hat man ihn aufstauen müssen und dann den Staudamm gesprengt, damit Schlepper und Traktoren die Schiffe mit den Turbinen auf der Stauwelle und gegen den Strom den Fluß hinaufziehen konnten, immer nur kilometerweit, bis die Stauwelle abgeebbt war. Das Kraftwerk konnte nur an einer Stelle gebaut werden, wo eine Felsformation seine Fundamente trug. Gefrorener Boden hätte die Belastung nicht ausgehalten. Schließlich entstand ein Stausee, eingebettet in Hügel mit Nadel- und Birkenwald, den sie das Wiluisker Meer nennen: 460 Kilometer lang, der drittgrößte in Asien und Europa. Außer der Arbeitersiedlung am Kraftwerk gibt es an seinen Ufern nicht eine menschliche Ansiedlung.

Der Stausee hat das Klima verändert, sagen die Leute in der Arbeitersiedlung von Tschernyschewsk. Beim Bau herrschten Temperaturen bis minus 59 Grad, jetzt ist die ganze Gegend bis zu 30 Kilometer vom See entfernt viel wärmer geworden. Die Temperaturunterschiede verursachen einen scharfen, durchdringenden Wind. Die

Vegetation hat sich verändert, der Fischreichtum des Flusses ist vernichtet. Bis hin zu den kleinen Städten, durch die wir am Wilui entlanggefahren sind, klagt man über Umwelt- und Wasserprobleme. Mit denen soll der Gemeindechef von Tschernyschewsk fertig werden. Der Ort soll Kläranlagen bauen und hat kein Geld. »ALROSSA kann die Umwelt zerstören, soviel es will. Uns aber werden immer neue Auflagen gemacht. Uns sagen sie, daß in Tschernyschewsk zu viele Menschen wohnen. Aber in Mirny haben sie doppelt so viele, wie sie brauchen.«

Fast alle, die in Tschernyschewsk arbeiten, sind beim Kraftwerk angestellt oder bauen und reparieren in Taiga und Tundra die Überlandleitungen, die Hunderte von Kilometern weit zu den Diamantengruben im Norden und Süden führen. »Bei uns sind seit einem Jahr 360 Männer arbeitslos. Sie bekommen kein Geld«, sagt der Bürgermeister. »Erst haben sie sich geweigert, nach Westen umzuziehen, nun haben sie kein Geld mehr für die Flug- und Umzugskosten. Ihre Häuser lassen sich kaum verkaufen, nur Jakuten kommen hierher und wollen sie den Leuten für einen Spottpreis abnehmen. Für so wenig Geld kann keiner im Westen Rußlands eine neue Wohnung finden.«

Für die, die noch Arbeit haben, liegt der Durchschnittslohn bei drei Millionen Rubel, sagt der Bürgermeister, in der Verwaltung bei sechs Millionen. Die Ingenieure, die man mit Zeitverträgen aus den Industriegebieten heranholt, kommen auf zwanzig bis fünfundzwanzig Millionen Rubel. Wer auf Kontrakt da ist, kann damit rechnen, daß er sein Geld mit nicht allzu großer Verspätung bekommt. Die Arbeiter, die während der Mittagspause vor dem Kraftwerk in der Sonne sitzen, hatten dagegen 1996 gar keine Löhne ausgezahlt bekommen. Im Dezember gingen sie in den Streik. Die Wartungskolonnen pflegten die Turbinen nicht mehr, es war abzusehen, daß die Versorgung der Diamantenminen zusammenbrechen würde. Nach drei Monaten zahlte man ihnen den Lohn für das ganze Jahr 1996 nach. Das war im Februar, seither hatten sie wieder kein Geld mehr bekommen, und nun war August. Also bereiten sich die Arbeiter auf einen neuen Streik vor.

Sie schimpfen auf die Aktiengesellschaft, der das Wasserkraftwerk gehört: Deren Direktoren hätten sich in Moskau dreißig Wohnungen, das Stück für eine Milliarde Rubel, gekauft, behauptet einer. Andere meinen, die Schuld liege bei ALROSSA. Der Diamantenkonzern habe für 110 Milliarden Rubel Strom abgenommen und nicht bezahlt. »Es gibt überhaupt keinen Schuldigen«, sagt einer der Arbeiter. »In diesem Land hat nie jemand an irgend etwas schuld. Nie findet man eine Ursache, und wir wissen nicht einmal, wo man sie suchen soll. Was die Politiker treiben, können wir nicht verstehen. Hier bei uns jedenfalls erfährt man so etwas nicht. Vielleicht muß man in Jakutsk oder Moskau suchen, wo sie das Geld aus dem Fenster werfen. Wir liefern Strom, dafür wird nicht gezahlt, und es ist unklar, wo das Geld verschwindet.«

Ein älterer Mann meint, früher habe es das nicht gegeben: »Früher kam das Gehalt regelmäßig, manchmal gab es Vorschuß – als die Kommunisten die Macht hatten und die Sowjetunion noch existierte. Jetzt ist von der Union nur Rußland geblieben, alles ist auseinandergefallen. Da weiß keiner, wohin wir rollen.« Ein anderer Arbeiter kann nicht glauben, daß es besser wird, wenn die Kommunisten noch mal an die Macht kommen, aber schlechter als jetzt könne es auch nicht werden. Dem widerspricht ein junger Arbeiter: »So schlecht es auch ist, die Kommunisten brauchen wir überhaupt nicht. Wir kommen ohne sie aus. Warten wir noch zwei, drei Jahre und hoffen wir, daß es besser wird, ohne die Kommunisten. Wir haben schon einmal hinter Gittern gelebt, das reicht. Wir wollen offene Grenzen zum Rest der Welt.« Ein dicker Schweißer sieht das alles ganz anders: »Das liegt daran, daß es hier keinen Herrn gibt. Herrenlos ist das hier. Wenn da ein Eigentümer wäre, würde es auch normaler, aber jetzt gehört das Kraftwerk irgendwie keinem.«

Einen Mann mit langen schwarzen Haaren nennen die anderen den Zigeuner, aber er sagt mir, daß er Müller heiße und eigentlich Deutscher sei. Er will von mir einen Rat. »Wir haben uns schon an alle gewandt, an die Präsidenten von Rußland und Jakutien, die Parlamente und Parteien. Zeigen Sie Europa doch mal, wie es hier bei uns geht. Da müßte man vielleicht die Organisation für Sicherheit und Zusammenarbeit in Europa einschalten. Aber wie macht man das?« Und einer seiner Kollegen fragt, ob sich die Arbeiter nicht an die Europäische Union wenden könnten, an den Europarat, in dem Rußland doch Mitglied sei. »Da muß doch der Europäische Gerichtshof eingreifen, wenn unsere Menschenrechte verletzt werden.«

Die Arbeiter erzählen, wovon sie jetzt leben. Das ist

wieder ein Einblick in die schwierige, wundersame russische Wirtschaftswelt. Sie erzählen von den Gärten, die sie anlegen mußten, um sich ernähren zu können. Einige haben Geld von der Nachzahlung im Februar zurückgelegt. Sechs haben sich damals ein Auto gekauft, gebrauchte Audis aus Deutschland. Und sie zeigen mir kleine bedruckte Papierchen. »Das ist unser Geld«, sagen sie und lachen. Auf ihre Durchschnittslöhne von drei Millionen Rubel bekommen sie solche Talons als Vorschuß – 300 000 bis 500 000 Rubel im Monat. Dafür gibt es nichts in Geschäften zu kaufen, nur in der Kantine des Kraftwerks. »Da bringen wir unsere Familien manchmal zum Essen mit, oder wir kaufen Brot und Zucker, auch mal Konserven. Wer im Kraftwerk angestellt ist, bekommt dreißig Prozent Preisnachlaß«, erklärt mir einer. Und einen Vorteil hätten die Talons doch: Weil sie nicht als Geld angesehen werden, muß man auch keine Steuern bezahlen.

Die Kantine ist sauber und ordentlich, das Essen anständig und billig. Die Kassiererin steht vor einem großen Zettelkasten und macht sich ständig Notizen, wenn sie einen Talon angenommen hat. »Da kriegen wir also diese Papierchen, und auf jedem steht 10 000 Rubel drauf. Nun kommt einer, der hat für 25 100 Rubel gegessen. Er gibt mir drei Talons. Wechselgeld kann ich ihm nicht geben. Also schreibe ich den Restbetrag auf den Zettel, zusammen mit seinem Familiennamen, lege die Gutschrift in den Zettelkasten, und wenn er wiederkommt, suche ich den Talon heraus«, sagt die Kassiererin. »Schrecklich, aber so leben wir.«

Auf dem Rückweg nach Mirny fahren wir in Swetlije

vorbei, wo Kraftwerk III im Bau sein soll. Da hängt an der Einfahrt noch ein großes altes Transparent: »Unsere Parole heißt: Beschleunigung.« Das hatten wir zehn Jahre zuvor oft gelesen, mit diesem Aufruf hatte Gorbatschow die Perestroika begonnen. Aber die Baustelle von Swetlije, wo die Arbeit vor zwölf Jahren begann, liegt still an ihrem fünfzig Kilometer langen See. Die vier Turbinen sind nie angesprungen, irgendwann, sagt die stellvertretende Baustellenleiterin, werden sie 360 Millionen Watt liefern, weil neue Diamantengruben den Strom brauchen werden.

In Mirny gehen wir auf den kleinen Markt, um Gurken und Tomaten zu kaufen. Am nächsten Morgen werden wir nach Tiksi ans Eismeer fliegen, da sei Gemüse knapp und teuer, hat man uns gewarnt. In der Markthalle und an den Ständen von Mirny gibt es jetzt im sibirischen Spätsommer fast alles: Gemüse, Beeren und Pilze, getrocknete Fische und Würste, Tüten mit Saat für das nächste Jahr. Das wird von Frauen verkauft. Bier, Limonade, Cola in Dosen und Konserven verkaufen meistens braungebrannte, schwarzhaarige Männer, die Händler vom Schwarzen Meer und vom Kaukasus. Einer hört, daß wir nach Tiksi fahren und will mir gleich eine große Pelzmütze andrehen, weil es am Eismeer so kalt sei. Das finden die anderen Männer sehr komisch, und er muß selber lachen, als ich nicht darauf hereinfalle. »Die Pelzmützen-Saison fängt gerade erst an«, gibt er zu. Er hat seinen Stand vor zwei Tagen aufgemacht, sein eigenes Unternehmen. Und die Waren hat er von weither gebracht. »Die Käufer sind heute anspruchsvoll, da muß man früh mit einem guten Sortiment bewaffnet sein.«

Eine Eisverkäuferin bedient zwei Schulmädchen. »Wenn es Winter wird, geht das Geschäft nicht viel schlechter«, sagt sie zu mir. »Auch wenn es auf fünfzig Grad runtergeht – die richtigen Feinschmecker haben vor Kälte keine Angst.« Neben einem Berg von Kohlköpfen sitzt eine junge Frau in schulterfreiem schwarzem Kleidchen, ein bißchen unsolide geschminkt. Sie gibt mir nur kurz und bündig Auskunft. Früher habe sie verschiedene Berufe gehabt, gearbeitet, gehandelt, nun sei sie im Handel, um ein bißchen Geld zu verdienen. Zum Leben reiche es ihr. Auch einer anderen jungen Frau, die Zwiebeln verkauft, ist es nicht angenehm, über ihre Arbeit am Marktstand zu sprechen. »Ich bin Operationsschwester, und jetzt habe ich Urlaub. Ich bin hier nicht nur wegen des Geldes, ich helfe einfach. Das ist interessant, darum verkaufe ich.«

Die älteren Frauen sind unbefangener. Die meisten kommen aus Siedlungen, die zwanzig bis dreißig Kilometer entfernt liegen, da haben sie Gemüsegärten, Treibhäuser, Schweine, Kühe und Hühner, erzählen sie. »Wir haben alles«, sagt eine. »Das Leben ist natürlich kompliziert – seit neun Monaten kein Gehalt. Ich arbeite in der Verwaltung, und am Wochenende besorgen mein Mann und ich unsere eigene Wirtschaft. Wenn ich mein Gemüse verkauft habe, dann kaufe ich dafür Wurst.« Und dann schieben ihre Freundin und sie Tomaten und Gurken zusammen: ein Geschenk für uns. »Gäste muß man doch bewirten.«

Zwei kleine Mädchen, sicherlich keine zehn Jahre alt, bieten uns Sträußchen aus Petersilie an. »Bitte kommen Sie wieder zu uns«, sagt die eine im Verkäuferinnenton.

Und dann legen sie ihre Petersilie auf einen der Markttische und laufen drei Jungen hinterher, die auf Inline-Skates vorbeigerollt kommen. Einer schwankt ziemlich und fällt gelegentlich um. Die Rollschuhe sind ganz neu, die hat er geschenkt bekommen, als er mit Papa und Mama neulich in Sotschi am Schwarzen Meer in den Ferien war.

Am nächsten Morgen haben wir in unseren schäbigen Hotelzimmern die Wahl: Waschen oder Zähneputzen. Seit zwei Tagen fließt kein Wasser mehr aus den Leitungen. Am Abend zuvor hatten die alten Frauen, die die Etage betreuen und bewachen, zwei Eimer Wasser ins Bad gestellt, das ist fast aufgebraucht. Mehr gibt es jetzt nicht, und es gibt auch keine Erklärung. Das ist eben so.

ARKTIS, TIKSI

An diesem Tag fliegen wir 1800 Kilometer, zuerst über bewaldetes Berg- und Hügelland, dann über baumlose Tundra und Sümpfe. Mehr als vierzig Flüsse werden wir überfliegen, sagt der Pilot, aber nur ein kleiner bewohnter Ort liegt auf der Strecke. Dann taucht unter uns ein gewaltiger Wasserlauf auf, das ist schon nicht mehr die Lena selbst, das ist ihr riesiges Delta. Der Pilot zieht eine Kurve übers offene Meer und dann liegen zwei Plattenbausiedlungen vor uns: Tiksi I und Tiksi II. Die kleine Gruppe von fünfstöckigen Häusern, die sich Tiksi II nennt, dürfen wir nicht fotografieren. »Militärobjekt«, warnt der Pilot, eine Siedlung der Streitkräfte, die auf den Hügeln dahinter eine Station mit gewaltigen Parabolantennen gebaut haben.

Früher ließ man Ausländer nie nach Tiksi, und der ganze Flußlauf der Lena, von Jakutsk bis zum Eismeer, war verboten.

Auch jetzt werden wir am Flughafen Tiksi streng kontrolliert. Die anderen Passagiere sind mit ihrem Gepäck längst abgefahren, als wir aus der Maschine aussteigen dürfen. Auf einer Bank vor dem zweistöckigen Flughafengebäude müssen wir warten, während ein Offizier mit unseren Pässen verschwindet. Aber der Leiter des Naturschutzgebiets holt uns ab. »Es gibt kein Problem«, sagt er, »ich habe aus Jakutsk alle Papiere bekommen. Es dauert nur etwas.« Der Offizier kommt zurück, salutiert und übergibt unsere Pässe und uns an den Naturschutzmann. Wir dürfen nach Tiksi I. Am Straßenrand blüht die Tundra: ein Teppich aus niedrigen Pflanzen mit roten und violetten Blüten, dazwischen leuchtet gelb der Islandmohn.

Wir blicken über die Bucht und das alte Hafenbecken mit halbversunkenen Schiffen zur Stadt hinüber: ein Zentrum aus mehrstöckigen grauen Betonhäusern, umgeben von hölzernen Baracken und Hütten. Eine Fassade ist noch immer mit dem riesigen Hammer-und-Sichel-Symbol der alten Sowjetunion bemalt. Das Feuerwehrhaus ist ein knallrot gestrichener Block und liegt irgendwie surrealistisch in der Stadt, in der sich am frühen Nachmittag nichts bewegt. Auch scheint uns, als ob in diesem Bild noch etwas anderes fehlt, und dann wird uns klar, was es ist. Nirgendwo, in der Landschaft nicht und nicht in den Straßen der Stadt, wächst auch nur ein einziger Baum.

Der Himmel über uns ist blau, die Sonne scheint, das arktische Licht ist hart und klar, aber von der anderen Seite der Stadt zieht eine dichte Dunstwolke heran, und kaum zehn Minuten später, als wir bei unserer Unterkunft ankommen, können wir nicht mehr erkennen, wieviel Stockwerke das Haus hat und was auf der anderen Straßenseite liegt. »So ist das am Eismeer«, sagt Dmitri Gorochow von der Naturschutzverwaltung. Er hat uns in einer Art Seemannsheim untergebracht. Im Erdgeschoß ist ein kleiner Schalter: die Rezeption. Daneben liegt ein kleines Lebensmittelgeschäft, da werden Verkäuferinnen etwas für uns zum Abendessen machen.

Spiegeleier und Plockwurst schlagen sie vor. Im ersten Stock kommen wir an einem offiziellen Türschild vorbei: Hier hat die Staatsanwaltschaft von Tiksi ihre Büros. Im Stockwerk darüber ist der Gemeinschaftswaschraum, und Wasser gibt es hier auch, kalt, aber immerhin. Daneben liegen unsere Zimmer, sauber und angenehm, mit dicken Wolldecken. Man muß nur das Fensterchen schließen, damit der kalt-feuchte Nebel nicht hereinzieht. Aber der ist eine Stunde später schon wieder spurlos verschwunden, als wir uns die Stadt ansehen.

Eigentlich hat Tiksi nur drei oder vier Straßen, ein Zentrum aus grauen Apartmenthäusern auf Betonstelzen. Mir fällt auf, daß Wohnungsfenster vernagelt sind und daß im Hof vieler Häuser Container stehen: Manche Familien sind schon abgereist, andere haben sich solche Container besorgt, um schnell weg zu können, wenn sich eine Gelegenheit bietet. Früher hatte Tiksi 10000 Einwohner, jetzt sind es noch 6000. Am gelbgestrichenen Kulturhaus lädt ein Plakat zum Flohmarkt ein, aber drinnen finden wir nur zwei Verkäufer mit gebrauchter Kleidung. »Die Leute haben keine Lust mehr, etwas zu kaufen«, sagt die Leiterin des Kulturhauses und erzählt, wie sie hier früher Rockkonzerte und Theateraufführungen organisiert hat. Jetzt funktionierten nur noch die Schulen und Kindergärten, weil sie vor Jahren so großzügig ausgestattet worden seien.

An einem Holzhaus steht »Bar und Disko«, aber die sind wohl schon länger geschlossen. Im staatlichen Geschäft gibt es drei Sorten Fischkonserven und Wodka und keine Kunden. Ganz ausgestorben ist die Stadtmitte nicht: Aus einer Konditorei trägt ein junger Mann Platten mit Sahnetörtchen heraus, und näher am Hafen kommen Leute mit Netzen voll Lebensmitteln aus einem Geschäft – sogar mit Tomaten, Bananen und Apfelsinen. Die sind gerade eingetroffen, erzählt die Verkäuferin. Private Händler bringen sie einmal die Woche mit einem Charterflug aus Moskau, 8000 Kilometer Luftlinie. Das ist etwas Neues, das hat es hier früher nicht gegeben.

An den Rändern des Ortes aber sieht man, wie der Zerfall die Stadt bedroht. Da stehen zusammengebrochene, verlassene Holzhäuser: Ihre Bewohner sind in die Plattenbauten gezogen, aus denen andere Bewohner abgereist sind. Die Bevölkerung schrumpft. Die Kräne am Hafen stehen meistens still, sagt man mir. Da liegt nur ein kleines Kohleschiff, und das dürfen wir nicht besuchen, denn der Frachthafen ist Militärobjekt. Im anderen Becken aber, wo bei unserer Ankunft nur verrottende Kähne lagen, Schrott, den eine japanische Firma bergen möchte, ist ein großes weißes Schiff, ein flotter Passagierdampfer, mit lauter Marschmusik eingefahren. Es ist das erste Schiff, das in diesem Jahr nach dem Eisbruch die Lena herunterkam.

Zollbeamte und Grenzschutzoffiziere stehen an der Gangway, Soldaten mit Ferngläsern und Funktelefonen beobachten die Passagiere, die neugierig vom leuchtendweißen Schiff herunterschauen: eine halbe Hundertschaft deutscher Touristen. 1700 Kilometer sind sie von Jakutsk hierhergefahren, einen Tag liegt ihr Schiff im Hafen von Tiksi, dann geht es acht Tage flußaufwärts zurück. Einer der Soldaten mit den Feldstechern wundert sich: »Alles ältere Leute, das müssen doch

Pensionäre sein. Sind denn die Rentner in Deutschland so reich?«

Einheimische und Touristen haben viel Zeit zum Grübeln: Es dauert endlos, bis an der Reling die Paßkontrolle beginnt, und dann wird der Prozeß noch einmal gestoppt. Die Militärs haben beschlossen, daß nur eine sechsköpfige Delegation deutscher Touristen an Land gehen darf. Das enttäuscht besonders die Kulturdezernentin, denn sie hat eine jakutische Empfangszeremonie vorbereitet: Brot und Salz nach russischer Art, dazu ein kleines Feuerchen gleich neben der Gangway, über die die Besucher herabkommen sollten. Das soll nach jakutischer Sitte die bösen Geister vertreiben. Ein Mann aus der Laienspielgruppe hat sich ein Schamanengewand umgehängt, gibt wilde Laute von sich und hüpft wie ein Hase um das Feuer herum. Zwei Schülerinnen sind in jakutische Trachten gesteckt worden, aber es sind Kostüme mit Miniröcken, und die Mädchen legen zu Lautsprechermusik eine Art Go-go-Tanz hin. Das darf die kleine »Delegation« aus der Nähe fotografieren, die anderen Touristen müssen vom Schiff aus zuschauen. Dann verhandelt ein Mann von der Stadtverwaltung weiter mit den Soldaten, bis es grünes Licht gibt: Die Deutschen dürfen zu einer Autobusrundfahrt durch Tiksi an Land. Nach einer Stunde sind sie wieder auf dem Schiff. Da sind sie gut aufgehoben, erzählen sie. Zu unserem Neid haben sie nicht nur fließendes, sondern auch warmes Wasser. So fährt das in Österreich gebaute Schiff seine Passagiere aus Deutschland über den großen Fluß durch die weite arktische Landschaft.

Seine militärische Bedeutung hat Tiksi längst verloren, auch wenn der Garnisonschef das nicht glauben mag. Die großen Antennen, die den Luftraum kontrollieren und Satelliten im Weltraum verfolgen, haben amerikanische Aufklärungssatelliten schon unendlich oft vermessen und fotografiert, besser als deutsche Touristen und Kameraleute es können. Die »Nordfront« ist seit dem Ende des Kalten Krieges militärisch fast bedeutungslos. Für die Stadt Tiksi, die die Garnison mitversorgen muß, ist der Stützpunkt eine Belastung. Aber immerhin hinterläßt die Luftwaffe einen guten Flughafen mit einer Rollbahn, auf der selbst Jumbo-Jets landen könnten. Vielleicht wird das ja einmal ein wichtiger Zwischenstopp auf der Nordroute, so wie es der Hafen von Tiksi früher gewesen ist: auf dem Weg von der Nordsee zum Pazifik, von Murmansk zur Beringstraße. Deswegen war hier vor fünfundsechzig Jahren eine Polarstation aufgebaut worden und schließlich die kleine Hafenstadt, eine Siedlung städtischen Typs, wie es in der Verwaltungssprache heißt.

Der stellvertretende Hafendirektor Nikolai Jegorowitsch meint, daß wichtige Investitionen verlorengehen, wenn man für Tiksi nicht neue Aufgaben findet. »Das Schwierigste ist, daß alle Projekte hier allmählich auslaufen, weil die staatliche Finanzierung gestoppt ist. Die Arktis wird nicht weiter entwickelt. Welche Zukunft hat eine Stadt wie Tiksi unter diesen Umständen? Das läßt sich nicht vorhersehen. Wir müssen einfach warten, wie Rußland über uns entscheidet – unser Boris Jelzin, der Berühmte.«

Jegorowitsch hofft, daß man im Norden wieder Straßen baut, Häfen anlegt, Flußläufe ausbaggert. Dies sei eine der reichsten Regionen der Welt, mit Diamanten, Erdöl und Gas, und überall gebe es Kohle, jenseits der Bucht von Tiksi, im Lenadelta, überall an der Küste des Eismeers. Daß die Erschließung des Nordens viel Geld kosten und die gefährdete Natur großflächig zerstören würde, beschäftigt ihn weniger. Er ist schon ein Vierteljahrhundert hier, und was die Natur angeht, so findet er, daß sie nicht gelitten hat. Im übrigen wohnt er gerne in Tiksi. »Ich lebe nicht schlecht. Man kann sagen, daß ich ein reicher Mann bin, nach meiner Vorstellung. In Ihren Augen bin ich vielleicht arm, aber ich fühle mich reich, ich habe, was ich brauche.«

Eine junge Frau, ziemlich dick für eine Sportlehrerin, sieht schwarz für die Zukunft von Tiksi. »Hier im Norden stirbt alles. In unserer Regierung interessiert sich niemand dafür. Das ist ein großer Mist.« Ich frage, ob sie in Tiksi bleiben will. »Ich denke ja«, sagt sie, schluckt ein bißchen und fährt fort: »Das heißt, ich hoffe nein. Ich möchte mit meiner Tochter wegfahren. Eigentlich bin ich ja Deutsche, der Name Ringelmann ist doch deutsch? In meinem Paß steht Russisch als Nationalität. Aber geboren bin ich in der Ukraine, auf der Krim, deshalb würden sie mich da aufnehmen. Ich habe dort auch Verwandte. Besser ist es da auch nicht, aber ich könnte meine Tochter leichter versorgen.«

In Jakutsk hatte uns ein Biologe geraten, seinen Kollegen Alexander Gukow in Tiksi anzurufen, er kenne und liebe die Arktis wie kaum ein anderer. In seinem Labor am Stadtrand hat er uns die Fische, Vögel und Säugetiere dieser nördlichen Welt geschildert und Fossilien gezeigt, die er von seinen Erkundungsfahrten mitgebracht hat.

Jetzt gehen wir zur Trussowstraße. Im Haus Nummer 9, Wohnung Nummer 28, ist er zu Hause. Wir gehen in sein großes Wohn- und Arbeitszimmer, wo die vielen Regale mit Büchern über die Natur des Nordens stehen, russische, englische, deutsche. Auf einer großen Karte die Laptewsee, jenes Stück des Eismeers, in das die Lena mündet, zeigt Gukow, wo seine Kollegen arbeiten, wo sie im Sommer das Wasser und im Winter das Eis des Meeres überprüfen. »Auf diesem riesigen Territorium haben wir früher mehr gearbeitet«, sagt Alexander Gukow. »Wir haben es jeden Winter mit Flugzeugen und Hubschraubern abgeflogen. Dafür ist jetzt selten Geld da.«

Seit sechzehn Jahren lebt und arbeitet er in Tiksi. Ob er noch einmal sechzehn Jahre bleiben wird? »Jedenfalls bis zum Jahr 2000 und auch noch länger, wenn es Arbeit gibt, aber Arbeit ist immer da, man muß sie sich nur selber suchen. Für Leute meines Berufs – Meeresbiologen, Hydrologen, Geographen – wird es in der Arktis immer Arbeit geben.« Früher oder später, meint er, wird die wichtigste nördliche Wasserstraße vom Westen nach Osten wieder belebt werden. Dazu müßten nur amerikanische, europäische und russische Firmen die ökonomischen Bedingungen durchrechnen, und natürlich auch die ökologischen Risiken. Der kürzeste Weg von Europa nach dem Westen Alaskas und Kanadas werde bestimmt einmal ein wichtiger Wirtschaftsfaktor.

Alexander Gukow verdient eine Million Rubel im Monat, 185 Mark, und die hat er bisher auch bekommen. 400 000 Rubel kostet allein die Wohnung, inklusive zehn Monate Heizung im Jahr, für das große Wohn- und Arbeitszimmer mit der Ausziehcouch der Eltern, das kleine Kinderzimmer und die Küche. Früher hat auch seine Frau Natascha im hydrobiologischen Laboratorium gearbeitet, aber der Job ist gestrichen worden. Nun hat sie ihre künstlerische Ader entdeckt, und so ist sie beschäftigt, wenn ihre Jungen in der Schule sind. Sie macht kleine Gestecke aus den winzigen verkrüppelten Wurzeln arktischer Bäume, und sie malt Blumen, blühende Tundralandschaften oder Meeresinseln in düsterer arktischer Nacht. Die hätte sie den deutschen Touristen gut als Souvenir verkaufen können, sage ich, aber der Gedanke gefällt ihr nicht. So etwas habe sie noch nie gemacht, sagt sie. Sie sei ja auch keine richtige Künstlerin, nur eine Dilettantin, und da käme es ihr wie Betrug vor, wenn sie für ihre Arbeiten Geld verlangte.

Natascha ist eine lebhafte junge Frau, die viel lacht, wenn sie von den Streichen ihrer Söhne erzählt. Sie sieht hübsch aus mit ihrem langen schwarzen Haar, der bunten Bluse und dem Minirock. Mit sechzehn ist sie nach Tiksi gekommen, als ihr Vater aus dem heißen Usbekistan ans Eismeer versetzt wurde. Natürlich sei das Leben schwierig geworden, sagt sie, aber unzufrieden sei sie nicht, und schon wegen ihres Mannes werde sie bleiben. Der würde sich ja nie von der Arktis trennen.

Gegen Abend kommt der Leiter des Naturschutzgebiets Lenadelta zu uns ins Hotel. Gorochow hat Schwierigkeiten, einen Hubschrauber zu finden, mit dem wir in sein Reservat fliegen können. Mit anderen Transportmitteln ist da um diese Jahreszeit nichts zu machen, und das Naturschutzgebiet hat immerhin eine Fläche von 30 000 Quadratkilometern, zweimal so groß wie Schleswig-Holstein. Aber irgendwann am nächsten

Tag wird er mit der Hubschrauberbrigade vom Flughafen einig werden und einen vernünftigen Preis für uns aushandeln. Für diesen Abend hat er eine Überraschung vorbereitet, damit wir erleben, wie schön es hier oben sein kann. Am Passagierhafen liegt der Kutter »Orlan«, Seeadler, ein altes Minensuch- und Patrouillenboot, das die Marine den Naturschützern geliehen hat, weil sie es jetzt nicht mehr braucht. Drei Mann Besatzung warten auf uns. Nikolai Gorochows kleiner Enkel ist da und ein junger Biologe aus Jakutsk, der verwirrenderweise auch Gorochow heißt. Zwei Gorochows hatten wir ja auch schon in Batagai getroffen. Wenn die Geschichte stimmt, daß die russischen Priester ihren jakutischen Täuflingen ihren eigenen Familiennamen gaben, dann muß ein Pope namens Gorochow ganz schön herumgekommen sein.

Die Stimmung ist gut, als Kapitän Alexander Schubin mit uns an diesem sonnigen Abend ausläuft, ein bißchen wie auf einem Schulausflug. Einmal fährt ein kleines Motorboot in hohem Tempo an uns heran, zwei Männer rufen herüber, ob wir ihnen Wodka abgeben könnten, und Schubin schickt sie mit ein paar freundlichen Flüchen davon. Wir fahren zwanzig Meilen quer über die Bucht von Tiksi zum Steilufer. Dort werden wir fischen und dann wird ein Feuer gemacht, wir werden Fische braten und Wodka trinken, kündigt Nikolai Gorochow an.

An Land wirkte er wie ein etwas verkniffener, trokkener Mann, umständlich und bürokratisch bei den Vorbereitungen für die Fahrt in sein Naturschutzgebiet, mit vielen Fragen nach der Genehmigung für Luftbilder und nach Lizenzgebühren für Tieraufnahmen. Jetzt fängt er an zu erzählen. Von Beruf ist er eigentlich Kunsterzieher. Vor fünfundzwanzig Jahren hat man ihn aus Mitteljakutien an die Schule in Tiksi versetzt, und vor zwei Jahren hat ihn das Umweltministerium in Jakutsk zum Leiter des Naturschutzgebiets gemacht. Auf diesen Posten gehöre ein Jakute, der die Natur seines Landes liebt, und kein Russe, deutet Gorochow an. Ich glaube, er ist einer der Jakuten, die heute Anspruch auf die Leitungsposten in ihrer Republik erheben. Und über die Entwicklungsgeschichte Jakutiens bemerkt er einmal wie nebenbei: »Als die Russen zu uns kamen, forderten sie zuerst nur ein kleines Stück Land, dann mehr und mehr. Die Jakuten haben sich schon damals friedlich verhalten und eher nachgegeben. Sonst wären wir wohl heute auch nur ein kleines, verlorenes Volk wie die Ewenken.«

Aber auch die zwei Russen und der Ukrainer an Bord lieben diese arktische Welt. »Im Norden ist es am besten«, sagt Wolodja Poliwada, der Maschinist. »Ich kann drei Monate in der Tundra sitzen, und mir wird es nie langweilig.« An der Steilküste ankern wir und gehen über eine Holzplanke an Land. Kapitän Schubin sitzt in einem winzigen Gummiboot und holt die Netze ein, die er gestern ausgelegt hat. Immer wieder hält er triumphierend große Fische hoch: Störe, Keta-Lachse, arktische Saiblinge. Der größte ist ein Taimen, eine Art Huchen, scheint mir, und als ihn Alexander Schubin an Bord zieht, klatschen alle Beifall. Der große Nelma schmeckt vielleicht noch besser, sagt Wolodja Poliwada. Den gibt es nur hier, deswegen hat er keinen anderen Namen.

Der dritte in der Mannschaft ist der Ukrainer Alexeij Tschewtschenko, und der fängt an, das große Essen vorzubereiten. In einem ausgewaschenen Einschnitt der Steilküste, fast einem kleinen Tal, steht ein Tisch aus dicken Brettern vor einer kleinen Bude. Hier bewahrt er den großen rußgeschwärzten Kochtopf auf und die Marmeladengläser mit Salz und Pfeffer, Blechteller und Besteck. Wir anderen wandern am Ufer entlang und sammeln Treibholz. Überall liegen große Baumstämme, die Reste von Flößen, die die Lena herabkamen und auf dem letzten Stück ihrer Reise in der Bucht vor Tiksi von Wellen und Eis auseinandergerissen wurden.

In dem kleinen Tal erinnern die Fundamente eines Blockhauses und eine Erdhöhle unter dicken Baumstämmen an frühere Bewohner. »Hier gab es in den vierziger und fünfziger Jahren meistens Litauer und Esten«, sagt Poliwada. »Von ihnen sind nur die Gräber geblieben. Aber manche der Toten hat man vor ein paar Jahren in ihre Heimat an der Ostsee zurückgebracht. Andere Gräber sind mit Teilen der Steilküste weggewaschen worden.« In Blockhütten und Erdhöhlen haben hier Stalins Verbannte gelebt. Tiksi war der Ausgangspunkt vieler Todesmärsche, etwa zu den Bergwerken nach Batagai, 600 Kilometer Luftlinie durch Tundra und Berge, im kältesten Winter. Davon spricht fast niemand mehr. Das war eine andere Zeit, das liegt fünfzig Jahre zurück wie der Zweite Weltkrieg, an den man sich freilich häufiger erinnert.

Alexeij Tschewtschenko schimpft: Das Wasser des kleinen Baches riecht irgendwie schlecht. Da muß er mit seinem Kessel den Hang hinaufklettern und weiter im

Land eine Quelle finden, wenn die Fischsuppe schmekken soll.

Kapitän Schubin kommt schon zum zweitenmal mit seinem Gummiboot an den Strand. Fünfzig oder sechzig große Fische hat er aus den Netzen geholt, natürlich nicht nur für unser Picknick. Die drei Seeleute von der Naturschutzverwaltung sind nicht bloß zum Vergnügen hier. Einmal in der Woche dürfen sie mit ihrem Kutter ausfahren und Zusatzverpflegung für sich und ihre Familien fangen, als Ersatz für noch nicht gezahltes Gehalt. Einerseits also ist das lebensnotwendige Arbeit, aber andererseits ein großes Vergnügen. Über dem Feuer hängt nun der Kessel mit der Ucha. Eine bessere Fischsuppe kann es nirgends geben: mit Lachs, Stör, Nelma und anderen kleineren Fischen. Und an kleinen Spießen brutzelt das Schaschlik aus Störfleisch. So ein Mahl wäre anderswo, in Jakutsk, Moskau oder im Westen, fast unbezahlbar.

Wir trinken Wodka, gerade so viel, wie sich das in Gesellschaft gehört, und das erste Gläschen bekommt das Feuer. »Das muß so sein«, sagt der Kapitän. »Das ist ein Opfer.« Wem da geopfert wird, kann er auch nicht sagen. In der Tundra macht man das eben so.

Die Männer erzählen Geschichten – von gefährlichen Begegnungen mit Eisbären nördlich des Lenadeltas, vom Sturm im letzten Winter, der die Strommasten einfach abknickte, mit siebzig Metern Geschwindigkeit pro Sekunde, wie man selbst in den Straßen von Tiksi nur schräg gegen den eiskalten Wind gelehnt vorwärtskommt, daß es in der Nähe des Meeres viel Schnee gibt, manchmal hoch bis zum dritten Stock der Wohnhäuser, und daß letztes Jahr sieben Menschen erfroren sind. Die Kälte sei nicht mal das größte Problem, sagt Nikolai Gorochow. Die gewaltigen Wassermassen der Lena erwärmen das Eismeer. Tiefer als 50 Grad falle das Thermometer in Tiksi nur selten. Aber dafür gebe es hier viel mehr Schnee als in der niederschlagsarmen Tundra – und den Schneesturm, die schreckliche Bura.

Die beiden Russen und der Ukrainer sind eher zufällig in den Norden gekommen, aber nun wollen sie auch nicht wieder fort. Alexander Schubin wurde vor fünfundzwanzig Jahren als Soldat erst nach Workuta, dann nach Tiksi versetzt. Da hat er geheiratet und ist nach dem Dienst Matrose geworden: »Nun bleibe ich hier, warum soll ich woandershin gehen. Hier sind unsere Kinder und Enkel groß geworden, hier wollen wir auch sterben.«

»Schwierigkeiten gibt es überall«, sagt Wolodja Poliwada. »Bei uns hat es einen großen Umbruch gegeben, die Kommunisten wurden vertrieben. Solche Umbruchszeiten gibt's in jedem Land, und sie sind immer schwierig. Die meisten Schwierigkeiten machen wir uns selbst. Im Prinzip wird alles normal weitergehen. Wir sind Optimisten, sonst könnten wir ja nicht weiterleben. Das ist eben so: Sein Land kann man sich nicht aussuchen, genausowenig wie die Eltern.«

Langsam brennt das Feuer herunter. Es ist lange nach Mitternacht, und obwohl man noch Zeitung lesen könnte, kommt uns die Polarnacht um diese Zeit nun schon dunkel vor. Auf halbem Wege nach Tiksi, kurz vor zwei, geht die Sonne über einer weißen Wolkenbank auf. Tiksi I und II sehen in diesem Licht aus der Ferne hell und modern aus. Und die riesigen Parabolantennen stehen auf ihrem Berg, als seien sie direkt aus dem Weltraum in die Tundra gefallen.

Mit dem Hubschrauber gab es Schwierigkeiten. Nikolai Gorochow war mit uns zum Flugplatz gefahren. Da stand ein Hubschrauber, und nach einiger Zeit begannen zwei Leute auf ihm und in ihm herumzukriechen und irgend etwas zu reparieren. Dann setzten sie sich ohne viel Erklärungen ins Auto und riefen Gorochow zu, wir brauchten nicht zu warten, es werde noch dauern.

Wir fuhren daraufhin an einen See ein paar Kilometer hinter Tiksi. Gorochow zeigte mir Rosenmöwen und Raubmöwen, und ich wanderte zu einem Schlagbaum, hinter dem ein paar Holzhäuser mit hohen Antennen lagen. Da war kein Mensch zu sehen, und an den Türen hingen große Vorhängeschlösser: eine wissenschaftliche Station zur Beobachtung kosmischer Strahlungen, die älteste in Rußland und wegen ihrer Forschungsergebnisse, so hörte ich später, weltberühmt. Aber auch hier schien das Geld zu fehlen, um die Arbeiten fortzusetzen.

Nun hatten wir alle Sehenswürdigkeiten von Tiksi besucht und konnten am Flughafen weiter warten. Inzwischen waren drei Mann am Hubschrauber, aber auch die fuhren wieder fort: Mittagessen. Aber kurz vor halb zwei ist es dann soweit. Die drei Mann von der Besatzung sind da, außerdem noch zwei Männer in Aeroflot-Uniformen, die Chefs des Hubschrauberstützpunkts, die uns begleiten werden. Unser Naturschutzdirektor und der andere Gorochow, der junge Biologe, fliegen mit – und dann noch ein Mann mit Aktenmappe, scharfgebügelten Hosen und schwarzem, ledernem Anorak. Warum der mitfliegt, wissen wir nicht, aber wir fragen auch nicht – es ist ja Platz genug.

Zuerst überfliegen wir die zweihundert Meter hohen Chakaulach-Berge, die mit einem jakutischen Wort »Schwarzes Wasser« genannt werden, dann über blühende Tundra, graugrünes Sumpfgelände und über ein seltsames Land, in dem Wälle quadratische kleine Felder zu teilen scheinen, manche trocken, manche unter Wasser. Das ist die polygonale Tundra, sagt Gorochow. Die seltsamen Wälle haben sich durch Vereisungsprozesse gebildet.

6500 kleine und größere Flüsse durchziehen das Land unter uns. Eigentlich besteht das riesige Lenadelta aus 1500 Inseln, einige winzig, andere viele Quadratkilometer groß. An einem der breiten Hauptarme der Lena stehen am hohen Ufer einige Zelte. Fischer sitzen am Wasser und beobachten ihre Netze. Hier ist der Boden karstig – das ist die »steinerne Tundra«, über der wir weit im Süden noch einige Lärchen erblicken können. Rote Blumen wachsen, wo wir gelandet sind, und unsere Begleiter graben die Wurzeln aus: sibirischer Ginseng, sagen sie dazu. Unser Hubschrauber folgt dem Fluß fast auf der Höhe des Wassers, damit wir das weiß leuchtende Steilufer erkennen können, in dem stellenweise das Eis glitzert.

Dann liegt eine grüne Insel mitten im Fluß: Tit-Ary, die Lärcheninsel. Das ist der nördlichste Fleck, auf dem noch Bäume wachsen, ein schütterer Lärchenwald. Die Weidenbüsche und Laubbäume sind winzig. Um die

Birken anzuschauen, müssen wir in die Knie gehen: Bäume von fünfzehn oder zwanzig Zentimeter Höhe, aber vierzig bis fünfzig Jahre alt. So schwer und langsam ist das Wachstum im Norden.

Am Ostrand der Insel stehen hölzerne Baracken. Drei Fischerbrigaden mit zwanzig Männern und vier Frauen arbeiten hier in den zwei Sommermonaten und den ersten Wochen des Herbstes. Im Winter werden fünf Männer das Fischerlager bewachen. Jetzt laden sie Fische aus kleinen Motorbooten auf einen Anhänger, ein Traktor zieht den Fang zum Eiskeller. Da ist eine schwere Holztür, hinter der ein Gang in die Uferböschung führt, und kaum haben wir die Tür hinter uns geschlossen, sehen wir, wie unser Atem weiße Wolken bildet, und fühlen die Kälte herankriechen. Gänge sind in den ewig vereisten Boden gebrochen worden, und von der Decke hängende Glühbirnen beleuchten lange Reihen Störe und andere Fische – eine natürliche Gefrieranlage, in der die Fischer ihren Fang lagern.

»Dies ist kein guter Sommer gewesen«, sagt einer von ihnen. »Im vorigen Jahr haben wir doppelt soviel gefangen. Mal sehen, wieviel wir verdienen. Es wird gerade für den Bauch reichen.« Die Fischer werden erst zu Saisonende bezahlt, aber das macht ihnen nichts aus: Solange sie im Lager leben, gibt es zu essen, und Geld kann man hier sowieso nicht ausgeben. Die Piloten, Flugoffiziere und Naturschützer, die mit uns geflogen sind, unterhalten sich mit den Fischern am Ufer und verbreiten bescheidene Neuigkeiten aus Tiksi. Nur der Mann mit der Aktenmappe geht geschäftig von einer Gruppe zur anderen und macht sich Notizen. Er hat offenbar dienstlich zu tun. Wenn er Fragen stellt, redet er ruhig und höflich, aber es klingt dennoch nach einem Verhör, und die Fischer antworten einsilbig. Ein junger Mann, ein Polizist aus Tiksi, der hier im Urlaub sein Gehalt aufbessert, ist hilfsbereiter als die anderen Fischer. Schließlich ist der Mann mit der Aktenmappe sein Kollege, der Kriminalbeamte Anatoli Filatow, unterwegs, um einen Mord aufzuklären. Nun wissen wir endlich, wer unser Mitflieger ist. Er requiriert ein Motorboot und nimmt drei kräftige Männer mit.

Sein Polizistenkollege ist freundlich genug, auch uns in seinem Boot mitzunehmen. Aber als wir abstoßen, ist uns Filatow schon weit voraus auf der Fahrt zu den »Weißen Felsen«, die sechs oder acht Kilometer entfernt flußaufwärts am anderen Ufer leuchten. Ganz nah will der junge Polizist uns dort nicht an die Uferstelle heranlassen, an der sein Kollege ausgestiegen ist. Aber er erzählt uns, um was es da geht. Die Fischer haben, als das Eis taute, eine männliche Leiche gefunden. Natürlich hätten die Leute sofort gesagt, da sei einer ermordet worden. Er selber hat dann über Funk seine Polizeikollegen in Tiksi verständigt, und nun solle der Kriminalbeamte den Fall klären. Wir sehen, wie er hundert Meter entfernt von uns am Ufer einen dunklen Körper bewegt, herumwendet, schließlich in eine Plane einrollen läßt. Wir wollen auch gar nicht näher heran, denn der Wind treibt süßlichen Leichengeruch bis zu uns herüber.

Auf der Rückfahrt winken uns zwei Fischer an ihr Motorboot und fragen, was das für ein Mord sei. Aber das weiß unser Polizist natürlich auch noch nicht. Sie würden es später im Fischerlager erfahren, sagt er. Aber sie fahren gar nicht zum Lager, sagen sie. Sie leben allein in einem einzelnen Blockhaus, zwanzig Kilometer entfernt in der Tundra über dem Fluß. »Das gefällt uns, da gibt es keinen Schmutz, die Luft ist gut, die Fische sind immer frisch, und wir haben neulich ein wildes Rentier geschossen.« Die meisten Fische und das Fleisch würden sie kalt einlagern und im Herbst den Naturschützern abliefern, das behaupten sie jedenfalls, und der Polizist auf Urlaub fragt nicht weiter nach, obwohl das Jagen im Reservat verboten ist.

Am Hubschrauber treffen wir unseren Kriminalbeamten wieder. Nein, er glaube nicht, daß es sich um einen Mord handele. Überhaupt sei der Mann wahrscheinlich viel höher am Fluß ums Leben gekommen, vielleicht schon im vorigen Sommer, herabgetrieben, im Eis eingefroren und von der Sonne herausgetaut worden. Aber die Untersuchung ist nicht beendet, die Leiche muß nach Tiksi zur gerichtsmedizinischen Analyse. Und dann beruhigt er mich: »Keine Sorge, ich nehme sie nicht im Hubschrauber mit«, sagt er. Sie kommt zu den Fischen in den Eiskeller, und wenn es kälter wird, wird sie nach Tiksi transportiert. Die beiden Aeroflot-Offiziere bringen große Kartons mit gefrorenen Fischen an Bord, die Inspektionsfahrt war also doch erfolgreich. Der junge Biologe bleibt hier zurück. Er wird sich auf den Weg zur Forschungsstation Lena-Nordenskjold machen und die Blockhäuser in Ordnung bringen: Nächste Woche kommen drei Deutsche vom World Wildlife Fund, und man hofft, daß sie die weitere Förderung des Naturschutzgebiets empfehlen werden.

Der Hubschrauberpilot fliegt mit uns einen großen Bogen. Wo ein Lena-Arm mit hellem Sandstrand ins Meer mündet, ragt eine Felseninsel aus dem Wasser. Stolb, die »Säuleninsel«, die will er uns zeigen, weil sie so einzigartig und eindrucksvoll ist. Als wir wieder über die Tundra fliegen, drängen sich unsere Mitpassagiere aufgeregt an die Bullaugen: Da unten läuft sie, die kleine Herde von Moschusochsen. Zwölf Tiere hat man hier vor zwei Jahren mit dem Flugzeug hergebracht und ausgesetzt. Wilde Herden gibt es sonst nur noch in der amerikanischen Arktis. Nun will man sie hier wieder heimisch machen, erklärt uns Gorochow. Wir sehen sie winzig klein und von weitem auf der baumlosen, ebenen Fläche, sie scheinen im Galopp davonzustieben. Es sind scheue Tiere, und Gorochow besteht darauf, daß unser Pilot sie nicht verfolgt.

Es sind die einzigen Tiere, die wir auf dem langen Flug sehen. Sonst leben im Naturschutzgebiet noch wilde Rentiere, aber ihre Zahl geht zurück, die Walrosse sind von den Felsenstränden verschwunden. Nur auf den nördlicheren Inseln gibt es Eisbären und überall in der Tundra natürlich kleine Tiere: Murmeltiere, Lemminge, Polarfüchse, Schneehasen, Hermeline und Wiesel. Die sind nicht gefährdet, aber die kann er uns aus der Luft nicht zeigen.

Wir landen auf einer Blumenwiese an einem der fünf großen Lena-Arme, der hier die Grenze des Schutzgebiets bildet. Auf der Samoilowski-Insel will Gorochow nachsehen, wie es einem seiner Wildhüter geht. Der lebt hier in einem weißen Blockhaus, von dem ein kleiner Trampelpfad zu einer Quelle führt, und der Mann kommt mit seinem weißen Hündchen vom Wasserholen herbeigeeilt, weil er den Hubschrauber gehört hat. Erst redet Gorochow dienstlich mit ihm, dann erzählt er mir, was er für einen Posten hat und wie seine Tage vergehen.

»Morgens stehe ich auf, trinke Tee und bereite mich langsam auf die Bootsfahrt entlang der Grenze des Naturschutzgebiets vor«, berichtet er mir. »Ich überprüfe, was so passiert. Ob da einer gekommen ist, und warum er gekommen ist. Ich spreche mit solchen Leuten und beobachte eben. Man kann nur übers Wasser hierherkommen, dort verläuft die Grenze am Zufluß der Lena, und manchmal kommt eben einer herüber. Entlang der Grenze dürfen sie auf dem Wasser fahren. Vor zwei Wochen kam einer, da bin ich mit dem Boot zu ihm rübergefahren und habe ihm erklärt, wo die Grenze verläuft.«

Er sei immer beschäftigt, sagt er. Da gibt es im Haushalt zu tun, immer geht etwas kaputt und muß repariert werden, zuletzt war es der Ofen. »Und dann baue ich mir auch eine Sauna und eine Garage.« Die Sache mit der Garage wundert mich doch sehr, aber die läßt sich einfach erklären: Im Winter, wenn die Flüsse und Sümpfe gefroren sind, könne er ab und zu für ein paar Tage nach Tiksi fahren, das ist mal eine Abwechslung.

Wir fliegen weiter über das Meer zum nördlichsten Punkt unserer Reise, zur Insel Sagistir. Auf der Landkarte ist da eine Ansiedlung verzeichnet, die Tumat heißt, die nördlichste Siedlung Jakutiens. Da stehen fünf Häuser, drei sind schon halb verfallen, eines ist notdürftig geflickt, und nur eines wirkt noch bewohnt. Zwei junge Frauen in Shorts und bunten Blusen winken unserem

Hubschrauber zu: zwei Studentinnen aus St. Petersburg. Diana Solowjewa ist Ornithologin, Katja Abramowa studiert Hydrobiologie. Sie haben sich eins der verfallenen Häuser hergerichtet, da wohnen sie nun von Anfang Juni bis Anfang August. In einem Zimmer haben sie ihre Schlafsäcke auf der Bank ausgerollt, im anderen Zimmer halten sie eine Herde flaumiger grauer Schwanenküken.

»Die fliegen bald nach Jakutsk, mit dem Flugzeug, und kommen in den Zoo des Präsidenten«, sagt Diana Solowjewa. Aber es sei natürlich nicht ihre Hauptaufgabe, den Präsidenten mit Bewicks, Singschwänen, zu versorgen. Sie studieren hier eines der großen Brutgebiete für Vögel, die im Winter nach Südasien, Europa, Afrika, ja bis nach Südamerika und Australien ziehen. Viele Arten von Wildgänsen nisten im Sommer im Delta, Singschwäne, Zwergschwäne, allerlei Entenarten, Sibirische Kraniche, Gerfalken, Steinadler und Rauhfußbussarde. Neunundachtzig Vogelarten beleben im Sommer Tundra und Küste.

Ungefährdet ist ihre Welt auch hier im hohen Norden nicht mehr, sagt Nikolai Gorochow. In den Jahren nach dem Zweiten Weltkrieg habe es fast eine Umweltkatastrophe im Lenadelta gegeben, nachdem Moskau mehrere kleine Fischfabriken an die Ufer gestellt hatte. Die Laptewsee war so überfischt worden, daß sie sich bis heute nicht ganz erholt hat. Die Zahl der Schwäne ging auf ein Siebtel zurück, die der Gänse auf ein Drittel. Nun hat man die Vögel unter Schutz gestellt, und allmählich wächst der Bestand wieder. Aber andere Tiere stehen schon auf der roten Liste: die Kraniche, Walrosse, Wale, eine Robbenart und die Eisbären.

Nikolai Gorochow ist stolz darauf, daß Naturschutz für den Präsidenten Jakutiens hohe Priorität hat. Einer der ersten Akte der jakutischen Regierung nach der Souveränitätserklärung im Frühjahr 1992 war der Erlaß über »Maßnahmen zur Erhaltung der Natur auf den Neusibirischen Inseln« in der Laptewsee. Kaum ein Jahr später ließ Präsident Nikolajew das staatliche Naturreservat Lenadelta einrichten. Inzwischen studieren jakutische, russische und ausländische Wissenschaftler und Naturschutzorganisationen die »Biosphäre Lenadelta«, das größte Flußdelta in der Polarregion, ein einzigartiges Ökosystem, dessen Zerstörung die Umwelt bis weit hinunter zum Äquator verändern würde.

Ein Entenküken watschelt hinter Diana Solowjewa her, das hat sie als Mutter adoptiert. Wir gehen über den Friedhof mit Grabhügeln, die Wind und Wetter schon fast eingeebnet haben, vorbei an verwitterten und umstürzenden großen Kreuzen aus Treibholz. In Tumat hat einmal ein Dutzend Familien gewohnt, Menschen vom kleinen Volk der Ewenen, das zerstreut nördlich des Polarkreises lebt. Dann hat die Partei am Ostrand des Deltas ein Staatsgut gründen lassen und Jäger und Fischer des Deltas dahin umgesiedelt, in eine Siedlung mit Fischverarbeitung, Schule und Verwaltung, sagt Gorochow. Da leben nun vierhundert Menschen und warten auf ihre Löhne.

In Tumat ist nur eine Familie geblieben. Akuschka Atschikassowa begrüßt uns vor ihrem Haus, eine dicke vierundfünfzigjährige Frau im geblümten Hauskleid. Nikolai Atschikassow, ihr Mann, ist drei Jahre älter. Und dann lebt bei ihnen noch ihre jüngste Tochter, die ist zwölf Jahre alt und hat sich vor uns versteckt. Frau Atschikassowa hat hier noch neun ältere Töchter großgezogen, die alle auf dem Festland verheiratet sind. »Die Jungen sind weggezogen, die Alten gestorben, die übrigen hat man umgesiedelt. Dies war einmal ein schönes Dorf, wir hatten eine Schule, ein Geschäft, eine meteorologische Station, und der Friedhof war schön. Wenn Nikolai und ich sterben, wird hier keiner mehr wohnen.«

Gewöhnlich geht ihr Mann fischen, aber jetzt hat er Treibholz für den Winter gesammelt. Früher war er Jäger, dann hat er beim Naturschutz gearbeitet und auf dem Staatsgut. Nun sind seine Frau und er Rentner – von eigener Arbeit allein könnten selbst sie nicht mehr existieren. Aber sie leben hier das ganze Jahr, im Sommer wie im Winter, und sie wollen nicht fort.

Ihr Holzhaus aus dicken Stämmen hat zwei Schlafzimmer, ein Wohnzimmer und – durch einen hohen Ofen getrennt – die kleine Küche. Sogar ein Funktelefon steht da, ein seltsames Monstrum mit einer Kurbel. Die muß man mit der Hand drehen, damit der Dynamo Strom für die Kommunikation erzeugt. Jeden Tag zwischen neun und zehn hat Nikolai auf seiner Frequenz Verbindung mit dem Festland, das kann einmal wichtig sein, wenn er und seine Frau älter werden.

Alles im Haus ist akkurat, ordentlich und aufgeräumt. Das ist bei Akuschka immer so, nicht nur wenn mal ein Hubschrauber mit Gästen landet, sagen die Studentinnen. Akuschka hat schon den Tisch gedeckt: Kaffee, Wodka, selbstgebackenes Brot stehen darauf. Nikolai hat den Deckel zum Eiskeller aufgeklappt. Sechzig

Zentimeter unter der Oberfläche ist der Sand gefroren, da holt er zwei große Störe heraus. Mit seinem Jagdmesser zieht er die Fische ab. Vom Schwanz zum Kopf schabt er das Fleisch in dünne Späne, die sich zu Rosetten zusammenrollen. Und dann müssen wir ganz schnell an den Tisch, denn der Fisch muß gegessen werden, ehe er auftaut. Stroganina nennt man dieses Gericht, und alle, die einmal im Norden waren, träumen ihr Leben lang davon. Im Winter wird Nikolai Atschikassow seine Störe in Tiksi teuer an Händler verkaufen, die sie noch teurer in Jakutsk auf den Markt bringen. Aber daran denkt er gar nicht, als er die zwei Fische für uns zerlegt. Unsere Flasche Wodka als Gegengeschenk kommt uns da ziemlich schofel vor.

»Kommen Sie doch mal wieder!« sagt Akuschka Atschikassowa zum Abschied an der Tür ihres Hauses. Die zwei Studentinnen und ihr Entenküken bringen uns zum Hubschrauber und winken uns nach. Nächste Woche werden sie abgeholt, dann beginnen in Tumat zehn einsame Wintermonate.

NACHBEMERKUNGEN

Ein halbes Jahr nach diesem Abschied rief ich von Deutschland aus Kollegen in Moskau und Jakutien an, um zu hören, was sich inzwischen verändert habe. Nicht viel, meinten sie, und nichts zum Besseren. Aber wenn ich nachfragte, hörte ich von Ereignissen und Veränderungen, die ich ungewöhnlich fand, von denen meine Freunde aber nur mit bemerkenswertem Gleichmut erzählten: Etwa, daß Jakutsk nun nach amtlicher Statistik zu den drei Städten mit den höchsten Lebensmittelpreisen in Rußland gehöre. Ministerpräsident Fjodorow ist im Januar abgelöst und vom Präsidenten Jakutiens durch einen neuen Mann ersetzt worden, den Chef seiner Präsidentialkanzlei, der in sowjetischer Zeit Parteichef der Diamantenstadt Mirny gewesen war. Fjodorows Pläne, den illegalen Goldhandel freizugeben und zugleich zu kanalisieren, waren nicht durchgekommen. Sein Versuch, Verwaltungsangestellte, Ärzte und Lehrer über Schuldscheine der jakutischen Regierung zu entlohnen, ist versandet. Die Ablösung des Ministerpräsidenten hatte in Jakutien kein großes Aufsehen erregt. Die Zeitungen hatten kurz darüber berichtet, aber von seiner letzten, kritischen Pressekonferenz waren nur kleine Meldungen in den jakutischen Medien erschienen, nicht auf den ersten Seiten, sondern im Innenteil der Zeitungen. Valentin Fjodorow ist inzwischen wieder in Moskau und stellvertretender Vorsitzender des Verbandes russischer Unternehmer.

Aus Mirny erfuhr ich, daß der Diamantenkonzern ALROSSA, dessen Schwierigkeiten mir vor Ort deutlich geworden waren, sich nun zur Lösung seiner Probleme auf dem Weltmarkt um mittelfristige Kredite bemüht, in den Eurobond-Markt einsteigen und mit Aktien an ausländische Börsen gehen will, nachdem der Streit zwischen den Regierungen Jakutiens und Rußlands und dem Weltmonopolisten De Beers ein halbes Jahr lang jeden Diamantenexport verhindert hatte.

Die schlechtesten Nachrichten kamen aus Wiluisk. Am 1. Januar war das Heizungssystem der Stadt bei Temperaturen von minus 55 Grad zusammengebrochen. 146 Häuser in der Stadt froren buchstäblich ein, darunter 87 Wohnhäuser und 30 Versorgungseinrichtungen, Kindergärten und Kliniken. Die jakutischen Zeitungen berichteten ausführlich über den Einsatz von Rettungsbrigaden des russischen Ministeriums für Außergewöhnliche Ereignisse, über den Antransport von Hilfsgütern, Kleidung, Heizkörpern und Rohrleitungen durch Lastwagen und Flugzeuge und über Schäden von mindestens 25 Milliarden Rubel. Fast 2000 Menschen mußten bei schwerster Kälte evakuiert werden. Über die Gründe der Katastrophe gab es ausführliche Spekulationen. Nach Ansicht der Ortsverwaltung war alles eine Folge des verregneten Sommers, der die Instandsetzung des Heizungssystems verhindert hatte, auch sei für eine umfassende Erneuerung des in sowjetischer Zeit falsch verlegten Rohrsystems kein Geld vorhanden gewesen. Eine Moskauer Kommission stellte fest, daß seit drei oder vier Jahren schon keine größeren Reparaturarbeiten mehr vorgenommen worden waren. Den ganzen Dezember über habe man feststellen können, daß aus einer vierzehn Kilometer langen Rohrleitung der Fernheizung Wasser verlorenging, aber man habe den Schaden nicht entdeckt, sondern statt dessen Wasser mit Lastwagen ins Heizkraftwerk gefahren und die Kessel nachgefüllt. Am Neujahrstag waren dann nicht mehr genug Lastwagen und Fahrer da, um Wasser heranzuschaffen. Man mußte die Beheizung der Kessel einstellen, und als man sie noch einmal auffüllen und in Betrieb setzen wollte, waren die Rohrleitungen schon eingefroren und geplatzt. Eine Zeitung mutmaßt, Grund für die Katastrophe sei die Tatsache, daß die russischen Spezialisten des Heizkraftwerkes in den vergangenen Jahren aus Wiluisk weggezogen seien, und beschreibt ausführlich, wie viele Kommissionen, Beamte und Experten nach Wiluisk angereist kamen, um eine Handvoll Techniker und Arbeiter bei den Reparaturarbeiten zu überwachen. Inzwischen seien die Menschen, die ihre Häuser verlassen mußten, wieder in ihren Wohnungen untergekommen, teilten mir die jakutischen Kollegen mit, und im nächsten Winter werde Wiluisk wohl wieder normal beheizt werden. Im übrigen, sagten sie, hätten Überschwemmungen und andere Naturkatastrophen im Winter und Frühling 108 Orte in Jakutien getroffen, 5000 Menschen obdachlos gemacht und 13 Todesopfer gefordert. Davon hatten die großen russischen Zeitungen ebensowenig berichtet wie von der Ablösung des Ministerpräsidenten oder von der schwersten der Katastrophen in Wiluisk – vielleicht weil es dabei gar keine

Todesopfer gegeben habe, meinte ein Kollege. Ich hätte die Verwaltungschefin Anastasia Pawlowa, deren Aktivität mir so gefallen hatte, gerne nach den Ereignissen des Winters befragt, aber sie war telefonisch nicht zu erreichen. Sie besuche gerade ihren Sohn an der Moskauer Universität und reise dann zum Urlaub nach Spanien, teilte uns die Staatsverwaltung mit.

Auch unser Freund Slawa Botschkowskij, der Fernsehkollege, der uns auf abenteuerliche Weise im Geländewagen durch die verschlammten Straßen an der Lena kutschiert hatte, ist nicht zu erreichen: Zu Beginn des Sommers ist er auf seinem Boot zu einer Weltumsegelung aufgebrochen.

Alles ist so normal und so unnormal wie zuvor. Aus der Ferne denke ich darüber nach, wie die Menschen in Jakutien – und in großen Teilen Rußlands – mit ihrer Lage fertig werden, wie sie das aushalten. Manches daran erscheint bewundernswürdig und liebenswert, nicht nur, weil es zum Überleben notwendig ist, aber einen Weg in die Zukunft weist es gerade nicht. Das Leben bleibt für viele erträglich, weil man in kleinen Orten und Dörfern auf Erfahrungen und Wirtschaftsformen zurückgreift, die aus vor-sowjetischer, vor-moderner Zeit zu stammen scheinen. Häusliche Selbstversorgung, Tausch und gegenseitige Hilfe sind heute die notwendigen Grundbedingungen. Darauf freilich hatte sie schon das Sowjetsystem vorbereitet.

»Verhandlungswirtschaft auf Gegenseitigkeit« hatten russische Soziologen diese Art wirtschaftlicher Beziehungen damals genannt. Die kommerzielle Geldwirtschaft hat die Lebensbedingungen vieler Menschen in

Rußland nie bestimmt, weder die sowjetische noch die kommerzielle kapitalistische Geldwirtschaft, die von Moskau aus seit wenigen Jahren ihre Herrschaft ausdehnt. So ist das Leben in Dörfern und kleinen Städten vom Zerfall des zentral gesteuerten sowjetischen Industriestaats weniger betroffen als das der Arbeiter in den großen Städten und der staatlichen Angestellten, die von der Kleinwirtschaft auf Gegenseitigkeit abgeschnitten sind. Für alle bleibt es fragwürdig, ob und wann die Marktwirtschaft, wie sie der Westen sich vorstellt, eine Alternative sein kann. Für sie hat keine der halbherzigen Reformmaßnahmen bisher die Sicherheiten des zerfallenden Sowjetstaats ersetzt. Nur ein Dschungel halbstaatlicher und halbkapitalistischer Wirtschaftsbeziehungen, den viele als Bereicherungs- und Betrugsgesellschaft erleben, ist auf die maroden politischen Strukturen gefolgt.

Wo es möglich ist, klinken die einen sich aus Wirtschaftsbeziehungen aus, die über ihr Dorf hinausgehen. Die anderen in den größeren Städten müssen die minimale Existenzsicherung einfordern, an die sie der sowjetische Versorgungsstaat gewöhnte. Für beide Gruppen gibt es heute kein Konzept struktureller Reformen, das ihre Zukunft sichert – für die Industriearbeiter so wenig wie für die Menschen in den Siedlungen des hohen Nordens, wo die harte Umwelt nie eine konkurrenzfähige Landwirtschaft ermöglichen wird. Der Druck der Globalisierung hat die Menschen in Jakutien zwar noch nicht erreicht, aber er wird auch am äußersten Rande des großen Rußland spürbar, wo die Tradition menschlicher Gemeinschaft und Zusammenarbeit in einer harten, abweisenden Umwelt ein schweres Leben gerade noch ertragbar macht.

»Kommen Sie bald wieder«, hatte mir Akuschka Aschikassowa nachgerufen, bevor unser Hubschrauber von der Insel Agastir abhob. Ich käme gerne wieder und hoffe, daß sie und ihr Mann dann noch am Rande des Nordmeers leben und daß die Menschen Sibiriens und des hohen Nordens in dieser Welt gewaltiger Umbrüche standhalten können.

Eismeer
Tiksi
Nördlicher
Batagai
Werchojansk
Lena
RUSSLA
Wilui
Wiluisk
Namzy
Jakutsk
Aldan
Njurba
Pokrowsk
Diamanten-
gruben
Mirny
Suntar
Aldan
Njuja
Tokko
Aldan
Tschulman
Baikal-Amur-Magistrale (BAM)
Tynda
Seja
Newer
Skoworodino
Transsibirische Eise
Dschalinda
Baikal-
see
CHINA
Chorinsk